TERRITOIRE EN MOUVEMENT

Documentation haïtienne

Collection dirigée par le professeur Obrillant Damus

Cette collection a été créée en 2014 dans la perspective de contribuer à la déterritorialisation et à la valorisation des travaux scientifiques produits par des Haïtiens ou par des étrangers. Comme le suggère son nom, les livres sélectionnés doivent être issus de recherches effectuées en Haïti. Il s'agit d'offrir des livres de référence sur la réalité haïtienne contemporaine.

Déjà parus

Maurice JACQUES, *La pathologie collective d'un peuple. Haïti, un corps social en folie*, 2025.
Wiener Kerns FLEURIMOND, *De l'opposition à l'assassinat d'un chef d'État, Haïti, 220 ans de tragédie politique*, 2024.
Patrick PIERRE-LOUIS, *Plan d'action de A à X, résolution de crise nationale*, 2024.
Roudy Stanley PENN, *Dissolution du Parlement. Etude sur la fragilité de l'Etat en Haïti (1843-2016)*, 2023.
Jean-Baptiste ESAU, *Plaidoyer pour l'intégration de la diaspora haïtienne dans la vie politique en Haïti. Ecrire pour ne pas oublier*, 2023.
Hervé BOURSIQUOT, *Diplômes, compétences et validation des acquis de l'expérience*, 2023.
Loudmie GUE, *Quelques réflexions sur la littérature haïtienne contemporaine. Aux champs critiques,* 2022.
Lafontaine ORVILD, *Panser la presse haïtienne. Perspectives herméneutiques à une autorégulation pragmatique,* 2022.
Lochard NOËL, *Du loup-garou français au zombi haïtien*, 2021.
Maurice JACQUES, *Le bâton dans l'éducation. Misère des châtiments corporels d'Haïti au Canada,* 2021.
Pascal LAFONT, Marcel PARIAT, Pierre Eddy CEZAR, *Professionnalisation, innovation et apprentissage, Leviers de développement ?* 2019
Obrillant DAMUS, *Les viols en Haïti. Approche psychologique et sociologique des crimes sexuels*, 2018.
Georges Eddy LUCIEN, *Le Nord-Est d'Haïti. La perle d'un monde fini : entre illusions et réalités (Open for Business)*, 2018.

Christophe Providence

TERRITOIRE EN MOUVEMENT

REPENSER LE DÉVELOPPEMENT POUR UN AVENIR DURABLE EN HAÏTI

L'Harmattan

5-7, rue de l'École-Polytechnique – 75005 Paris
www.editions-harmattan.fr
ISBN : 978-2-336-53805-1
EAN :9782336538051

DÉDICACE

À tous les membres des Presses de l'Institut Universitaire des Sciences et du Centre de recherches scientifiques (CRS) d'Haïti,

Votre engagement sans faille pour la diffusion du savoir et l'excellence académique contribue à façonner un avenir où la recherche et l'innovation deviennent des leviers de transformation sociale. Que cet ouvrage témoigne de ma profonde gratitude envers votre travail et votre dévouement.

À la jeunesse haïtienne, et plus particulièrement aux étudiants

Vous incarnez l'espoir et la résilience d'un pays en quête de renouveau. Que ces pages nourrissent vos réflexions, éveillent votre curiosité et vous encouragent à bâtir avec audace l'Haïti de demain.

Dr Christophe PROVIDENCE

AVANT-PROPOS

Penser Haïti à partir de ses territoires. Tel est le point de départ de cet ouvrage. Un point de départ simple en apparence, mais qui engage un renversement profond des manières de concevoir, de planifier et d'agir sur le développement. Car pendant trop longtemps, le territoire haïtien a été pensé depuis le centre — depuis Port-au-Prince, depuis les institutions centrales, parfois même depuis l'extérieur — et rarement à partir des réalités locales, des dynamiques de terrain, des aspirations communautaires. Cette centralité hégémonique a produit une vision descendante, sectorielle et souvent déconnectée du développement, contribuant à aggraver les déséquilibres spatiaux, à fragmenter le tissu national et à fragiliser la gouvernance.

Cet ouvrage naît d'une conviction : le territoire n'est pas un décor passif du développement, mais son principal acteur. Il est un espace de vie, de mémoire, d'organisation, de production, de conflictualité et de créativité. Il est un lieu où s'enracinent les identités, où se déploient les résistances, et où se construisent, au quotidien, des alternatives concrètes face à la crise. Replacer le territoire au cœur de la réflexion sur le développement, c'est reconnaître la capacité des populations locales à produire du sens, à élaborer des solutions et à participer à la définition de leur avenir. C'est aussi accepter de confronter les héritages historiques, les asymétries institutionnelles et les limites des politiques publiques passées.

L'ouvrage que voici est le fruit d'un travail de longue haleine, à la croisée de plusieurs démarches : une analyse rigoureuse des données disponibles sur l'aménagement et les dynamiques territoriales en Haïti ; une relecture critique des politiques de développement mises en œuvre depuis plusieurs décennies ; une mise en dialogue avec les expériences internationales comparables, notamment en Amérique latine, dans la Caraïbe et en Afrique ; enfin, une série d'observations de terrain, de dialogues avec des acteurs locaux, de capitalisations d'expériences et de réflexions empiriques sur les pratiques de planification, d'innovation et de mobilisation dans les territoires haïtiens.

L'objectif n'est pas d'imposer une vision, ni de proposer une recette universelle, mais d'ouvrir un espace de réflexion stratégique sur les conditions de faisabilité d'un développement territorial équitable, inclusif et durable en Haïti. L'ouvrage s'adresse ainsi à une diversité de publics : chercheurs, étudiants, praticiens du développement, agents publics, élus locaux, membres de la société civile, partenaires techniques et financiers — en somme, toutes celles et tous ceux qui participent, d'une manière ou d'une autre, à la fabrique du territoire haïtien.

La structure du livre suit une progression logique :

- La première partie pose les fondements conceptuels et historiques de la question territoriale en Haïti, en interrogeant les racines de la centralisation, les formes de fragmentation spatiale et les héritages d'un État souvent absent des périphéries ;
- La deuxième partie explore les dynamiques territoriales actuelles, en mettant en évidence les transformations en cours, les zones de tension et les opportunités d'action ;
- La troisième partie aborde les cadres normatifs, institutionnels et politiques qui encadrent — ou contraignent — l'aménagement du territoire et la planification du développement ;
- La quatrième partie s'intéresse aux enjeux sectoriels et transversaux, en analysant la manière dont l'environnement, la mobilité, la culture, l'économie ou la résilience traversent les logiques territoriales ;
- Enfin, la cinquième partie propose des perspectives stratégiques pour un développement territorial durable, en s'appuyant sur des leviers comme l'innovation, la gouvernance locale, l'entrepreneuriat, et la coopération régionale et internationale.

Tout au long de l'ouvrage, une attention particulière est portée à l'articulation entre les échelles (locale, nationale, régionale, globale), entre les acteurs (publics, privés, communautaires), et entre les dimensions du développement (économique, sociale, culturelle, écologique, politique). Car c'est dans cette articulation que réside la possibilité d'une transformation systémique, capable de rompre avec les impasses du passé sans reproduire les exclusions du présent.

Ce livre est aussi un hommage aux territoires haïtiens : à leur diversité, à leur créativité, à leur résilience. Il entend faire entendre les voix souvent invisibilisées des zones rurales enclavées, des petites villes oubliées, des communautés insulaires, des quartiers populaires, des collectifs citoyens qui, au quotidien, inventent des formes de vie, de production et de solidarité malgré l'adversité.

Enfin, cet ouvrage est un appel à l'action collective. Il ne s'agit pas seulement de diagnostiquer les maux du territoire, mais de formuler des pistes pour en faire un espace de projet, un lieu d'émancipation, un levier de réinvention du politique. À travers cette réflexion, l'auteur invite à repenser le développement non comme un processus descendant ou exogène, mais comme une construction partagée, enracinée dans les territoires, portée par les acteurs locaux, et connectée aux grands enjeux de notre temps.

INTRODUCTION GÉNÉRALE

Dans le paysage du développement haïtien, les politiques publiques ont longtemps privilégié une approche sectorielle, technocratique et centralisée, fondée sur des modèles importés, souvent déconnectés des réalités locales. L'État, historiquement fragilisé par des crises politiques récurrentes, un déficit chronique de légitimité et une administration peu décentralisée, a rarement su articuler ses interventions autour d'une vision cohérente du territoire. Pourtant, la question territoriale est loin d'être marginale : elle se situe au cœur des défis de l'inégalité, de la précarité, de la résilience, de la gouvernance, et plus fondamentalement, du projet national haïtien (Providence, 2022).

Ce livre part d'une hypothèse simple, mais radicale : le territoire n'est pas un décor neutre du développement, mais une construction sociale, politique et historique. Il est à la fois espace, mémoire, ressource et pouvoir. Penser le développement à partir du territoire, c'est s'obliger à interroger non seulement les configurations spatiales de la pauvreté, des vulnérabilités et des fractures sociales, mais aussi les capacités des communautés à construire, négocier et inventer des alternatives. C'est faire le pari d'un développement plus enraciné, plus équitable, plus durable.

Pourquoi une approche territoriale du développement en Haïti ?

Haïti est un pays profondément marqué par des asymétries territoriales : entre zones côtières et intérieures, entre Port-au-Prince et les villes secondaires, entre milieux urbains et espaces ruraux, entre centre et périphérie. Ces disparités ne sont pas le fruit du hasard : elles sont le produit d'une longue histoire de centralisation politique, d'extraversion économique et d'inégalités dans la distribution des ressources et des investissements publics (Providence, 2020; Lambert & Providence, 2025). La capitale concentre à elle seule l'essentiel des fonctions administratives, des équipements, des opportunités économiques et des flux de mobilité, au détriment des autres régions, souvent reléguées à un rôle secondaire, voire marginal.

Les catastrophes naturelles successives — le séisme de 2010, l'ouragan Matthew en 2016, les inondations, les sécheresses — ont accentué les vulnérabilités territoriales et mis à nu les défaillances de la planification spatiale. La réponse à ces crises a souvent été improvisée, non concertée, et centrée sur l'urgence, sans construction d'une vision territoriale de long terme. Par ailleurs, la croissance urbaine rapide, mal maîtrisée, a engendré une urbanisation informelle massive, avec des quartiers dépourvus de services de base, exposés aux risques et dépourvus de gouvernance claire.

Dans ce contexte, une approche territoriale du développement s'impose pour plusieurs raisons :

- Elle permet de reterritorialiser l'action publique, en rapprochant les décisions des réalités de terrain, et en redonnant un rôle central aux collectivités locales, longtemps dépossédées de leurs compétences ;
- Elle valorise les ressources endogènes, tant naturelles que sociales, culturelles ou organisationnelles, en s'appuyant sur les dynamiques existantes plutôt que sur des modèles extérieurs ;
- Elle favorise la participation citoyenne, en faisant du territoire un espace de délibération, de co-construction et de mobilisation sociale ;
- Elle introduit une vision systémique, en croisant les dimensions spatiales, économiques, environnementales, culturelles et politiques du développement.

Ce livre a pour objectif de proposer une lecture critique et stratégique du développement territorial en Haïti, à la fois ancrée dans l'analyse empirique et ouverte à l'innovation institutionnelle, sociale et politique. Il entend contribuer à un débat essentiel : comment repenser le développement à partir des territoires ? Quelles sont les conditions d'un rééquilibrage territorial en Haïti ? Comment articuler gouvernance locale, justice spatiale, durabilité et souveraineté populaire ?

Pour cela, l'ouvrage est structuré en cinq parties complémentaires :

1. La première partie établit les fondements théoriques, historiques et géopolitiques de la question territoriale en Haïti, en retraçant les logiques de centralisation, d'exclusion et de fragmentation ;
2. La deuxième partie propose un diagnostic approfondi des dynamiques territoriales contemporaines, à travers l'analyse des systèmes urbains, de la ruralité, des mobilités, des vulnérabilités et des transformations spatiales ;
3. La troisième partie examine les cadres normatifs et institutionnels du développement territorial, en mettant en évidence les limites de la planification actuelle et les défis de la décentralisation ;

4. La quatrième partie explore les grands enjeux transversaux du développement territorial (culture, environnement, infrastructures, innovation, gouvernance), à partir d'exemples concrets et d'expériences locales ;
5. La cinquième partie ouvre des perspectives stratégiques, en identifiant des leviers d'action prioritaires : réhabilitation des territoires, innovation sociale, économie locale, coopération régionale, renforcement des acteurs territoriaux.

Chaque partie combine analyse critique, éclairage conceptuel et propositions opérationnelles, en s'appuyant sur des références scientifiques, des données de terrain, des études de cas haïtiennes et des comparaisons internationales.

Cet ouvrage se situe volontairement à la croisée des savoirs académiques, des expériences pratiques et des exigences de transformation sociale. Il puise dans les apports des sciences sociales, de la géographie critique, de la planification territoriale, de l'économie politique du développement et des études postcoloniales. Il s'inspire aussi des mouvements citoyens, des initiatives locales, et des luttes pour une démocratie territoriale en Haïti et ailleurs.

Il ne s'agit donc pas seulement d'analyser, mais aussi de contribuer à construire des alternatives. Car penser le territoire, en Haïti, c'est aussi penser la justice, la reconnaissance, la mémoire, l'appartenance. C'est questionner les rapports de pouvoir, les inégalités structurelles, les formes d'exclusion, mais aussi les espaces d'espoir, de résistance et de création.

PARTIE 1 : FONDEMENTS ET HÉRITAGES DU DÉVELOPPEMENT TERRITORIAL EN HAÏTI

INTRODUCTION DE LA PARTIE

Le territoire haïtien tel qu'il se présente aujourd'hui est le produit d'un long processus historique, façonné par une succession d'événements, de choix politiques et de dynamiques sociales. Loin d'être un simple cadre géographique, il est l'expression d'un héritage complexe dans lequel s'entrelacent les logiques coloniales, les constructions postindépendance et les ajustements institutionnels contemporains. La compréhension des disparités territoriales actuelles, souvent perçues comme des évidences géographiques ou des données naturelles, nécessite en réalité une lecture en profondeur des conditions historiques et structurelles qui ont déterminé la répartition des ressources, des infrastructures et des opportunités.

Cette première partie s'attache à mettre en lumière les éléments constitutifs de cette trajectoire territoriale. Elle propose une analyse à la fois diachronique et systémique, en explorant les configurations héritées de la période coloniale, les effets institutionnels de l'indépendance, les mutations de l'économie rurale et urbaine, ainsi que les formes de gouvernance qui ont accompagné la construction de l'État haïtien. En croisant ces dimensions, il s'agit de montrer que les déséquilibres territoriaux ne relèvent pas d'un déficit conjoncturel, mais bien d'un enchevêtrement de facteurs historiques, politiques et sociaux profondément enracinés.

L'histoire d'Haïti est en effet marquée par une forte centralisation du pouvoir, une répartition inégale des terres et une dualité persistante entre les espaces urbains et ruraux. Cette dynamique a été amplifiée par l'absence de politiques de développement régional cohérentes, ainsi que par la dépendance chronique aux acteurs extérieurs — qu'il s'agisse des anciennes puissances coloniales, des institutions financières internationales ou des ONG intervenant en substitution de l'État. La concentration des investissements et des fonctions stratégiques à Port-au-Prince a contribué à accentuer la vulnérabilité des territoires périphériques, notamment face aux catastrophes naturelles et aux crises socio-économiques.

En retraçant les grandes lignes de cette évolution, cette partie vise non seulement à identifier les racines du déséquilibre territorial, mais aussi à fournir une base analytique rigoureuse pour envisager des scénarios de rééquilibrage. Car si les contraintes héritées sont fortes, elles ne sont pas irréversibles. Comprendre comment elles se sont construites, consolidées, voire naturalisées, est un préalable indispensable à toute réforme territoriale durable. C'est dans cette optique que les chapitres suivants explorent successivement les dimensions historiques, institutionnelles, économiques et sociales du territoire haïtien, en posant les jalons d'une réflexion prospective sur l'avenir des territoires.

CHAPITRE 1. LES BASES HISTORIQUES ET INSTITUTIONNELLES

Introduction

Comprendre les disparités territoriales actuelles en Haïti exige de revenir aux fondements historiques et institutionnels qui ont façonné la structure de l'espace national. Ce retour aux origines est d'autant plus nécessaire que les inégalités territoriales, souvent analysées à travers les seules dynamiques contemporaines de pauvreté, de migration ou d'urbanisation informelle, s'inscrivent en réalité dans une trajectoire de longue durée. La configuration actuelle du territoire haïtien résulte d'un processus d'accumulation historique, marqué par des choix politiques, des structures économiques et des logiques sociales qui ont enraciné les déséquilibres dans le temps et dans l'espace.

Le passé colonial, en particulier, a institué une organisation territoriale profondément inégalitaire, centrée sur une économie de plantation fondée sur l'exploitation intensive des terres et des personnes. Cette économie, concentrée dans les zones les plus fertiles et connectée aux grands ports d'exportation, a établi une hiérarchie spatiale et sociale dont les effets se prolongent bien au-delà de la période esclavagiste. L'indépendance de 1804, bien qu'elle ait représenté une rupture politique majeure, n'a pas renversé les fondements territoriaux du modèle colonial. Au contraire, elle a vu la consolidation d'un pouvoir centralisé, la préservation des inégalités foncières et l'émergence de nouvelles élites qui ont reconduit, sous d'autres formes, les mécanismes d'exclusion et de concentration spatiale du pouvoir.

Le XIXe siècle a été marqué par la construction d'un État autoritaire et centralisé, incapable de mettre en œuvre une réforme agraire ou un aménagement équilibré du territoire. Les régions rurales ont été négligées, tant en termes d'investissements que de représentation politique, tandis que Port-au-Prince s'imposait comme le centre exclusif des décisions, des infrastructures et des fonctions économiques stratégiques. Cette dynamique s'est poursuivie tout au long du XXe siècle, avec une succession de régimes instables, peu enclins à promouvoir la décentralisation ou à soutenir les dynamiques locales.

Sur le plan institutionnel, les faiblesses de l'État haïtien — centralisation excessive, faible capacité administrative, manque de ressources — ont freiné l'émergence d'une gouvernance territoriale efficace. Même les réformes constitutionnelles, comme celle de 1987, qui introduit officiellement le principe de décentralisation, n'ont pas permis de renverser cette tendance. Les collectivités territoriales demeurent sous-financées, peu autonomes et souvent dépendantes d'une aide internationale fragmentée. De surcroît, l'intervention massive d'acteurs extérieurs dans les processus de développement local — ONG, bailleurs, agences humanitaires — a parfois aggravé la désarticulation des politiques publiques, en substituant à l'État une mosaïque d'interventions non coordonnées.

Ce premier chapitre propose ainsi d'examiner les grandes étapes de cette trajectoire historique et institutionnelle. Il s'attache à identifier les logiques profondes de structuration du territoire haïtien, en analysant successivement les héritages de la période coloniale, les recompositions foncières et politiques de l'indépendance, la centralisation du pouvoir étatique au XIXe et au XXe siècle, ainsi que les configurations institutionnelles contemporaines. À travers cette lecture diachronique, l'objectif est de montrer que les déséquilibres territoriaux actuels ne sont ni accidentels ni récents, mais procèdent d'un enchevêtrement complexe de structures, de décisions et d'idéologies qui ont orienté — parfois inconsciemment — l'évolution de l'espace national haïtien.

1.1. HÉRITAGES DE LA PÉRIODE COLONIALE

La période coloniale constitue un moment fondateur dans l'histoire territoriale d'Haïti. Elle a posé les bases d'un système économique, social et spatial profondément inégalitaire, dont les effets sont encore visibles aujourd'hui. En tant que colonie française, Saint-Domingue (nom colonial d'Haïti) a été intégrée au sein du système esclavagiste atlantique comme l'un de ses principaux pôles d'accumulation. L'organisation du territoire, les modalités d'exploitation des ressources et la structuration de la société ont été entièrement subordonnées aux impératifs d'une économie de plantation orientée vers l'exportation.

L'économie coloniale reposait principalement sur la production intensive de canne à sucre, de café, d'indigo et de coton, destinée aux marchés européens. Ces cultures étaient concentrées dans les zones les plus fertiles du territoire, notamment les plaines du Nord (Plaine du

Nord), de l'Artibonite et de la région de Léogâne. Cette concentration spatiale a non seulement généré une forte productivité, mais elle a aussi instauré une géographie profondément polarisée. Les infrastructures — ports, routes, entrepôts — ont été développées prioritairement dans ces zones, renforçant les inégalités d'accès aux ressources entre les régions intérieures et périphériques (Lundahl, 2011).

Le système de plantation a également induit une hiérarchie sociale extrêmement rigide. À la base de ce système se trouvait une majorité d'esclaves africains, dépossédés de toute autonomie et considérés comme une force de travail corvéable à merci. Au sommet, les grands planteurs, propriétaires de vastes domaines, concentraient l'essentiel des richesses. Une minorité d'affranchis, parfois instruits ou propriétaires, occupait une position intermédiaire, mais demeurait largement exclue des sphères de pouvoir colonial. Cette structuration sociale a produit des logiques d'exclusion et de marginalisation qui perdureront bien après l'indépendance (Heinl & Heinl, 2005).

D'un point de vue territorial, les zones montagneuses — difficilement accessibles et peu propices aux grandes cultures commerciales — ont été largement ignorées par le système colonial. Ces espaces ont ainsi constitué des marges du territoire, à la fois délaissées par le pouvoir colonial et, paradoxalement, investies par les esclaves en fuite qui y établirent des communautés de marrons. Ces territoires alternatifs ont servi de refuge et de base à des formes de résistance collective, préfigurant les espaces de repli et de survie qui joueront un rôle important pendant la Révolution haïtienne (Fick, 1990; Sheller, 2003).

Par ailleurs, l'exploitation intensive des sols, l'abattage massif des forêts pour alimenter les besoins énergétiques des raffineries, ainsi que l'absence de pratiques agricoles durables ont provoqué dès le XVIIIe siècle une dégradation environnementale considérable. Le modèle colonial, fondé sur le rendement à court terme, a contribué à l'érosion des sols, à la perte de fertilité des terres, et à une déforestation accélérée dont les conséquences affectent encore l'équilibre écologique du pays (Farmer, 2006). Ce lien entre exploitation économique et destruction écologique constitue un héritage particulièrement lourd pour les territoires haïtiens.

Enfin, l'espace colonial était non seulement hiérarchisé, mais également compartimenté selon les logiques de contrôle et de domination. Les plantations fonctionnaient comme des unités quasi autonomes, gouvernées de manière autoritaire par les gestionnaires locaux, souvent en lien direct avec les autorités coloniales. Cette forme de gouvernance locale, autoritaire et déconnectée des populations, a profondément marqué la relation entre les habitants et le pouvoir. Elle a posé les bases d'une méfiance durable vis-à-vis de l'État, ainsi que d'une organisation spatiale peu propice à la participation citoyenne (Trouillot, 2000; Providence, 2022).

En somme, la période coloniale a imprimé au territoire haïtien une structure profondément inégalitaire. Elle a concentré les ressources et les infrastructures dans certains espaces, marginalisé d'autres zones, instauré une hiérarchie sociale rigide et favorisé une gouvernance autoritaire. Ces logiques ont survécu aux bouleversements politiques de l'indépendance, en se reconfigurant, mais sans être véritablement renversées. Elles constituent ainsi le socle sur lequel se sont construites les dynamiques d'exclusion et de déséquilibre territorial que l'on observe encore aujourd'hui.

1.2. L'IMPACT DE L'INDÉPENDANCE SUR L'ORGANISATION TERRITORIALE

La Révolution haïtienne (1791–1804), aboutissant à l'indépendance de la première République noire du monde, constitue un tournant majeur dans l'histoire politique mondiale. Toutefois, cette rupture radicale avec le système esclavagiste et colonial n'a pas donné lieu à une transformation équivalente dans l'organisation du territoire. Si l'émancipation des esclaves et la conquête de la souveraineté nationale ont bouleversé les rapports sociaux et la structure politique, l'espace haïtien, quant à lui, est resté largement tributaire des logiques spatiales et économiques de la période coloniale.

Après 1804, l'État haïtien, dirigé successivement par Jean-Jacques Dessalines, puis par ses successeurs Henri Christophe au Nord et Alexandre Pétion au Sud, s'est retrouvé confronté à un double défi : préserver l'indépendance nationale face aux menaces extérieures, et reconstruire une économie exsangue. Pour cela, la question foncière fut centrale. Le nouvel État hérita d'un vaste domaine foncier, constitué par la confiscation des terres des colons français. Or, au lieu de procéder à une véritable réforme agraire destinée à redistribuer équitablement les terres aux anciens esclaves, les dirigeants optèrent pour des logiques différenciées selon les zones et les pouvoirs en place (Heinl & Heinl, 2005).

Au Nord, Henri Christophe mit en œuvre une politique autoritaire fondée sur la réorganisation des anciennes plantations en propriétés d'État. Le travail forcé y fut réinstauré sous une nouvelle forme, dans le but de restaurer l'économie d'exportation. Cette tentative de maintien d'un modèle colonial sans colonie suscita une forte résistance populaire et une désaffection des campagnes (Fick, 1990). Au Sud, Pétion adopta une stratégie plus libérale, en morcelant les terres de l'État pour les distribuer à des officiers, des proches du pouvoir et certains cultivateurs. Ce processus conduisit à une fragmentation foncière massive, à l'essor d'une paysannerie autonome, mais faiblement productive, et à une individualisation de l'exploitation agricole (Lundahl, 2011).

Ces deux approches ont en commun de n'avoir pas rompu avec les inégalités spatiales préexistantes. D'une part, les plaines fertiles continuèrent de concentrer l'essentiel des terres productives, souvent accaparées par les élites militaires ou politiques. D'autre part, les zones montagneuses, refuges historiques des populations marronnes, demeurèrent marginalisées, peu desservies et privées d'investissements structurants. Cette dualité géographique, entre espaces intégrés à l'économie nationale et territoires périphériques relégués, s'est profondément ancrée dans le fonctionnement de l'État haïtien postindépendance (Trouillot, 2000).

La centralisation du pouvoir à Port-au-Prince, amorcée dès les premières décennies du XIXe siècle, a par ailleurs renforcé le déséquilibre territorial. La capitale devint non seulement le siège du gouvernement, mais aussi le cœur économique, administratif et symbolique du pays. Les régions rurales furent progressivement exclues des circuits décisionnels, reléguées au rang de simples pourvoyeuses de main-d'œuvre et de produits agricoles. Cette concentration spatiale du pouvoir et des ressources publics a alimenté une dynamique de migration interne vers la capitale, accentuant les déséquilibres démographiques et urbanistiques (Fatton, 2002).

L'organisation territoriale postindépendance souffrait également d'une absence d'articulation entre l'État central et les entités locales. Les institutions administratives mises en place étaient fortement hiérarchisées, avec des agents nommés par l'exécutif national, sans légitimité locale ni autonomie réelle. Ce modèle top-down de gouvernance a privé les collectivités territoriales de capacités d'action, limitant la possibilité de développer des politiques adaptées aux spécificités des territoires (Providence, 2025a). Dans certaines régions, des formes d'auto-organisation communautaire ont émergé pour répondre à cette vacance de l'État, mais elles sont restées fragmentaires et peu institutionnalisées.

Enfin, sur le plan idéologique, l'indépendance n'a pas été pensée comme un projet d'aménagement du territoire. La lutte pour la souveraineté nationale a priorisé la consolidation du pouvoir politique, au détriment d'une vision d'ensemble sur la structuration de l'espace. Il n'y eut ni planification territoriale ni vision redistributive de l'espace national. La propriété foncière fut perçue avant tout comme un instrument de loyauté politique ou de légitimation du pouvoir, et non comme un levier de justice spatiale (Bell, 2002; Providence, 2025b).

Ainsi, l'indépendance, tout en constituant une avancée historique inédite sur le plan politique et symbolique, n'a pas opéré de rupture significative dans la configuration territoriale héritée du régime colonial. Elle a même, sous certains aspects, renforcé les inégalités spatiales en consolidant un pouvoir centralisé, en fragmentant les structures foncières et en marginalisant les territoires non intégrés à l'économie nationale. Ce legs spatial de l'indépendance continue de façonner les déséquilibres du développement haïtien contemporain.

1.3. L'ÉVOLUTION INSTITUTIONNELLE AUX 19e ET 20e SIÈCLES

L'organisation institutionnelle de l'État haïtien, telle qu'elle s'est progressivement mise en place au cours des XIXe et XXe siècles, a été marquée par une centralisation excessive du pouvoir, une instabilité politique chronique et une faible consolidation des structures administratives. Cette évolution a largement contribué à renforcer les déséquilibres territoriaux, en empêchant l'émergence d'un système de gouvernance territoriale équilibré, participatif et efficace. Le modèle d'État qui s'est construit sur les décombres de la colonie française et dans le sillage de la révolution haïtienne n'a pas réussi à dépasser les logiques de domination verticale et de concentration géographique des ressources.

Dès les premières décennies postindépendance, les gouvernements successifs ont adopté une posture autoritaire et centralisatrice. Le président Jean-Pierre Boyer (1818–1843), qui parvint à réunifier le pays après la scission Nord/Sud, mit en place un appareil administratif fortement hiérarchisé. Les représentants de l'État dans les provinces —

commandants, magistrats ou intendants — étaient nommés depuis Port-au-Prince, sans processus électif ni pouvoir autonome. Ce modèle s'est inscrit dans la continuité d'une tradition politique qui privilégiait la loyauté au centre plutôt que la compétence ou la représentativité locale (Heinl & Heinl, 2005). Il en résulta une marginalisation institutionnalisée des régions, réduites au rôle de périphéries administrées sans autonomie réelle.

Au cours du XIXe siècle, la récurrence des insurrections régionales, des coups d'État militaires et des soulèvements armés a encore affaibli la stabilité institutionnelle. Ces conflits internes, souvent motivés par des rivalités de pouvoir, ont empêché toute planification à long terme du développement territorial. L'instabilité a aussi conduit les dirigeants à renforcer leur emprise sur l'administration, au détriment de toute décentralisation. Les institutions locales ont été systématiquement instrumentalisées à des fins de contrôle politique, privant les territoires de toute capacité d'initiative (Trouillot, 2000).

Le XXe siècle n'a pas fondamentalement rompu avec cette tradition de centralisme autoritaire. Les régimes qui se sont succédé — en particulier celui de François Duvalier (1957–1971) et de son fils Jean-Claude Duvalier (1971–1986) — ont consolidé un État néopatrimonial, où les institutions publiques étaient subordonnées à la logique de prédation et de clientélisme. La création des Sections rurales d'administration (SERA) sous Duvalier père visait davantage à surveiller les campagnes et à contrôler la population rurale qu'à structurer un appareil administratif efficace (Fatton, 2002). Les structures administratives locales sont devenues des relais du pouvoir dictatorial, soumises à une logique de répression plutôt que de développement.

Par ailleurs, l'État haïtien n'a jamais disposé d'un appareil technico-bureaucratique suffisamment solide pour planifier l'aménagement du territoire. Les ministères sectoriels, souvent sous-financés et déconnectés des réalités locales, n'ont pas été en mesure de concevoir des politiques cohérentes d'équilibrage territorial. Les projets de développement, lorsqu'ils ont existé, ont été concentrés autour de Port-au-Prince ou impulsés par des bailleurs de fonds internationaux, souvent sans ancrage territorial durable (Lundahl, 2011).

Un tournant institutionnel important est néanmoins intervenu avec la Constitution de 1987, qui consacre le principe de décentralisation administrative et financière. Celle-ci prévoit la création de collectivités territoriales — communes, départements et sections communales —

dotées d'une autonomie de gestion et de ressources propres. Toutefois, cette réforme reste largement inaboutie. Dans les faits, la décentralisation ne s'est pas traduite par une réelle déconcentration du pouvoir ni par le renforcement des capacités locales. La majorité des collectivités demeure dépendante des transferts de l'État central, avec peu de moyens humains, techniques ou financiers pour remplir leurs missions (Lambert & Providence, 2025).

En outre, l'absence de cadre juridique clair, la faiblesse de la fiscalité locale et l'absence de mécanismes d'évaluation ont empêché l'opérationnalisation de la gouvernance locale. De nombreuses mairies, notamment en milieu rural, fonctionnent sans personnel qualifié, sans plan de développement communal, et parfois même sans siège administratif. Ce vide institutionnel est partiellement comblé par des ONG et des projets internationaux, ce qui contribue à une fragmentation de l'action publique et à une confusion des responsabilités (Dupuy, 2014).

Enfin, la faiblesse des institutions locales ne peut être dissociée de la crise plus large de la représentation politique. Les élections municipales sont souvent irrégulières, les élus locaux manquent de légitimité, et les processus participatifs sont quasi inexistants. Dans ce contexte, la citoyenneté territoriale peine à se construire, et les populations n'ont que peu de leviers pour influencer les décisions qui affectent leur cadre de vie.

En somme, l'évolution institutionnelle d'Haïti aux XIXe et XXe siècles a été marquée par la persistance d'un modèle étatique centralisé, autoritaire et faiblement ancré dans les territoires. Ce modèle a contribué à l'aggravation des déséquilibres spatiaux, en empêchant l'émergence d'un véritable pouvoir local, capable d'orienter le développement à partir des besoins spécifiques des populations. La centralisation, l'instabilité politique, la dépendance à l'aide extérieure et l'absence de planification territoriale cohérente sont autant de facteurs qui expliquent la fragmentation actuelle du territoire haïtien.

1.4. HÉRITAGES INSTITUTIONNELS CONTEMPORAINS

L'architecture institutionnelle contemporaine d'Haïti demeure profondément marquée par les logiques de centralisation, de fragmentation et de dépendance qui ont jalonné son histoire. Malgré les ambitions affichées de réforme, notamment depuis l'adoption de la Constitution de 1987, les structures administratives et politiques continuent de reproduire des asymétries territoriales persistantes. Cette situation résulte à la fois d'un legs historique colonial et postcolonial, d'une faiblesse chronique de l'État, et d'une gouvernance défaillante largement influencée par les dynamiques de l'aide internationale.

L'un des paradoxes majeurs de la gouvernance haïtienne contemporaine réside dans l'écart entre les textes juridiques et la réalité institutionnelle. La Constitution de 1987 consacre formellement le principe de décentralisation, avec l'objectif de renforcer l'autonomie des collectivités territoriales et de rapprocher l'action publique des citoyens. Elle prévoit la création de trois niveaux de gouvernance territoriale — la section communale, la commune et le département — dotés chacun d'un Conseil élu et de compétences propres. En théorie, cette architecture institutionnelle devait permettre une gestion plus adaptée aux spécificités locales et favoriser un développement endogène (Providence, 2022).

Cependant, dans la pratique, cette décentralisation reste largement inachevée. La plupart des collectivités locales dépendent presque entièrement des transferts financiers de l'État central, lesquels sont souvent tardifs, insuffisants et politiquement conditionnés. Les ressources propres des collectivités, notamment les recettes fiscales locales, demeurent marginales en raison de l'informalité de l'économie, de l'absence de cadastre fonctionnel et du manque de capacités techniques pour assurer la collecte des impôts (Lambert & Providence, 2025). Cette situation entrave considérablement la mise en œuvre de politiques publiques territoriales ambitieuses.

Sur le plan administratif, les collectivités locales souffrent d'un déficit aigu de personnel qualifié, d'infrastructures de base et d'outils de planification. De nombreuses mairies rurales fonctionnent sans ingénieurs, sans comptables, ni même sans secrétaires administratifs formés. Les plans de développement communal (PDC), censés orienter les interventions locales, sont rarement élaborés ou restent lettre morte, faute de financement et de suivi. Le fonctionnement des conseils municipaux est souvent entravé par des rivalités politiques, une faible légitimité électorale et une méfiance persistante des populations à l'égard de l'institution municipale (Trouillot, 2000; Providence, 2025a).

Parallèlement, la place croissante des organisations non gouvernementales (ONG) et des agences de coopération internationale dans le paysage institutionnel haïtien soulève de nombreuses interrogations. Dans un contexte de faiblesse structurelle de l'État, notamment après le séisme de janvier 2010, de nombreuses ONG ont assumé des fonctions traditionnellement dévolues aux pouvoirs publics : construction d'infrastructures, fourniture de services sociaux, développement rural, gestion de l'eau, etc. Cette substitution de l'action publique a certes permis de répondre à des urgences, mais elle a également affaibli davantage la souveraineté institutionnelle des collectivités et de l'État (Schuller, 2012).

La fragmentation des interventions, l'absence de coordination entre les acteurs, et la mise en œuvre de projets hors des cadres institutionnels nationaux ont contribué à renforcer la dépendance externe et à déstabiliser les mécanismes de gouvernance existants. En outre, ces projets sont souvent limités dans le temps, conditionnés par des logiques de résultats à court terme et peu alignés sur les priorités locales. Ce type de gouvernance dite « humanitaro-développementale » renforce l'asymétrie entre le centre et les périphéries, entre les institutions nationales et les dispositifs parallèles gérés par les ONG (Fatton, 2002; Providence, 2020).

Sur le plan territorial, l'absence de politiques d'aménagement cohérentes se traduit par une urbanisation désordonnée, une pression foncière accrue dans les zones urbaines, notamment à Port-au-Prince, et une marginalisation croissante des zones rurales. Les inégalités territoriales sont accentuées par le fait que les investissements publics, en infrastructures et en services sociaux, sont massivement concentrés dans la capitale et quelques centres urbains secondaires. Les régions enclavées, mal desservies et peu médiatisées, restent exclues des grandes dynamiques de développement (Lundahl, 2011).

Enfin, l'absence d'un système fiable d'information territoriale et de données désagrégées à l'échelle locale limite la capacité de l'État à diagnostiquer les besoins, à planifier les interventions et à évaluer les politiques publiques. La gestion du territoire repose souvent sur des logiques d'opportunité, de clientélisme ou d'urgence, au détriment d'une vision stratégique de long terme.

En somme, les héritages institutionnels contemporains d'Haïti sont marqués par une tension permanente entre centralisation et décentralisation inaboutie, entre autonomie locale formelle et dépendance financière réelle, entre pouvoir national affaibli et influence dominante des acteurs internationaux. Ces tensions structurent l'action publique territoriale, en limitant sa portée, sa cohérence et son ancrage local. Comprendre ces héritages permet de mesurer les défis d'une véritable réforme institutionnelle fondée sur la reconnaissance des territoires comme acteurs à part entière du développement national.

Conclusion du Chapitre 1

L'analyse historique et institutionnelle développée dans ce premier chapitre met en évidence la profonde inscription des inégalités territoriales haïtiennes dans une trajectoire longue de centralisation du pouvoir, de concentration des ressources et de marginalisation des périphéries. Loin d'être contingentes ou purement techniques, ces disparités trouvent leurs racines dans les structures fondatrices de l'État haïtien, elles-mêmes héritées du système colonial et perpétuées par les choix politiques et institutionnels qui ont jalonné les XIXe et XXe siècles.

La période coloniale a instauré un ordre spatial et social profondément inégalitaire, centré sur une économie de plantation exploitant intensément les ressources naturelles et humaines dans les régions les plus fertiles, tout en marginalisant les zones montagneuses et enclavées. Ce modèle d'organisation, basé sur l'extraction et la hiérarchisation rigide des statuts sociaux, a imprimé une logique de concentration des richesses et des infrastructures qui perdure jusqu'à aujourd'hui. À la rupture politique de 1804 n'a pas correspondu une refondation territoriale. L'indépendance, bien qu'émancipatrice sur le plan symbolique et géopolitique, a reconduit des logiques d'exclusion spatiale, notamment à travers l'appropriation foncière par les élites militaires et l'instauration d'un pouvoir central autoritaire centré sur Port-au-Prince.

L'État haïtien du XIXe siècle, puis celui du XXe siècle a peu à peu consolidé une architecture institutionnelle fondée sur le contrôle vertical, la méfiance envers les pouvoirs locaux et l'absence de dispositifs d'aménagement équilibré du territoire. L'instabilité politique chronique, les coups d'État à répétition, les régimes autoritaires, ainsi que les ingérences internationales, notamment durant l'occupation américaine (1915–1934), ont contribué à figer une gouvernance peu réceptive aux dynamiques territoriales. L'adoption de la Constitution de 1987, en dépit de ses avancées formelles en matière de décentralisation, n'a pas permis d'inverser cette tendance. La faiblesse des capacités institutionnelles locales, la dépendance financière des collectivités et l'inefficacité des mécanismes de coordination territoriale en témoignent.

À ces faiblesses endogènes s'ajoute la fragmentation provoquée par l'internationalisation de l'aide au développement. Dans un contexte marqué par la vulnérabilité structurelle de l'État haïtien — exacerbée par les catastrophes naturelles, les crises politiques et les limites de la planification publique —, les ONG et les bailleurs internationaux ont souvent investi les territoires sans articulation avec les structures locales, contribuant à une désinstitutionnalisation de la gouvernance territoriale.

En définitive, ce chapitre montre que l'espace haïtien n'est pas simplement le théâtre passif de politiques mal conçues ou d'un sous-développement endémique. Il est le produit actif d'un enchevêtrement de forces historiques, économiques, sociales et politiques qui ont façonné sa configuration actuelle. L'identification de ces logiques structurelles permet non seulement de mieux comprendre les blocages du présent, mais aussi d'esquisser les conditions d'un changement en profondeur. Car toute stratégie de développement territorial en Haïti qui se veut cohérente et durable ne peut faire l'économie d'un retour critique sur ces héritages. Repenser l'organisation du territoire nécessite dès lors une reconfiguration institutionnelle, une reconnaissance effective des collectivités comme actrices de leur avenir, et une revalorisation des dynamiques locales dans une logique de co-construction.

CHAPITRE 2. LES DYNAMIQUES SOCIO-ÉCONOMIQUES HISTORIQUES

Introduction

L'évolution territoriale d'Haïti ne peut être dissociée des dynamiques socio-économiques qui l'ont façonnée depuis la période coloniale. Si le chapitre précédent a mis en lumière les fondements historiques et institutionnels des déséquilibres spatiaux, il est tout aussi fondamental de comprendre comment les choix économiques, les modèles de production, les formes d'organisation sociale et les politiques de développement ont contribué, dans le temps long, à structurer durablement l'espace haïtien. Ce deuxième chapitre s'attache ainsi à explorer les continuités et les transformations de l'économie haïtienne, dans leur interaction avec les mutations sociales et territoriales.

Dès la colonisation, l'économie de plantation a inscrit dans le territoire une logique de spécialisation, d'exploitation et de dépendance. En faisant de Saint-Domingue la colonie la plus prospère des Antilles au XVIIIe siècle, ce modèle a profondément polarisé l'espace, créant des zones de richesse et de concentration des infrastructures autour des plantations, tout en reléguant les zones périphériques à une marginalité fonctionnelle. La révolution et l'indépendance ont certes bouleversé les rapports de production, mais sans remettre en cause les inégalités foncières ni les logiques d'extraversion économique. Loin d'un basculement vers un développement autocentré, l'économie haïtienne a oscillé entre fragmentation paysanne et tentatives avortées d'industrialisation, entre résilience communautaire et dépendance croissante aux marchés et aux financements extérieurs.

Les XIXe et XXe siècles ont été marqués par l'essor d'une économie paysanne de subsistance, portée par une classe paysanne majoritaire, mais peu intégrée aux circuits d'accumulation nationale. Cette économie, souvent perçue comme archaïque ou inefficiente, a pourtant permis la reproduction sociale de millions de familles, tout en freinant les tentatives centralisées de reconstitution d'un État fort autour d'une agriculture d'exportation. En parallèle, les faibles tentatives d'industrialisation, les politiques de substitution aux importations, puis les réformes néolibérales de la fin du XXe siècle ont accentué la vulnérabilité du tissu productif haïtien, aggravant les inégalités sociales et territoriales.

Aujourd'hui, ces dynamiques trouvent leur prolongement dans une économie largement informelle, où les mécanismes classiques de régulation — emploi, protection sociale, fiscalité locale — sont largement défaillants. La migration, tant interne qu'internationale, est devenue une variable structurante du développement, redessinant les relations entre territoires d'origine et d'accueil, et entre espace national et diasporas. Dans ce contexte, les transferts de fonds constituent une ressource majeure, mais dont les effets sont ambivalents : soutenant la consommation, mais rarement réinvestis dans des dynamiques productives ou territoriales de long terme.

Ce chapitre propose ainsi une lecture chronologique et analytique des grandes dynamiques économiques et sociales qui ont façonné l'espace haïtien. Il met en perspective les effets territoriaux de ces évolutions, en s'intéressant tant aux logiques de production qu'aux modes de reproduction sociale, aux politiques économiques qu'aux initiatives locales. À travers cette exploration, il s'agit de mieux comprendre comment les structures économiques ont renforcé, reproduit ou dans certains cas réinventé les inégalités territoriales héritées du passé.

2.1. L'ÉCONOMIE DE PLANTATION : UNE BASE STRUCTURANTE

L'économie de plantation constitue le socle fondamental sur lequel s'est bâtie la structure socio-économique et territoriale de Saint-Domingue, et, par héritage, celle de l'Haïti contemporaine. Ce système, mis en place au cours du XVIIe siècle et intensifié au XVIIIe siècle, a permis à la colonie française d'atteindre un niveau de productivité exceptionnel dans la Caraïbe, au point de devenir, selon certains historiens, la « perle des Antilles » et la principale pourvoyeuse de sucre du monde atlantique (Dubois, 2005). Ce modèle productif s'est non seulement imposé comme moteur de croissance pour la métropole, mais il a aussi profondément structuré les hiérarchies sociales et les logiques territoriales, imprimant durablement une géographie inégalitaire qui perdure après l'indépendance.

L'organisation de l'économie de plantation reposait sur la grande propriété foncière, l'exploitation massive d'esclaves africains et l'orientation exclusive vers l'exportation. Les plaines fertiles du Nord (notamment la Plaine du Nord autour du Cap-Français), de l'Ouest (région de Léogâne et Cul-de-sac) et de l'Artibonite constituaient les principales zones de concentration des plantations. Les conditions agroclimatiques favorables, associées à la proximité des ports d'exportation, ont conduit à une spécialisation intensive dans la culture de la canne à sucre, du café, de l'indigo et du coton (Lundahl, 2011). Ce modèle reposait sur un triptyque fondamental : concentration spatiale, exploitation humaine et dépendance économique.

D'un point de vue spatial, ce système a généré une géographie sélective, dans laquelle les infrastructures — routes, entrepôts, raffineries, ports — ont été concentrées dans les zones de production et d'exportation, tandis que les régions montagneuses et enclavées étaient délaissées. Cette hiérarchisation de l'espace a créé une dynamique territoriale asymétrique, dans laquelle certaines zones étaient pleinement intégrées aux circuits économiques mondiaux, alors que d'autres étaient reléguées à la périphérie fonctionnelle (Sheller, 2003b). Le territoire était donc configuré selon une logique d'utilité économique et non selon des principes d'équilibre ou d'accessibilité.

Le deuxième pilier de ce modèle était l'exploitation du travail esclave. Près de 90 % de la population de Saint-Domingue était composée d'esclaves africains, soumis à un régime de travail brutal, sans droit, et à une mortalité extrêmement élevée. Ce système a produit une division sociale radicale entre les grands planteurs blancs, les affranchis libres (souvent métis ou mulâtres) et les esclaves, instaurant une hiérarchie radicalisée et violente (Fick, 1990). Cette organisation sociale a non seulement renforcé les inégalités économiques, mais elle a également enraciné des logiques d'exclusion et de dépossession qui ont perduré bien au-delà de l'abolition de l'esclavage.

Le troisième élément structurant de l'économie de plantation est sa dépendance extrême à la demande extérieure. La production était orientée exclusivement vers les marchés européens, en particulier vers la France, ce qui a généré une économie extravertie, vulnérable aux fluctuations des prix internationaux et aux crises commerciales. Cette dépendance a empêché le développement de circuits économiques internes solides, limitant les possibilités d'une industrialisation locale ou d'une diversification productive (Mintz, 1986). En outre, la majeure partie des profits générés par cette économie étaient rapatriés vers la métropole ou investis dans le maintien de l'ordre colonial, et non dans l'amélioration des conditions de vie locales.

Les conséquences de cette organisation économique ont été multiples et durables. Sur le plan environnemental, l'exploitation intensive des terres a entraîné une déforestation précoce et massive, notamment pour alimenter les raffineries de sucre en bois de chauffe, et a provoqué une érosion importante des sols, affectant durablement la fertilité agricole du pays (Farmer, 2006). Sur le plan social, l'absence d'accès à la propriété pour la majorité de la population a empêché toute forme d'accumulation de capital ou de mobilité ascendante pour les esclaves et leurs descendants. Sur le plan territorial, la polarisation des infrastructures et des investissements a jeté les bases des inégalités spatiales qui caractérisent encore aujourd'hui la répartition des services publics, des équipements collectifs et des opportunités économiques.

Enfin, l'économie de plantation a influencé la culture politique haïtienne en instaurant un mode de gestion autoritaire et localisé du pouvoir. Les plantations fonctionnaient comme des entités quasi autonomes, avec des gestionnaires disposant d'un pouvoir absolu sur les esclaves et les opérations économiques. Cette culture du commandement unilatéral, dépourvue de participation ou de redevabilité, a en partie inspiré les formes ultérieures de gouvernance dans l'espace rural haïtien (Trouillot, 2000).

Ainsi, loin de constituer un simple moment du passé, l'économie de plantation représente une matrice originelle qui continue de façonner les dynamiques sociales, économiques et territoriales d'Haïti. Sa logique de concentration, d'exclusion et d'extériorisation des richesses demeure perceptible dans les inégalités foncières, la faiblesse de l'économie nationale et la centralisation des ressources dans les zones les plus connectées au marché mondial.

2.2. LA RÉVOLUTION HAÏTIENNE ET SES CONSÉQUENCES ÉCONOMIQUES

La Révolution haïtienne (1791–1804), qui conduisit à l'indépendance du pays et à l'abolition définitive de l'esclavage, constitue une rupture politique majeure à l'échelle mondiale. Elle mit fin au système colonial esclavagiste le plus productif du monde atlantique et inaugura un nouvel ordre fondé sur la souveraineté populaire et l'égalité juridique. Toutefois, si cette révolution fut radicale sur le plan politique et symbolique, ses effets économiques furent ambivalents. L'abolition du travail forcé, la déstructuration de l'économie de plantation, les tensions foncières post-indépendance, ainsi que l'isolement diplomatique et économique d'Haïti ont profondément transformé l'organisation économique du territoire et les modalités d'intégration des populations à la production.

L'un des premiers effets de la Révolution fut la dislocation du modèle de plantation, fondé sur le travail esclave et l'exportation agricole. La fuite ou l'assassinat des colons, la destruction des infrastructures agricoles et la redistribution partielle des terres aux anciens esclaves ont provoqué une désorganisation du système productif. Nombre de plantations furent abandonnées ou transformées en petites exploitations vivrières familiales. Une classe paysanne libre émergea alors, animée par une aspiration forte à l'autonomie, à la subsistance, et au rejet de toute forme de travail contraint (Fick, 1990). Ce changement radical marqua la naissance d'un nouveau paradigme économique fondé sur l'économie paysanne, dont les caractéristiques principales — morcellement foncier, faible productivité, logique de reproduction sociale — allaient s'imposer dans le paysage rural haïtien pour les deux siècles suivants (Mintz, 1989).

Cependant, cette transition ne s'est pas opérée de manière homogène. Les dirigeants postindépendance, notamment Jean-Jacques Dessalines, puis Henri Christophe au Nord et Alexandre Pétion au Sud, ont adopté des politiques foncièrement divergentes. Christophe, dans une optique de restauration de la capacité exportatrice du pays, imposa une réforme agraire étatiste qui maintenait le modèle des grandes plantations, désormais sous le contrôle de l'État et exploité par des cultivateurs tenus à résidence. Ce système, bien qu'efficace à court terme pour générer des revenus, fut perçu comme une nouvelle forme de servitude et suscita de vives résistances (Geggus, 2001). Pétion, à l'inverse, privilégia une distribution massive des terres de l'État à ses alliés militaires et à des citoyens, favorisant ainsi le morcellement foncier. Cette politique conduisit à l'essor d'une paysannerie propriétaire, indépendante, mais peu structurée économiquement (Trouillot, 2000).

Cette dualité initiale a laissé une empreinte durable sur la géographie foncière et les rapports sociaux à la terre. Le territoire haïtien s'est fragmenté en une mosaïque de petites exploitations familiales, souvent déconnectées des circuits d'échange formels. Le choix — ou la contrainte — d'une agriculture vivrière tournée vers l'autoconsommation et les marchés locaux s'explique autant par le rejet du système colonial que par la volonté des paysans d'assurer leur survie en dehors des logiques de domination étatique ou capitaliste (Lundahl, 2011). Cela a contribué à l'émergence d'une « économie morale paysanne » fondée sur la solidarité, le troc, la transmission informelle des terres et l'ancrage territorial (Providence, 2022).

Les conséquences de cette reconfiguration économique ont toutefois été ambivalentes. D'un côté, l'autonomisation des cultivateurs a permis une reproduction sociale relativement stable pendant plusieurs générations. D'un autre côté, le faible rendement de l'agriculture, l'absence d'investissements productifs et l'insuffisance des infrastructures ont limité les possibilités d'accumulation, de transformation agro-industrielle et de développement régional. L'État, privé de ses principales sources de revenus — taxes à l'exportation et droits de douane — s'est retrouvé en crise financière chronique. Cette situation a favorisé le recours à des emprunts extérieurs, notamment pour payer l'« indemnité de l'indépendance » exigée par la France en 1825, qui a aggravé la dette publique et freiné l'investissement dans les secteurs stratégiques (Dubois, 2013).

Par ailleurs, le nouvel État haïtien a échoué à mettre en place des institutions économiques modernes capables d'encadrer le développement agricole, d'organiser les marchés ou de réguler le foncier. Le vide laissé par l'administration coloniale n'a pas été comblé par des structures efficaces. Cela a accentué la fragmentation des territoires, l'émergence d'élites locales clientélistes, et la désarticulation entre les centres de pouvoir et les zones rurales. Ce déficit d'institutions économiques territorialisées reste l'un des traits saillants de l'économie haïtienne contemporaine (Fatton, 2002).

Enfin, l'isolement diplomatique d'Haïti dans les premières décennies du XIXe siècle — conséquence du refus des puissances esclavagistes de reconnaître la République noire — a limité ses échanges internationaux, restreint son accès aux marchés et aux capitaux, et contribué à renforcer son extraversion et sa dépendance. Ce blocage géopolitique a retardé l'intégration du pays dans le commerce international sur des bases souveraines, le maintenant dans une position périphérique au sein du système-monde (Wallerstein, 2004).

En résumé, la Révolution haïtienne a certes ouvert une ère nouvelle de liberté et d'égalité juridique, mais elle a aussi produit une rupture économique dont les effets furent paradoxalement déstabilisateurs pour la viabilité du jeune État. En détruisant le système de plantation sans pouvoir ou vouloir le remplacer par une alternative productive cohérente, elle a inauguré une ère d'économie paysanne informelle, à la fois autonome, résistante et structurellement fragile. Cette économie de la survie, bien qu'adaptée aux réalités rurales, s'est avérée insuffisante pour poser les bases d'un développement territorial intégré, laissant se creuser les fractures entre espaces agricoles marginalisés et centres politico-administratifs surinvestis.

2.3. LE 20e SIÈCLE : INDUSTRIALISATION MANQUÉE ET DÉPENDANCE ACCRUE

Le XXe siècle haïtien s'est déroulé sous le signe de multiples tentatives de modernisation économique qui, en dépit de leurs ambitions, n'ont pas abouti à une transformation structurelle du pays. L'absence d'industrialisation réelle, la marginalisation persistante du secteur agricole, la montée en puissance de l'économie informelle et la dépendance croissante à l'aide internationale ont consolidé un modèle de sous-développement marqué par une vulnérabilité structurelle, une fragilité institutionnelle et une fragmentation territoriale croissante.

Les premières décennies du XXe siècle furent dominées par l'occupation américaine (1915–1934), censée rétablir l'ordre et moderniser l'administration haïtienne. Sous ce régime, des investissements significatifs furent réalisés dans les infrastructures routières, portuaires et sanitaires. Toutefois, ces efforts furent guidés par les intérêts géostratégiques et économiques des États-Unis, et non par une stratégie de développement endogène. L'agriculture haïtienne fut orientée vers la production de matières premières pour l'exportation — notamment le sucre, le sisal et le coton — au détriment de l'autosuffisance alimentaire (Schmidt, 1995). L'occupation imposa aussi une centralisation accrue du pouvoir et un système fiscal destiné à rembourser la dette externe, contribuant à l'affaiblissement des autorités locales et à la dépendance financière de l'État haïtien.

Dans les décennies qui suivirent, plusieurs gouvernements tentèrent de relancer la production nationale et de promouvoir une forme d'industrialisation. Sous les présidences d'Élie Lescot (1941–1946) ou de Dumarsais Estimé (1946–1950), des projets de développement furent initiés, notamment dans l'industrie textile et la transformation agroalimentaire. Toutefois, ces tentatives restèrent marginales, faute d'investissements massifs, d'infrastructures adéquates et de cadres institutionnels stables. Le manque de capital humain, l'insuffisance de la formation technique et l'instabilité politique récurrente ont freiné toute dynamique industrielle durable (Lundahl, 2011).

La période duvaliériste (1957–1986), qui couvre près de trois décennies, fut marquée par une profonde régression institutionnelle et économique. François Duvalier puis son fils Jean-Claude mirent en place un régime autoritaire fondé sur le népotisme, la violence d'État et la prédation des ressources publiques. L'économie fut largement orientée vers le soutien des réseaux clientélistes, au détriment de l'investissement productif. Néanmoins, dans les années 1970, Jean-Claude Duvalier ouvrit partiellement le pays à l'investissement étranger, notamment à travers la création de zones franches industrielles, comme à Port-au-Prince et dans sa périphérie (Fatton, 2002).

Ces zones franches, centrées sur l'assemblage de produits textiles, électroniques ou de jouets, ont attiré plusieurs multinationales en quête de main-d'œuvre bon marché. Toutefois, ce type d'industrialisation, qualifiée de « périphérique » ou de « dépendante », s'est révélé incapable de générer un tissu économique local dynamique. Les emplois créés étaient précaires, faiblement rémunérés et sans perspectives de montée en compétence. En outre, ces zones ne furent pas intégrées à une stratégie nationale de développement territorial. Elles restèrent confinées aux centres urbains, contribuant à la surconcentration de Port-au-Prince et à l'exclusion des régions rurales (Charles, 2020).

En parallèle, l'agriculture haïtienne, déjà affaiblie, entra dans une crise structurelle. L'absence de politique agricole cohérente, le désintérêt de l'État pour le monde rural, et la concurrence croissante des produits importés — facilitée par les programmes d'ajustement structurel imposés dans les années 1980 — provoquèrent une déstructuration des filières locales. Le riz, le maïs, les haricots, autrefois produits localement, furent progressivement remplacés par des produits importés, souvent subventionnés, en provenance des États-Unis (Dupuy, 2014). Cette dépendance alimentaire fragilisa davantage les campagnes et accentua la migration vers les centres urbains.

Les politiques néolibérales adoptées dans les années 1980 et 1990, sous l'égide du FMI et de la Banque mondiale, ont exacerbé cette dynamique de dépendance. Les réformes imposèrent la réduction des dépenses publiques, la privatisation des entreprises d'État et l'ouverture des frontières commerciales. Faute d'un État fort et capable de réguler ces transitions, ces politiques entraînèrent un affaiblissement du tissu productif national et une vulnérabilisation accrue des couches populaires. L'économie informelle se développa massivement, absorbant une part importante de la main-d'œuvre urbaine, sans contribuer à une fiscalité territoriale viable ni à un développement planifié (PNUD, 2008).

Cette période fut également marquée par une dépendance croissante à l'aide internationale. Les ONG, les bailleurs bilatéraux et multilatéraux occupèrent un rôle de plus en plus central dans la fourniture des services de base, souvent en substitution des pouvoirs publics. Cette délégation de fait de la souveraineté économique aux acteurs extérieurs accentua la désarticulation entre les politiques publiques et les besoins des territoires. De plus, l'aide fut fréquemment concentrée dans les zones les plus visibles ou les plus accessibles, renforçant les inégalités d'investissement entre Port-au-Prince et le reste du pays (Schuller, 2012).

En somme, le XXe siècle haïtien a été caractérisé par une industrialisation manquée, une dépendance économique croissante et un affaiblissement continu de la capacité productive nationale. Ces dynamiques ont non seulement limité la souveraineté économique d'Haïti, mais elles ont aussi creusé les écarts territoriaux entre un centre urbain saturé, partiellement intégré à l'économie mondiale, et une périphérie rurale en déclin, exclue des grands flux économiques et politiques. Cette configuration pose les bases des tensions économiques et sociales contemporaines, et invite à une relecture territoriale des politiques de développement.

2.4. LES DYNAMIQUES CONTEMPORAINES : INFORMALITE, MIGRATION ET INNOVATION SOCIALE

À partir des années 2000, et plus encore après le séisme dévastateur de janvier 2010, l'économie haïtienne est entrée dans une phase de recomposition marquée par trois dynamiques majeures : l'expansion de l'économie informelle, la centralité de la migration et des transferts de la diaspora, et l'émergence de formes d'innovation sociale souvent portées par les communautés locales, les jeunes ou les réseaux transnationaux. Ces dynamiques, bien qu'hétérogènes, dessinent les contours d'une économie hybride, dans laquelle les acteurs formels et informels, locaux et transnationaux, institutionnels et communautaires, coexistent en l'absence d'un cadre stratégique global.

La première caractéristique du contexte contemporain est l'ampleur de l'économie informelle. Selon les estimations de l'Organisation internationale du travail (OIT), plus de 80 % des emplois en Haïti relèvent du secteur informel, en particulier dans les zones urbaines (OIT, 2017). Cette économie de survie, structurée autour du commerce de rue, des petits services, de l'artisanat ou de la vente ambulante, constitue la principale source de revenus pour la majorité des ménages. Elle révèle à la fois une résilience remarquable face à la pauvreté structurelle et l'échec des politiques de développement à intégrer durablement les populations au marché du travail formel. L'informalité, loin d'être un phénomène marginal, s'inscrit ainsi au cœur du fonctionnement quotidien de l'économie haïtienne.

Toutefois, cette informalité généralisée pose d'importants défis en matière de fiscalité, de protection sociale, de sécurité au travail et de planification territoriale. Les municipalités, privées de ressources fiscales stables, ne peuvent investir dans des infrastructures économiques de base (marchés, zones d'activités, réseaux de transport), ce qui perpétue un cercle vicieux de précarité. De plus, l'absence de régulation favorise la saturation des espaces publics, la pollution urbaine, et des tensions récurrentes entre vendeurs, usagers et autorités locales (Providence, 2022).

La deuxième dynamique structurante est celle de la migration, aussi bien interne qu'internationale. L'exode rural, amorcé dès les années 1960, s'est accéléré au fil des crises économiques, des catastrophes naturelles et de l'effondrement des services publics dans les zones rurales. Cette migration a provoqué une croissance rapide et désorganisée des espaces urbains, en particulier de Port-au-Prince, dont la population a plus que doublé entre 1982 et 2015. Les quartiers périphériques de la capitale, souvent construits sans encadrement technique ni planification urbaine, concentrent aujourd'hui les principales vulnérabilités sociales et environnementales du pays.

À l'échelle internationale, la diaspora haïtienne joue un rôle économique central. Présente massivement aux États-Unis, au Canada, en France et dans plusieurs pays de la Caraïbe, elle constitue une source essentielle de revenus pour de nombreuses familles restées au pays. En 2022, les transferts de fonds représentaient plus de 30 % du PIB national, plaçant Haïti parmi les pays les plus dépendants aux envois de fonds dans le monde (Banque Mondiale, 2021). Ces remises, bien qu'elles soutiennent la consommation, l'éducation ou le logement, ne sont que marginalement réinvesties dans des activités productives ou des projets structurants à l'échelle territoriale. Leur potentiel de transformation durable reste donc limité par l'absence de politiques publiques de canalisation et de mobilisation des ressources de la diaspora.

Paradoxalement, c'est souvent dans les interstices laissés par l'informalité et l'absence de l'État que se développent des formes d'innovation sociale. Face aux défaillances des institutions, des initiatives émergent dans les quartiers, les communes ou les réseaux diasporiques pour répondre aux besoins essentiels : éducation, santé, assainissement, mobilité, alimentation. Ces innovations prennent des formes diverses : coopératives agricoles, mutuelles de santé, écoles communautaires, projets numériques portés par de jeunes entrepreneurs, etc. Elles témoignent d'une vitalité sociale souvent ignorée par les dispositifs de développement conventionnels (Providence, 2022).

Certaines de ces expériences tentent également de construire des ponts entre les territoires : des associations de migrants investissent dans leurs localités d'origine, de jeunes diplômés développent des solutions technologiques à partir de problématiques locales, des organisations paysannes renforcent leur autonomie grâce à des alliances régionales. Ces pratiques d'innovation territoriale, bien qu'encore éparse, constituent des laboratoires de gouvernance alternative qui mériteraient un accompagnement institutionnel, un accès facilité au financement et une reconnaissance politique.

Cependant, ces dynamiques restent largement confinées à des initiatives ponctuelles. En l'absence d'un cadre national de développement territorial, de politiques publiques de soutien à l'économie locale ou de réformes structurelles, leur portée reste limitée. Le défi contemporain consiste donc à articuler ces formes de résilience avec une stratégie de transformation systémique, capable de renforcer la souveraineté économique, de rééquilibrer les territoires et de reconstruire la confiance entre les citoyens et les institutions.

En somme, l'économie contemporaine haïtienne repose sur un triptyque paradoxal : une informalité dominante, mais non reconnue, une migration salvatrice, mais déterritorialisée, et une innovation sociale vivace, mais peu soutenue. Ces dynamiques, bien qu'elles révèlent l'inventivité des acteurs locaux, illustrent aussi la fragmentation croissante du tissu économique et la défaillance persistante des politiques publiques. Elles posent les jalons d'une refondation possible, mais exigent un changement de paradigme dans la manière de penser et d'agir sur le développement territorial.

Conclusion du chapitre 2

L'analyse des dynamiques socio-économiques haïtiennes, sur le temps long, révèle la persistance de structures productives et d'organisations sociales façonnées par l'histoire coloniale, la rupture révolutionnaire et les échecs successifs des politiques de développement. De l'économie de plantation esclavagiste à la fragmentation foncière postindépendance, en passant par les tentatives d'industrialisation avortées du XXe siècle et l'essor contemporain de l'informalité, l'économie haïtienne a connu des mutations profondes, sans jamais parvenir à bâtir un modèle endogène de croissance durable et équitable.

Le modèle de plantation, qui a généré des richesses colossales pour la métropole française, a laissé derrière lui un territoire polarisé, une structure foncière inégalitaire et une logique d'extraction orientée vers l'extérieur. L'éclatement de ce système à la faveur de la Révolution haïtienne a permis l'émergence d'une paysannerie libre, mais sans que cela ne débouche sur une refondation économique nationale. Le morcellement des terres, l'absence de politiques de soutien à l'agriculture, et la fragilité des institutions étatiques ont favorisé l'essor d'une économie de subsistance, informelle et localisée, peu articulée aux marchés nationaux ou régionaux.

Le XXe siècle, loin de corriger ces déséquilibres, a prolongé cette dynamique de vulnérabilité. L'occupation américaine, les régimes autoritaires, les programmes d'ajustement structurel et les choix de développement extraverti ont accentué la dépendance du pays aux flux extérieurs : importations alimentaires, investissements étrangers précaires, transferts de la diaspora et aide internationale. Dans ce contexte, ni l'industrialisation par substitution aux importations ni la création de zones franches n'ont permis de structurer un appareil productif robuste ou de rééquilibrer les territoires.

Les dynamiques contemporaines, dominées par l'économie informelle, la migration et des formes diffuses d'innovation sociale, témoignent de la capacité d'adaptation des populations, mais aussi de l'échec de l'État à jouer son rôle de régulateur, d'investisseur stratégique et d'aménageur du territoire. Les villes, et en particulier

Port-au-Prince, concentrent l'essentiel des flux économiques, humains et institutionnels, tandis que les campagnes se vident, et que les périphéries urbaines s'étendent de manière anarchique. Cette géographie de la survie, dans laquelle les populations développent des stratégies autonomes de reproduction sociale, masque une fragilité systémique qui limite toute projection vers un développement territorial intégré.

Pourtant, au cœur de ces tensions émergent des ressources précieuses : une culture de l'entraide communautaire, des innovations sociales portées par des jeunes, des réseaux diasporiques désireux d'investir dans leur localité d'origine, et des formes de gouvernance locale expérimentale. Ces potentialités restent sous-exploitées, faute d'un cadre national cohérent, de financements adaptés, et d'une vision territorialisée du développement. L'enjeu n'est donc pas seulement de corriger les déséquilibres hérités du passé, mais d'imaginer un autre futur, fondé sur la reconnaissance des dynamiques locales, l'autonomisation des acteurs territoriaux, et la construction de ponts entre initiatives communautaires et politiques publiques.

Cette conclusion appelle ainsi à un changement de paradigme : passer d'une économie de gestion de la précarité à une stratégie de valorisation des ressources territoriales ; rompre avec la centralisation excessive pour promouvoir une gouvernance partagée ; et articuler les efforts de la société civile, des collectivités locales et de l'État dans un projet de développement qui reconnaisse les territoires comme leviers, et non comme obstacles, à la transformation d'Haïti.

CHAPITRE 3. RESSOURCES NATURELLES ET ORGANISATION TERRITORIALE

Introduction

L'analyse du développement territorial en Haïti ne saurait faire l'impasse sur la question des ressources naturelles, tant elles constituent un déterminant central dans la structuration historique et contemporaine de l'espace. Le rapport qu'un pays entretient avec ses ressources — qu'elles soient agricoles, hydriques, forestières, minières ou côtières — façonne non seulement ses capacités de production, mais aussi ses choix d'aménagement, ses équilibres écologiques et ses modèles de gouvernance. En Haïti, les ressources naturelles ont été à la fois un levier de domination coloniale, un enjeu de survie pour les populations rurales, et un facteur de vulnérabilité territoriale croissante, en raison d'une gestion souvent extractive, désorganisée et politiquement instrumentalisée.

L'histoire du pays révèle une exploitation intensive des ressources naturelles, dès l'époque coloniale, au service de l'économie de plantation. La déforestation massive, liée à la culture de la canne à sucre et au besoin en bois pour les raffineries, a provoqué une érosion accélérée des sols, dont les effets perdurent encore aujourd'hui. Ce processus s'est poursuivi dans la période post-indépendance, sans réelle politique de reboisement ou de régénération, renforçant la fragilité des écosystèmes ruraux. Dans un contexte de pression démographique croissante et de pauvreté chronique, l'accès aux ressources naturelles — notamment la terre, l'eau, le bois — est devenu un enjeu vital pour les communautés, souvent sans encadrement légal clair ni accompagnement technique, ce qui a favorisé leur surexploitation.

Parallèlement, la distribution géographique des ressources naturelles a contribué à façonner une organisation territoriale différenciée. Certaines régions, comme l'Artibonite ou le Sud, ont bénéficié d'une concentration de terres arables, de bassins hydrographiques et d'un potentiel agroécologique élevé. D'autres, en revanche, comme le Nord-Est ou certaines zones montagneuses du Centre, souffrent d'un enclavement accentué par une dégradation environnementale avancée. Ces disparités physiques et écologiques ont été peu prises en compte dans les politiques d'aménagement du territoire, conduisant à des déséquilibres accentués entre les zones de concentration des ressources et les périphéries en déclin.

La mauvaise gestion des ressources naturelles a également été à l'origine de tensions territoriales et de conflits d'usage, en particulier autour de la terre et de l'eau. Le système foncier, caractérisé par une insécurité juridique chronique, un chevauchement de droits coutumiers et légaux, et l'absence d'un cadastre opérationnel, constitue un obstacle majeur à la planification territoriale, à l'investissement agricole et à la résolution des litiges. Dans les zones urbaines en expansion rapide, la pression foncière se conjugue à des problèmes d'accès à l'eau potable, d'assainissement et de pollution, exacerbant la vulnérabilité des populations les plus pauvres.

En parallèle, Haïti dispose de ressources naturelles stratégiques encore peu valorisées ou mal exploitées. Les ressources minières — or, cuivre, bauxite — font l'objet de convoitises internationales, mais leur exploitation reste soumise à une gouvernance opaque et à des tensions avec les communautés locales. Le potentiel énergétique, notamment hydroélectrique, solaire et éolien, demeure sous-utilisé, alors même que la dépendance énergétique constitue un frein majeur au développement industriel et à l'amélioration des services publics dans les territoires. Quant aux ressources maritimes et côtières, elles sont souvent surexploitées dans l'anarchie, malgré leur importance économique et environnementale.

Ce chapitre vise à analyser la place et le rôle des ressources naturelles dans la structuration du territoire haïtien. Il s'intéresse à la fois à la distribution géographique des ressources, aux modes de gestion et d'appropriation, aux enjeux écologiques et fonciers, ainsi qu'aux conflits qu'elles suscitent. Il interroge également les potentialités qu'offre une valorisation durable et territorialisée des ressources, dans une perspective de développement équitable et de résilience écologique. En croisant les dimensions environnementales, sociales, économiques et institutionnelles, ce chapitre propose une lecture intégrée des interactions entre ressources naturelles et organisation territoriale, afin de mieux cerner les conditions d'un aménagement plus juste et durable du territoire haïtien.

3.1. RICHESSES NATURELLES ET POTENTIALITÉS

Haïti dispose d'un ensemble de ressources naturelles diversifiées qui, si elles étaient mobilisées de manière stratégique et durable, pourraient constituer un socle important pour le développement territorial. Bien que souvent présentée comme un pays pauvre et dépourvu de richesses, Haïti possède un potentiel sous-exploité dans des domaines tels que l'agriculture, l'eau, la biodiversité, l'énergie renouvelable, les ressources minières et les écosystèmes côtiers. La difficulté ne réside pas tant dans l'absence de ressources, que dans l'incapacité historique de l'État et des acteurs économiques à les valoriser dans une perspective inclusive et territorialisée.

Sur le plan agricole, Haïti bénéficie encore de zones à fort potentiel de production, notamment dans les plaines de l'Artibonite, du Cul-de-sac, de Léogâne, du Nord et du Sud. Ces territoires disposent de terres arables propices à la culture de céréales, de tubercules, de fruits tropicaux et de légumes, et pourraient soutenir une politique de souveraineté alimentaire si des investissements étaient consentis en irrigation, stockage, transformation et commercialisation (Smucker, White, & Bannister, 2000). Le pays possède également des microclimats favorables à la diversification des cultures, notamment dans les zones montagneuses, avec des potentialités pour des productions à haute valeur ajoutée (café, cacao, plantes médicinales, cultures maraîchères).

Les ressources hydriques constituent un autre atout stratégique. Haïti compte une quarantaine de bassins versants, dont les plus importants sont ceux de l'Artibonite, du Nord, de l'Estère, de la Grande Rivière du Nord et du Massacre. Ces bassins sont essentiels à l'irrigation, à l'alimentation en eau potable et à la production hydroélectrique. Cependant, leur gestion est compromise par la déforestation, l'érosion des sols, le manque d'aménagements hydrauliques, et la pollution des eaux de surface. La gestion intégrée des ressources en eau (GIRE) reste embryonnaire, alors qu'elle pourrait jouer un rôle décisif dans la régulation territoriale et la résilience climatique (FAO, 2015).

Le pays est également reconnu pour sa biodiversité exceptionnelle, bien qu'extrêmement menacée. Haïti abrite plusieurs espèces endémiques de la flore et de la faune, ainsi que des écosystèmes uniques tels que les forêts tropicales humides, les mangroves, les zones côtières et les massifs montagneux (Pic Macaya, Massif de la Hotte, Forêt des Pins). Cette biodiversité constitue un patrimoine écologique et économique, susceptible de soutenir des filières écoresponsables telles que l'écotourisme, la gestion forestière communautaire ou la production de plantes médicinales. Pourtant, moins de 2 % du couvert forestier d'origine est encore intact, et les espaces protégés restent mal délimités, mal surveillés et sous-financés (Salomon, et al., 2021).

Les ressources minières d'Haïti sont également significatives. Des gisements d'or, de cuivre, de bauxite, de manganèse et de calcaire ont été identifiés, en particulier dans les régions du Nord, du Plateau Central et du Nord-Est. Des études menées depuis les années 1970 indiquent la présence de réserves exploitables à l'échelle industrielle, notamment dans la zone de Grand Bois et la concession aurifère Morne Bossa. Toutefois, l'exploitation de ces ressources soulève de nombreuses inquiétudes : absence de cadre légal cohérent, opacité des contrats, conflits potentiels avec les communautés locales, risques de pollution environnementale, et faibles perspectives de retombées économiques locales. Dans ce contexte, les richesses minières d'Haïti restent à la fois une promesse et une menace (Katz, 2014).

Sur le plan énergétique, Haïti bénéficie d'un fort potentiel en énergies renouvelables. Le pays est doté d'un ensoleillement important tout au long de l'année, qui permettrait le développement du solaire photovoltaïque à grande échelle, tant pour l'électrification rurale que pour les usages urbains. Le potentiel éolien est également notable dans certaines régions côtières (comme le Sud-Est), tandis que plusieurs sites se prêtent à la production hydroélectrique (notamment les bassins de l'Artibonite et de la Rivière Blanche). En dépit de ces atouts, plus de 60 % de la population n'a pas accès à l'électricité de manière régulière, et la dépendance au bois énergie (charbon de bois) demeure élevée, contribuant à la déforestation et à l'insécurité énergétique des ménages (USAID, 2017).

Enfin, les ressources côtières et marines constituent une richesse peu valorisée. Avec plus de 1 700 km de côtes, Haïti dispose d'un potentiel important pour la pêche artisanale, l'aquaculture, l'écotourisme marin, la valorisation des mangroves et la protection des récifs coralliens. Pourtant, les communautés de pêcheurs vivent dans une grande précarité, sans équipements, sans structures de commercialisation, et souvent sans droits reconnus. La surexploitation des ressources halieutiques, combinée au changement climatique et à la pollution côtière, menace la durabilité des écosystèmes marins et la sécurité alimentaire des populations littorales (FAO, 2020).

En somme, les ressources naturelles d'Haïti sont multiples, réparties sur l'ensemble du territoire, et porteuses de potentiels de développement significatifs. Toutefois, leur valorisation reste entravée par une gouvernance fragmentée, une absence de vision stratégique à long terme, des conflits d'usage mal résolus et une dépendance excessive à des modèles extractifs ou non durables. Repenser le rôle des ressources naturelles dans une logique de développement territorial implique non seulement une planification intégrée et participative, mais aussi une reconnaissance du rôle des communautés locales comme gestionnaires et bénéficiaires des biens communs.

3.2. VULNÉRABILITÉ ÉCOLOGIQUE ET PRESSION SUR LES RESSOURCES

La richesse naturelle d'Haïti, bien que réelle, est aujourd'hui confrontée à une pression environnementale sans précédent. L'intensité de l'exploitation des ressources, combinée à l'absence de politiques environnementales cohérentes et à la faiblesse des institutions de régulation, a conduit à une dégradation avancée des écosystèmes. Cette vulnérabilité écologique structurelle constitue l'un des principaux freins au développement durable et à l'aménagement équilibré du territoire haïtien. Elle affecte directement les conditions de vie des populations rurales et urbaines, compromet la résilience aux catastrophes naturelles, et accentue les inégalités territoriales.

Le phénomène le plus emblématique de cette dégradation est sans doute la déforestation. En moins d'un siècle, Haïti est passé d'un taux de couverture forestière estimé à plus de 60 % à moins de 2 % aujourd'hui (Salomon, et al., 2021). Cette perte de couvert végétal résulte d'une combinaison de facteurs : l'exploitation du bois comme source d'énergie domestique, l'agriculture sur brûlis, l'absence de politique de reboisement efficace et l'extension anarchique des zones d'habitation. Chaque année, des milliers d'hectares de forêts sont défrichés pour répondre aux besoins immédiats de subsistance, sans que des alternatives viables soient proposées aux communautés.

Les conséquences de cette déforestation sont multiples. Sur le plan écologique, elle entraîne l'érosion accélérée des sols, la baisse de la fertilité agricole, l'ensablement des cours d'eau, la disparition d'espèces endémiques, et la perturbation des cycles hydrologiques. Sur le plan économique, elle fragilise l'agriculture paysanne en rendant les terres moins productives et plus exposées aux aléas climatiques. Sur le plan social, elle alimente l'exode rural et la précarité urbaine. Sur le plan territorial, elle aggrave les risques naturels, notamment les glissements de terrain, les inondations et les sécheresses, en particulier dans les bassins versants non protégés (Providence, 2025b).

La pression sur les ressources hydriques illustre également cette vulnérabilité écologique. Alors qu'Haïti possède un réseau hydrographique relativement dense, de nombreuses sources d'eau sont aujourd'hui polluées ou asséchées. La dégradation des bassins versants, la pollution domestique et agricole, l'absence de traitement des eaux usées, et le manque de régulation de l'usage de l'eau compromettent l'accès à l'eau potable et l'irrigation des cultures. En milieu urbain, la raréfaction de l'eau entraîne une dépendance à des sources informelles, souvent coûteuses et insalubres, accentuant les inégalités sociospatiales (FAO, 2015).

Par ailleurs, l'intensification de la pression démographique dans certaines zones fragiles, notamment les pentes montagneuses et les littoraux, contribue à aggraver la dégradation des ressources naturelles. L'étalement urbain incontrôlé, l'occupation anarchique des versants, la construction dans les zones inondables et la densification des quartiers informels entraînent une artificialisation des sols et une destruction des écosystèmes côtiers, comme les mangroves et les récifs coralliens. Ces milieux naturels, pourtant essentiels à la régulation des flux hydriques, à la protection contre les tempêtes et à la reproduction des espèces marines, sont souvent sacrifiés au profit de logiques court-termistes de survie ou de spéculation foncière (PAM, 2021).

Le changement climatique vient amplifier cette situation de vulnérabilité. Haïti figure parmi les pays les plus exposés aux aléas climatiques, tels que les ouragans, les inondations, les sécheresses et la montée du niveau de la mer (Germanwatch, 2021). Ces phénomènes, de plus en plus fréquents et intenses, ont des impacts directs sur les ressources naturelles : perte de récoltes, salinisation des sols, destruction des infrastructures agricoles, disparition de sources d'eau, etc. Dans ce contexte, la fragilité écologique du pays devient un facteur aggravant des crises économiques, alimentaires et sociales.

Malgré ce constat alarmant, la réponse institutionnelle demeure limitée. Les politiques environnementales restent sectorielles, peu mises en œuvre et faiblement financées. Les mécanismes de coordination entre les ministères (Agriculture, Environnement, Intérieur) sont défaillants, et les collectivités territoriales, pourtant en première ligne, ne disposent pas des moyens nécessaires pour intervenir efficacement. Les plans de gestion des bassins versants, les stratégies de reforestation ou les initiatives de protection côtière peinent à dépasser le stade du projet pilote ou du discours technocratique (FIDA, 2019).

Face à cette situation, des réponses locales émergent cependant, portées par des communautés paysannes, des associations de protection de l'environnement, ou des ONG. Des initiatives de reboisement communautaire, de conservation agroécologique, de gestion participative des ressources en eau ou de protection des mangroves ont vu le jour dans plusieurs départements. Si elles restent isolées, elles constituent des laboratoires d'innovation écologique et sociale, porteurs d'une alternative à la gestion centralisée et verticale des ressources naturelles.

En définitive, la vulnérabilité écologique d'Haïti résulte d'une articulation complexe entre dégradation environnementale, pressions socio-économiques et déficits institutionnels. Elle ne peut être résorbée sans une réforme en profondeur des modes de gestion des ressources, fondée sur la territorialisation des politiques environnementales, la responsabilisation des acteurs locaux, et l'articulation entre enjeux écologiques, économiques et sociaux. Une telle démarche suppose de dépasser les approches sectorielles pour inscrire les ressources naturelles au cœur du projet de développement territorial haïtien.

3.3. FONCIER, CONFLIT D'USAGE ET GOUVERNANCE DES RESSOURCES

La question foncière en Haïti constitue un enjeu central de l'aménagement du territoire, du développement économique et de la cohésion sociale. En l'absence d'un système foncier unifié, sécurisé et fonctionnel, les ressources naturelles — notamment la terre, l'eau et les forêts — sont au cœur de multiples conflits d'usage, tensions sociales et blocages institutionnels. Le foncier apparaît ainsi comme à la fois un facteur d'instabilité territoriale et un révélateur des faiblesses de la gouvernance haïtienne.

Le système foncier haïtien est caractérisé par une pluralité de régimes d'accès à la terre, incluant des formes coutumières, privées, domaniales, communautaires ou encore occupées sans titre formel. Cette pluralité est entretenue par l'absence d'un cadastre national opérationnel, par la faiblesse des institutions chargées de l'enregistrement foncier, et par l'archaïsme des procédures juridiques, souvent inaccessibles pour la majorité de la population (Smucker, White, & Bannister, 2000). En milieu rural comme en milieu urbain, les droits fonciers sont rarement formalisés, ce qui crée une incertitude permanente quant à l'usage, la transmission ou la mise en valeur des terres.

Cette insécurité foncière génère plusieurs types de conflits. Dans les zones rurales, les litiges entre familles, entre communautés ou entre exploitants et l'État sont fréquents, notamment dans les régions où les terres de l'ancien domaine public ont été appropriées sans cadre légal clair. Ces conflits ralentissent les investissements agricoles, fragmentent les exploitations et fragilisent les dynamiques collectives. En milieu urbain, la prolifération des occupations informelles, combinée à la spéculation foncière et à l'absence de planification, provoque des tensions entre les habitants, les autorités locales et les promoteurs immobiliers (Lambert & Providence, 2025). Les bidonvilles, souvent situés sur des terres contestées ou vulnérables (zones inondables, versants instables), illustrent l'intersection entre précarité foncière et risques environnementaux.

Les conflits d'usage liés aux ressources naturelles sont également exacerbés par la compétition entre différents secteurs d'activité. L'agriculture, l'habitat, l'industrie extractive, le tourisme, la conservation de la biodiversité ou encore les grands projets d'infrastructures se disputent souvent les mêmes espaces, dans un contexte d'absence de schéma national d'aménagement du territoire. Par exemple, dans la vallée de l'Artibonite, les tensions entre usagers de l'eau — riziculteurs, éleveurs, opérateurs de services urbains — s'intensifient en période de sécheresse, en l'absence de mécanismes de régulation équitables. De même, dans les zones minières du Nord-Est, l'octroi de concessions à des compagnies étrangères a suscité des protestations des communautés locales, inquiètes de la pollution, de la dépossession et de l'absence de consultation préalable (CARICOM, 2019).

Face à ces enjeux, la gouvernance des ressources naturelles en Haïti demeure particulièrement défaillante. Plusieurs institutions se partagent des mandats partiels et parfois concurrents en matière de foncier, d'environnement, d'agriculture, d'aménagement ou d'habitat :

Direction générale des impôts (DGI), Ministère de l'Agriculture, Ministère de l'Environnement, Secrétariat d'État à la réforme foncière, collectivités locales, tribunaux de paix, etc. Cette fragmentation institutionnelle, doublée d'un manque de coordination, de moyens humains et de volonté politique, empêche la mise en œuvre d'une politique cohérente de sécurisation et de valorisation du foncier (Luhmann, 1995).

Les tentatives de réforme foncière engagées au cours des deux dernières décennies — appuyées notamment par la coopération internationale — ont produit peu de résultats structurels. Les projets pilotes de sécurisation foncière, souvent localisés et non pérennes, peinent à être généralisés. Par ailleurs, l'enjeu de la gouvernance foncière dépasse le simple enregistrement des titres : il implique une transformation des rapports de pouvoir autour de la terre, une reconnaissance des droits coutumiers, une protection contre l'accaparement, et une intégration des collectivités dans les processus de décision.

Cependant, des expériences locales intéressantes émergent, notamment autour de la gestion communautaire des ressources foncières, de la médiation participative des conflits, ou de la planification territoriale concertée. Certaines communes ont initié des plans locaux de développement intégrant une cartographie des usages fonciers, des chartes de cohabitation entre activités, ou des mécanismes de sécurisation des parcelles familiales. Bien qu'encore fragiles, ces pratiques innovantes témoignent de la possibilité d'une gouvernance foncière plus démocratique et plus territorialisée, à rebours du modèle top-down historiquement dominant.

En définitive, l'enjeu foncier se situe au croisement de l'équité sociale, de la durabilité écologique et de la cohérence territoriale. Sans réforme profonde du régime de propriété, sans sécurisation des droits d'usage, et sans mécanismes de régulation multiacteurs, toute stratégie de développement local ou national reste exposée à l'insécurité, aux conflits et à l'exclusion. Le foncier, loin d'être un simple actif économique, est un vecteur de citoyenneté territoriale, de paix sociale et de durabilité environnementale. Le défi haïtien est donc de reconstruire une gouvernance des ressources centrée sur les droits, la participation et la justice spatiale.

3.4. OPPORTUNITÉS DE VALORISATION ET PERSPECTIVES

Malgré la dégradation avancée de son environnement et la faible gouvernance de ses ressources naturelles, Haïti dispose encore d'un ensemble d'atouts qui, s'ils sont mobilisés dans une perspective intégrée et territorialisée, peuvent nourrir une stratégie de développement durable. Les opportunités de valorisation existent tant dans le renforcement des filières agricoles et agroécologiques, que dans la gestion participative des ressources naturelles, la transition énergétique, l'écotourisme, ou encore les synergies entre territoires ruraux, urbains et diasporiques. La condition essentielle de cette valorisation réside dans un changement de paradigme : sortir du modèle extractif, centralisé et court-termiste, pour construire une approche fondée sur la résilience locale, la durabilité et l'équité territoriale.

La première opportunité réside dans le redéploiement d'une agriculture orientée vers la souveraineté alimentaire, la diversification des cultures et la transformation locale des produits. La revalorisation des bassins agricoles à fort potentiel, comme l'Artibonite, le Nord ou la Grand'Anse, pourrait constituer une base pour la reconstruction d'un tissu productif rural, à condition d'un investissement massif dans l'irrigation, les infrastructures rurales, la formation technique et l'accès au crédit (Lundahl, 2011; FAO, 2020). Des initiatives agroécologiques émergent déjà dans certaines régions, s'appuyant sur les savoirs locaux, la réduction des intrants chimiques et la gestion collective des terres. Leur diffusion pourrait contribuer à restaurer les écosystèmes dégradés, à renforcer la sécurité alimentaire et à stabiliser les territoires en limitant l'exode rural.

Une deuxième voie de valorisation concerne la gestion communautaire et participative des ressources naturelles. Plusieurs expériences locales, menées par des organisations paysannes, des coopératives ou des ONG, montrent que les communautés peuvent jouer un rôle actif dans la protection des forêts, la restauration des bassins versants, ou la gestion intégrée des ressources en eau. Ces initiatives s'appuient souvent sur des pratiques coutumières réactualisées, des systèmes d'alerte précoce, des comités de gestion des risques ou des mécanismes de résolution des conflits fonciers (UNEP, 2010). Leur renforcement suppose une reconnaissance juridique, un appui technique, et leur intégration dans les politiques publiques territoriales.

Le secteur de l'énergie renouvelable représente également une opportunité stratégique. Le fort ensoleillement, le potentiel hydroélectrique et éolien, ainsi que la biomasse issue des déchets agricoles, offrent des perspectives de développement énergétique décentralisé, en particulier dans les zones rurales non desservies par le réseau électrique. Des microcentrales solaires ou hydrauliques à gestion communautaire pourraient contribuer à l'autonomie énergétique des communes, à la création d'emplois locaux, et à la réduction de la dépendance au bois-énergie (USAID, 2021; PAM, 2021). La transition énergétique pourrait également être articulée à des programmes de formation, de fabrication locale de matériel, et d'innovation portée par les jeunes.

L'écotourisme, bien que marginal dans les politiques actuelles, constitue un secteur à fort potentiel dans des zones à haute valeur paysagère, écologique ou patrimoniale : le Parc national La Visite, le Massif de la Hotte, les mangroves de Baradères, les grottes de Dondon ou encore les plages du Sud-Est. À condition d'une planification responsable, d'un encadrement des flux et d'une implication des communautés locales, ces sites pourraient générer des revenus, favoriser la conservation et dynamiser des économies locales alternatives au modèle extractif. L'expérience d'îles voisines, comme la République dominicaine ou Sainte-Lucie, montre que l'écotourisme communautaire peut devenir un levier de transformation économique et territoriale (Honey, 2008).

Enfin, la mobilisation de la diaspora offre une perspective structurante pour la valorisation des ressources naturelles. Les transferts financiers pourraient être canalisés vers des investissements productifs à travers des fonds de développement territorialisés, des programmes de codéveloppement ou des partenariats public-privé solidaires. Plusieurs expériences pilotes, comme les fonds de rémittences collectives ou les associations de migrants appuyant leur localité d'origine, ont montré leur efficacité pour financer des infrastructures, appuyer des filières agricoles ou initier des projets environnementaux. À cet effet, la création d'un cadre institutionnel favorisant l'investissement diasporique dans les territoires représente une piste stratégique (IFAD, 2019).

Toutes ces perspectives, cependant, ne pourront se concrétiser sans une réforme en profondeur des mécanismes de gouvernance. La valorisation durable des ressources naturelles suppose une articulation forte entre planification nationale et ancrage local, entre expertise technique et savoirs communautaires, entre investissements publics et mobilisation citoyenne. Cela implique de renforcer les capacités des collectivités territoriales, de réformer le système foncier, de sécuriser les droits d'usage, et de créer des espaces de dialogue entre acteurs étatiques, non étatiques et communautaires. Il s'agit également d'intégrer pleinement les enjeux environnementaux dans les politiques d'aménagement du territoire et de développement économique.

En définitive, Haïti peut encore inverser la tendance de la dégradation environnementale et du gaspillage des ressources naturelles. Mais cette inversion nécessite une volonté politique claire, un engagement soutenu des acteurs locaux, et une vision territoriale du développement qui reconnaisse les ressources naturelles non comme des biens à exploiter, mais comme des biens communs à préserver, à partager et à valoriser pour les générations futures.

Conclusion du chapitre 3

L'examen des ressources naturelles haïtiennes dans leur rapport avec l'organisation territoriale révèle une configuration paradoxale : un pays riche en potentialités naturelles, mais appauvri par la manière dont ces ressources sont exploitées, gouvernées et intégrées aux dynamiques territoriales. Loin d'être une simple toile de fond écologique, les ressources naturelles constituent un acteur central dans la construction — ou la déconstruction — des territoires haïtiens. Elles influencent les usages du sol, les équilibres sociaux, les formes d'habitat, les stratégies de survie des populations, mais aussi les conflits, les migrations et les trajectoires de développement local.

L'histoire longue d'Haïti, marquée par une logique extractive héritée de la colonie, a façonné un rapport souvent conflictuel et non durable aux ressources : déforestation massive, érosion, épuisement des terres, pollution des bassins versants, accaparement foncier, marginalisation des communautés locales dans les décisions d'exploitation. Ces dynamiques ont renforcé la vulnérabilité écologique du pays, accentué les déséquilibres territoriaux et freiné les tentatives de développement inclusif.

Le constat dressé dans ce chapitre est sévère : les ressources sont surexploitées, mal réparties, insuffisamment encadrées, et faiblement intégrées dans une vision territoriale du développement. La faiblesse des institutions foncières, la fragmentation des compétences environnementales, et l'absence de politiques de planification durable ont contribué à l'inefficacité de la gouvernance, alimentant des conflits d'usage multiples — autour de la terre, de l'eau, des forêts, ou encore des espaces urbains et côtiers.

Et pourtant, les perspectives de valorisation existent bel et bien. Le pays recèle un potentiel considérable dans des secteurs stratégiques : agriculture vivrière et agroécologie, transition énergétique, gestion communautaire des ressources, écotourisme, valorisation des services écosystémiques, investissements responsables de la diaspora. Des initiatives innovantes émergent sur le terrain, portées par des dynamiques locales, des jeunes, des femmes, des organisations paysannes ou des collectivités engagées dans la protection de leur environnement. Ces expérimentations dessinent les contours d'un autre rapport aux ressources : participatif, équitable, durable et ancré dans les réalités des territoires.

Pour que ces expériences puissent produire un effet d'entraînement, elles doivent être soutenues par une refondation de la gouvernance environnementale et foncière. Cela suppose de repenser le rôle de l'État, non comme unique gestionnaire, mais comme facilitateur et garant d'un cadre propice à l'action locale. Cela implique aussi une reconnaissance pleine et entière des droits des communautés sur leurs territoires, une transparence des processus d'attribution et de gestion des ressources, et une articulation plus étroite entre développement économique et préservation écologique.

En somme, la transition écologique d'Haïti ne pourra advenir sans une territorialisation de la gestion des ressources naturelles. La durabilité n'est pas une abstraction technocratique, mais un projet politique et territorial, qui exige de redéfinir les priorités, de redistribuer le pouvoir et d'investir dans les capacités des acteurs locaux. Les ressources naturelles, si elles sont considérées comme des biens communs, peuvent devenir des leviers de transformation, de résilience et de justice spatiale. C'est à cette condition qu'elles cesseront d'être un facteur de vulnérabilité pour devenir un pilier du développement territorial équitable.

CONCLUSION DE LA PARTIE 1

L'analyse historique, institutionnelle et socio-économique développée dans cette première partie permet de saisir la profondeur des racines sur lesquelles reposent les inégalités territoriales haïtiennes. Loin d'être le fruit du hasard ou d'un simple défaut de gouvernance contemporaine, ces déséquilibres trouvent leur origine dans des configurations anciennes, forgées dès la période coloniale et consolidées par les choix politiques postindépendance. Ainsi, les formes d'occupation du sol, les dynamiques de concentration foncière, la hiérarchisation sociale héritée du système esclavagiste, ainsi que la centralisation excessive de l'État ont contribué à produire une géographie inégalitaire durable, où certaines régions — notamment Port-au-Prince et ses environs — concentrent les ressources, les infrastructures et les centres de décision, tandis que d'autres territoires restent marginalisés, voire invisibilisés.

La colonisation française a établi une économie de plantation structurée autour des plaines fertiles du Nord et de l'Ouest, posant les fondements d'une organisation territoriale fortement polarisée. Cette structure a non seulement consolidé une inégalité d'accès aux ressources productives, mais a aussi profondément marqué les relations sociales et les modes de gouvernance. Après l'indépendance, loin de rompre avec ces logiques, l'État haïtien a reproduit un modèle centralisateur, consolidant les élites foncières et concentrant les fonctions stratégiques à Port-au-Prince. L'absence de réforme agraire, l'instabilité politique chronique et l'échec des tentatives de décentralisation ont empêché la mise en place d'un aménagement du territoire fondé sur l'équité et la solidarité territoriale.

Au fil du temps, les disparités régionales se sont aggravées, exacerbées par les effets de la mondialisation, les réformes économiques libérales et les catastrophes naturelles. Dans un contexte de dépendance accrue aux bailleurs de fonds et aux acteurs humanitaires, l'action publique s'est fragmentée, tandis que les collectivités locales, souvent sous-financées et peu équipées, peinaient à exercer un véritable rôle de développement. L'économie informelle, la migration massive vers la capitale et les formes de résilience communautaire ont émergé comme autant de réponses aux défaillances de l'État et aux limites structurelles du modèle centralisé.

Toutefois, ce diagnostic, aussi sévère soit-il, ne doit pas occulter les ressources de changement qui se dessinent à l'échelle locale. Les initiatives communautaires, les innovations sociales et les formes d'organisation issues de la société civile et de la diaspora témoignent d'une capacité d'adaptation et d'invention territoriale. Elles révèlent l'existence de dynamiques alternatives qui pourraient nourrir une vision renouvelée du développement territorial, à condition d'être reconnues, soutenues et articulées à une réforme profonde de la gouvernance.

En somme, la compréhension des déséquilibres territoriaux haïtiens exige une lecture fine de l'histoire, des institutions et des dynamiques socio-économiques qui ont façonné l'espace national. Cette première partie fournit ainsi les fondements nécessaires à l'élaboration d'une réflexion critique et prospective sur les conditions d'un développement plus équitable. Les parties suivantes de l'ouvrage s'attacheront à explorer les mécanismes contemporains de productions des inégalités spatiales, tout en mettant en lumière les pistes d'action pour une transformation structurelle des territoires haïtiens.

PARTIE 2 : DYNAMIQUES CONTEMPORAINES DU DÉVELOPPEMENT TERRITORIAL

INTRODUCTION DE LA PARTIE

La compréhension des déséquilibres territoriaux en Haïti ne peut se limiter à une lecture historique ou structurelle. Si la première partie de cet ouvrage a permis d'examiner les fondements institutionnels, socio-économiques et écologiques des inégalités spatiales, il est désormais essentiel d'analyser les dynamiques contemporaines à l'œuvre, dans un contexte marqué par une accélération des mutations sociales, une recomposition des territoires et une multiplication des interventions publiques et privées dans le champ du développement.

Depuis le début du XXIe siècle, Haïti fait face à une série de transformations rapides qui redéfinissent en profondeur les rapports entre espace, pouvoir, population et économie. Ces transformations prennent la forme de chocs successifs — catastrophes naturelles, crises politiques, déstabilisation institutionnelle, ingérences internationales — mais aussi de mutations structurelles plus lentes : urbanisation diffuse, informalisation croissante de l'économie, reconfiguration des circuits migratoires, transition démographique, changement climatique, évolution des formes de gouvernance locale. Dans ce contexte mouvant, les territoires ne sont pas de simples réceptacles de politiques publiques : ils deviennent des espaces d'expérimentation, de résistance, d'innovation ou d'invisibilisation.

La Partie II de cet ouvrage propose ainsi de s'interroger sur les logiques contemporaines du développement territorial en Haïti. Elle part du constat que les dynamiques actuelles ne peuvent être comprises sans une analyse fine de leurs formes territoriales : concentration urbaine excessive à Port-au-Prince et dans quelques pôles secondaires, marginalisation de vastes régions rurales, extension des quartiers informels, fragmentation des réseaux de transport, inégalités dans l'accès aux services essentiels, présence différenciée de l'État et des acteurs internationaux selon les lieux. Ces disparités ne sont pas seulement géographiques : elles traduisent des inégalités d'accès au pouvoir, aux ressources, à la reconnaissance et à la citoyenneté.

Dans cette optique, la Partie II s'articule autour de plusieurs axes d'analyse. Elle s'intéresse d'abord à l'urbanisation haïtienne contemporaine, caractérisée par une croissance souvent non planifiée, une informalité massive et une faible capacité des autorités locales à réguler l'usage de l'espace. Elle explore ensuite la reconfiguration des campagnes, où coexistent des dynamiques d'abandon, de résistance paysanne et de revalorisation territoriale à travers des initiatives communautaires. Elle examine également le rôle ambigu de l'action publique et des interventions internationales dans la fabrique des territoires, en mettant en lumière les contradictions entre décentralisation formelle et centralisation de fait, entre planification sectorielle et désarticulation territoriale. Enfin, elle accorde une place particulière aux dynamiques citoyennes, à la gouvernance locale et à l'émergence de nouveaux acteurs du développement, porteurs de solutions innovantes et adaptées aux contextes locaux.

Cette partie entend ainsi proposer une lecture multiéchelle, transversale et critique du développement territorial en Haïti à l'ère contemporaine. Elle repose sur l'idée que les territoires sont à la fois les produits et les révélateurs des politiques économiques, des choix institutionnels, des rapports sociaux et des rapports de pouvoir. En s'appuyant sur des études de cas, des données empiriques et des analyses conceptuelles, elle vise à dégager des clés de lecture pour penser un aménagement du territoire plus juste, plus durable et plus ancré dans les réalités vécues par les populations.

L'objectif de cette seconde partie n'est donc pas uniquement analytique. Il s'agit aussi de nourrir une réflexion prospective : comment reconstruire des territoires vivables, équitables et résilients dans un contexte d'incertitude chronique ? Quelles sont les marges de manœuvre des collectivités, des communautés et des citoyens face à l'effritement de l'État et à la fragmentation de l'action publique ? Quelles formes de gouvernance territoriale pourraient permettre une meilleure articulation entre interventions exogènes et dynamiques locales ? Autant de questions auxquelles les chapitres suivants tenteront d'apporter des éléments de réponse, en croisant approches empiriques et cadres théoriques.

CHAPITRE 4. DIAGNOSTIC TERRITORIAL

Introduction

Un projet de développement territorial cohérent et équitable ne peut se concevoir sans un diagnostic rigoureux de l'état actuel des territoires, de leurs dynamiques internes, de leurs vulnérabilités, mais aussi de leurs potentialités. En Haïti, où les inégalités territoriales sont à la fois le produit de logiques historiques de domination et le résultat de défaillances contemporaines de la gouvernance, l'enjeu du diagnostic territorial dépasse la simple évaluation technique. Il constitue un acte politique, une étape cruciale de mise en visibilité des disparités, d'identification des asymétries spatiales et de requalification des espaces marginalisés.

Ce chapitre entend ainsi poser les bases d'un état des lieux critique du territoire haïtien contemporain. À travers une lecture à la fois quantitative et qualitative, il s'agit d'analyser les principales caractéristiques des territoires dans leur diversité — urbains, ruraux, littoraux, montagneux, frontaliers — en tenant compte de leurs fonctions, de leur accessibilité, de leur intégration aux réseaux de services et de leurs dynamiques socio-économiques. Ce diagnostic mobilise à la fois des données géographiques, statistiques, institutionnelles et sociales, mais également des lectures sensibles du territoire à partir des pratiques, des vécus et des perceptions des habitants.

L'un des constats majeurs de ce diagnostic réside dans l'extrême polarisation spatiale du pays. Port-au-Prince concentre, à elle seule, une part écrasante des institutions publiques, des infrastructures, des investissements, des équipements collectifs et des flux humains et économiques. Cette centralité hypertrophiée, souvent qualifiée de « macrocéphalie urbaine », s'est construite au détriment des autres villes et régions du pays. Les rares centres secondaires — Cap-Haïtien, Les Cayes, Gonaïves, Jacmel — peinent à émerger comme de véritables pôles d'équilibre, du fait de l'insuffisance des politiques d'aménagement du territoire et de la faible décentralisation des fonctions de commandement.

À l'opposé, de vastes portions du territoire, notamment les zones rurales de montagne ou les espaces enclavés des départements du Centre, du Nord-Ouest ou du Sud-Est, connaissent des formes aiguës de marginalisation. Ces territoires souffrent d'un accès limité aux services de base (éducation, santé, eau, énergie), d'une faible connectivité aux marchés, d'une sous-représentation institutionnelle et d'une absence de reconnaissance dans les politiques publiques nationales. Ce gradient territorial d'exclusion, souvent silencieux, s'accompagne d'une démobilisation sociale et d'un repli communautaire qui renforcent les dynamiques de désaffiliation et de désengagement.

Le diagnostic met également en lumière la fragmentation croissante du territoire, induite par l'absence de schéma directeur d'aménagement, l'urbanisation informelle galopante, la spéculation foncière et l'érosion des solidarités interterritoriales. Les zones périurbaines, en particulier, constituent des espaces hybrides, ni totalement urbains, ni pleinement ruraux, souvent ignorés des planifications formelles. Ces espaces sont pourtant ceux où se concentrent de nombreux enjeux contemporains : croissance démographique, mutation des formes d'habitat, pressions sur les ressources naturelles, tensions foncières, émergence d'acteurs informels du développement.

Dans cette perspective, le diagnostic territorial ne se limite pas à une lecture déficitaire des territoires. Il vise aussi à identifier les ressources locales, les capacités endogènes et les dynamiques d'innovation à l'échelle infranationale. Des initiatives communautaires, des coopératives, des projets municipaux innovants, des mouvements citoyens ou des partenariats diasporiques émergent dans plusieurs régions, porteurs de reconfiguration territoriale. La prise en compte de ces forces locales est indispensable pour éviter une approche descendante et technocratique du développement.

Ce chapitre propose donc une approche pluridimensionnelle du diagnostic territorial, articulée autour de plusieurs axes :

- La typologie des espaces et leur niveau d'intégration au système national ;
- L'analyse de la disponibilité et de l'accessibilité aux services de base ;
- La cartographie des vulnérabilités territoriales (écologiques, sociales, économiques) ;
- L'évaluation de la présence institutionnelle et des capacités locales de gouvernance ;
- L'identification des ressources territoriales et dynamiques positives.

Il s'agit d'offrir une grille de lecture capable de nourrir des politiques publiques différenciées, adaptées à la diversité des territoires haïtiens. Le diagnostic devient ici une étape stratégique pour passer de la dénonciation des inégalités à la construction de réponses opérationnelles et partagées. Il pose les jalons d'un développement territorial repensé, fondé sur la connaissance fine des réalités locales, la valorisation des ressources endogènes et la reconnaissance des territoires comme acteurs à part entière du changement.

4.1. UNE CENTRALITÉ URBAINE DÉSÉQUILIBRÉE : LE CAS DE PORT-AU-PRINCE

La capitale haïtienne, Port-au-Prince, constitue le cœur politique, économique et symbolique du pays. Elle concentre l'essentiel des fonctions de commandement, des institutions publiques, des infrastructures de services, des sièges d'entreprises, des réseaux de communication et des organisations internationales. Cette centralité, construite historiquement dans un contexte d'hypercentralisation de l'État haïtien, a façonné une dynamique de développement polarisée, qui exacerbe les inégalités territoriales et limite les capacités d'intégration du reste du territoire national. Port-au-Prince incarne ainsi un modèle de centralité déséquilibrée, à la fois surchargée, vulnérable et mal articulée à ses hinterlands.

Historiquement, le choix de Port-au-Prince comme capitale administrative, politique et économique a été confirmé après l'indépendance, en raison de sa position géographique favorable, de son ouverture maritime sur le golfe de la Gonâve et de sa proximité avec les principales plaines agricoles (plaine du Cul-de-sac, plaine de Léogâne). Progressivement, la ville est devenue le principal centre décisionnel du pays, concentrant ministères, ambassades, universités, banques, hôpitaux de référence, infrastructures portuaires et aéroportuaires. Cette concentration s'est accompagnée d'un phénomène de macrocéphalie urbaine : Port-au-Prince représente aujourd'hui environ 35 % de la population nationale, et plus de 60 % des activités économiques formelles du pays (IHSI, 2018).

Cette situation de monopole urbain s'est accentuée au fil des décennies, notamment en l'absence de politiques d'aménagement du territoire visant à promouvoir un réseau de villes secondaires. Les efforts de déconcentration ou de décentralisation ont été marginaux, fragmentés et peu efficaces. Les villes du Cap-Haïtien, des Gonaïves, de Jérémie ou des Cayes, malgré leurs potentialités, n'ont pas été en mesure de jouer un rôle structurant à l'échelle régionale. Elles souffrent d'un déficit d'infrastructures, de services et de fonctions intermédiaires, ce qui renforce la dépendance des territoires environnants à Port-au-Prince.

Mais cette centralité urbaine est aussi profondément déséquilibrée en elle-même. La ville de Port-au-Prince connaît une urbanisation rapide et anarchique, portée par l'exode rural, les crises politiques, les catastrophes naturelles et l'attrait des opportunités économiques perçues. L'absence de planification urbaine, la faiblesse des autorités municipales et la spéculation foncière ont conduit à l'extension désordonnée de l'espace métropolitain, avec la prolifération de quartiers informels sur les flancs des collines, dans les ravines ou sur les berges des rivières. Ces zones, souvent privées d'infrastructures de base (eau, assainissement, électricité, voirie), concentrent les populations les plus pauvres et les plus exposées aux risques naturels.

Le séisme du 12 janvier 2010 a mis en lumière cette vulnérabilité extrême. En détruisant une grande partie du tissu urbain, en provoquant plus de 230 000 morts et en déplaçant des centaines de milliers de personnes, la catastrophe a révélé l'accumulation de fragilités urbaines : surdensité, mauvaise qualité des constructions, absence de régulation foncière, défaillance des services d'urgence, concentration des bâtiments administratifs dans des zones à risque. La reconstruction, malgré les financements massifs mobilisés, n'a pas permis de corriger ces déséquilibres. Elle s'est souvent faite dans la précipitation, sans coordination entre acteurs, et sans réels effets de rééquilibrage territorial (Schuller, 2012).

Par ailleurs, Port-au-Prince est aujourd'hui confrontée à une série de défis interconnectés :

- La saturation du réseau routier, marqué par l'encombrement chronique, l'insécurité routière et la pollution ;
- La dégradation accélérée des infrastructures de base, notamment dans les zones périurbaines (Delmas, Carrefour, Tabarre, Cité Soleil) ;
- La montée en puissance de la violence urbaine, avec le contrôle croissant de certains quartiers par des groupes armés, ce qui compromet la mobilité, la sécurité et l'accès aux services ;

- La dépendance énergétique et alimentaire de la ville, qui accroît sa vulnérabilité en cas de rupture d'approvisionnement ;
- L'absence d'un schéma directeur métropolitain et d'un système efficace de gouvernance intercommunale.

Malgré ce tableau contrasté, Port-au-Prince reste un pôle d'opportunités. La capitale concentre également les initiatives entrepreneuriales les plus innovantes, les projets culturels les plus dynamiques, et les expérimentations urbaines les plus avancées en matière de transport, de gestion des déchets ou de régulation foncière. Des expériences pilotes, telles que les plans d'aménagement participatif, les guichets fonciers communaux ou les coopératives d'habitants, montrent qu'il est possible de construire des alternatives à la gestion urbaine top-down. Toutefois, ces initiatives restent limitées et peu coordonnées, faute d'un cadre politique et institutionnel de soutien à la planification urbaine inclusive.

En somme, Port-au-Prince incarne un double visage du territoire haïtien : centre hypertrophié, moteur économique et carrefour politiques, mais aussi espace en crise, incapable d'absorber durablement la croissance urbaine et de garantir des conditions de vie dignes à ses habitants. L'avenir du développement territorial en Haïti passe nécessairement par une reconfiguration du rôle de la capitale : non pas sa marginalisation, mais sa redistribution fonctionnelle, son désengorgement raisonné, et son intégration dans un maillage de centralités secondaires capables d'assurer une meilleure équité territoriale à l'échelle nationale.

4.2. MARGINALISATION RURALE ET FRACTURES TERRITORIALES

La compréhension des dynamiques territoriales contemporaines en Haïti ne saurait être complète sans une analyse approfondie de la situation des espaces ruraux, qui représentent encore une part significative du territoire et de la population nationale. Loin d'être périphériques dans un sens strictement géographique, ces territoires jouent un rôle essentiel dans les équilibres écologiques, alimentaires, sociaux et culturels du pays. Pourtant, ils sont confrontés à une marginalisation persistante, à la fois politique, économique et institutionnelle, qui les exclut des principales dynamiques de développement et aggrave les fractures territoriales.

Historiquement, les campagnes haïtiennes ont été négligées par l'État central, en dépit de leur rôle fondamental dans la subsistance de la majorité de la population. Depuis l'indépendance, les politiques publiques ont rarement été pensées dans une logique d'intégration territoriale, privilégiant l'administration des centres urbains au détriment d'un véritable projet rural. Cette marginalisation s'est renforcée avec la centralisation des institutions, la faiblesse de l'infrastructure routière, l'absence de services publics de base, et l'isolement des zones montagneuses ou enclavées (Lundahl, 2011; Providence, 2020).

Les indicateurs sociaux et économiques traduisent clairement cette exclusion. Les zones rurales concentrent les taux de pauvreté les plus élevés, les plus fortes incidences de malnutrition chronique, les moindres taux de scolarisation et d'alphabétisation, ainsi qu'un accès très limité à l'eau potable, à l'électricité, aux soins de santé et aux opportunités économiques formelles (PNUD, 2020). La faiblesse de la connectivité physique (routes en mauvais état, absence de ponts, isolement saisonnier en période de pluie) renforce l'isolement des populations rurales et leur dépendance à des marchés locaux étroits ou à l'économie informelle.

La structure foncière morcelée, les conflits liés à l'accès aux terres, la faible mécanisation de l'agriculture, le manque d'accès au crédit et l'absence de politiques agricoles cohérentes ont conduit à une stagnation, voire à un déclin des activités agricoles dans de nombreuses régions. L'abandon progressif de certaines zones de culture, la migration des jeunes vers les villes ou l'étranger, et l'affaiblissement des réseaux de solidarité communautaire participent à une dynamique de déprise territoriale (Smucker, White, & Bannister, 2000). Les campagnes deviennent, dans certains cas, des espaces « vides » du point de vue de l'investissement public, mais aussi du point de vue symbolique, reléguées à une marginalité silencieuse.

La marginalisation rurale produit également des effets d'agrégation négative. Elle accentue l'exode rural, contribuant à la surpopulation des centres urbains et à l'expansion anarchique des zones périurbaines. Elle favorise l'exploitation non durable des ressources naturelles (déforestation, cultures sur versants, brûlis) et renforce la vulnérabilité aux catastrophes naturelles. Elle alimente enfin une forme de décrochage territorial, dans lequel certains espaces se retrouvent hors du champ d'action de l'État, réduits à la survie par l'autoproduction ou l'aide humanitaire ponctuelle.

Cependant, cette lecture déficitaire ne doit pas occulter les formes de résistance et d'innovation qui émergent dans certains territoires ruraux. De nombreuses communautés développent des stratégies d'adaptation et de résilience : diversification des productions, recours à l'agroécologie, mobilisation de la diaspora pour financer des microprojets, renforcement des solidarités locales à travers des organisations paysannes, développement d'infrastructures communautaires (écoles, réseaux d'eau, routes rurales). Ces initiatives, souvent ignorées des grandes politiques publiques, témoignent de la vitalité sociale et territoriale de certains milieux ruraux.

Les expériences de gestion participative des ressources naturelles, les regroupements coopératifs, ou encore les alliances entre organisations paysannes et ONG internationales montrent qu'il est possible de transformer les territoires ruraux en espaces d'innovation sociale et environnementale (Providence, 2022). Le renforcement des capacités des collectivités rurales, la sécurisation foncière, l'accès au Crédit Agricole, l'amélioration des infrastructures de base et l'appui à l'économie solidaire pourraient servir de leviers pour une revalorisation territoriale et une réduction des fractures territoriales.

Il est donc urgent de réhabiliter les campagnes haïtiennes dans l'imaginaire du développement. Cela suppose de dépasser une approche strictement sectorielle (centrée sur l'agriculture) pour construire une vision intégrée du développement rural, articulant infrastructures, services, environnement, culture et gouvernance. Cela implique également de penser les relations entre espaces ruraux et urbains non comme des oppositions, mais comme des complémentarités à reconstruire, au travers de circuits courts, de flux migratoires circulaires, de pôles de services intermédiaires, ou encore de plateformes de dialogue interterritorial.

En somme, la marginalisation des territoires ruraux haïtiens ne relève pas d'une fatalité. Elle résulte de choix politiques, d'omissions institutionnelles et de logiques spatiales inégalitaires. Repenser leur place dans la dynamique nationale de développement territorial nécessite un changement de regard sur ces espaces, et la mise en œuvre de politiques différenciées, co-construites avec les acteurs locaux. Les campagnes peuvent redevenir des espaces de projets, à condition qu'on leur restitue les moyens d'agir sur leur propre avenir.

4.3. FRAGMENTATION DE L'ACTION PUBLIQUE ET DÉFAILLANCES DE LA PLANIFICATION TERRITORIALE

L'un des obstacles majeurs au développement équilibré du territoire haïtien réside dans la fragmentation profonde de l'action publique, couplée à l'absence de dispositifs de planification territoriale efficaces et cohérents. Cette double défaillance engendre une gouvernance territoriale morcelée, peu lisible, souvent incohérente, qui contribue à la persistance des inégalités spatiales, à la dilution des responsabilités institutionnelles et à l'inefficacité des politiques publiques. Dans ce contexte, les tentatives de structuration du territoire national apparaissent comme des initiatives ponctuelles, technocratiques ou exogènes, déconnectées des réalités locales.

Depuis la Constitution de 1987, Haïti s'est engagée sur la voie d'un processus de décentralisation administrative et territoriale, censé rapprocher les centres de décision des citoyens et donner plus d'autonomie aux collectivités territoriales. Ce processus prévoyait la mise en place de trois niveaux de gouvernance locale — la section communale, la commune et le département — chacun doté d'un conseil élu, d'un budget propre et de compétences définies. Dans les faits, cependant, cette décentralisation reste largement inachevée. La plupart des collectivités souffrent d'un manque criant de ressources humaines qualifiées, de moyens financiers stables et d'infrastructures administratives adéquates (Providence, 2025a).

L'absence de planification territoriale efficace s'explique en partie par cette défaillance institutionnelle. Aucune vision intégrée de l'aménagement du territoire à l'échelle nationale ne s'est imposée durablement. Les schémas d'aménagement du territoire élaborés ponctuellement par le ministère de la Planification ou par des bailleurs internationaux sont rarement mis en œuvre, en raison du manque de coordination entre institutions, de la discontinuité politique, de l'insuffisance des données territoriales fiables, et de l'absence de dispositifs contraignants pour leur application (IHSI, 2018; UN-Habitat, 2021).

De plus, les politiques publiques sectorielles (éducation, santé, agriculture, infrastructures, environnement) sont souvent conçues de manière cloisonnée, sans articulation territoriale ni logique d'intégration spatiale. Chaque ministère opère selon ses propres priorités, son budget, ses partenaires techniques, sans concertation systématique avec les collectivités ou les autres ministères. Il en résulte une superposition de programmes, une duplication des efforts, une compétition pour les ressources, et parfois une invisibilisation de certains territoires hors des zones prioritaires définies selon des critères strictement sectoriels.

Cette fragmentation est accentuée par la présence massive d'acteurs non étatiques — ONG, agences de coopération, organisations internationales — qui, bien qu'actifs dans la fourniture de services et la mise en œuvre de projets locaux, opèrent souvent en dehors des cadres institutionnels nationaux. Dans de nombreuses communes, les ONG assurent des fonctions traditionnellement dévolues à l'État (construction d'écoles, santé de proximité, assainissement, aide alimentaire), sans coordination avec les autorités locales. Cette « sous-traitance du développement » contribue à affaiblir la souveraineté territoriale des collectivités, à accentuer la dépendance externe et à créer des déséquilibres entre territoires plus ou moins « attractifs » pour les bailleurs (Schuller, 2012; Providence, 2020).

La planification urbaine, en particulier, souffre de graves lacunes. Dans les principales agglomérations, l'absence de plans d'urbanisme actualisés, d'outils de régulation foncière, et de mécanismes de contrôle des constructions favorise une urbanisation anarchique, source de vulnérabilité et d'exclusion. Les autorités municipales, souvent sans ingénieurs ni urbanistes, peinent à encadrer l'usage du sol, à délivrer des permis de construire, ou à anticiper les besoins en équipements collectifs. Cette situation alimente l'expansion incontrôlée des quartiers précaires, notamment dans les zones à risque (ravines, pentes, bordures côtières), aggravant les inégalités sociospatiales (Providence, 2022).

Face à cette fragmentation, quelques tentatives de coordination ont vu le jour. Des expériences de planification locale participative, portées par certaines communes avec l'appui de bailleurs internationaux, ont permis d'élaborer des Plans de développement communal (PDC) ou des Plans d'aménagement local (PAL), intégrant les priorités des habitants et les spécificités territoriales. Bien que prometteurs, ces outils restent peu institutionnalisés, souvent dépendants de financements externes, et rarement pris en compte dans les programmations nationales.

La réforme de l'action publique territoriale nécessite dès lors une transformation profonde des mécanismes de gouvernance. Cela suppose :

- Une clarification des compétences entre les différents niveaux de collectivité et les ministères sectoriels ;
- Un renforcement des capacités techniques des communes et des départements ;
- Une mise en cohérence des politiques sectorielles dans une logique d'intégration spatiale ;
- Une démocratisation des processus de planification, à travers la participation effective des citoyens et des acteurs locaux.

Plus fondamentalement, il s'agit de réhabiliter la planification comme instrument de justice territoriale et non comme simple outil technique. Une planification territoriale efficace doit permettre de penser le territoire non comme un support neutre d'intervention, mais comme un espace vivant, traversé de tensions, de mémoires, d'inégalités et de ressources à valoriser. Elle doit être conçue comme un processus dialogique, adaptatif, et politiquement structurant, capable d'articuler les échelles, les temporalités et les priorités en fonction des réalités des territoires.

4.4. ACTEURS LOCAUX, INNOVATION TERRITORIALE ET RÉSILIENCE COMMUNAUTAIRE

Dans un contexte de fragmentation de l'action publique, de centralisation excessive et de défaillance des politiques de planification, les dynamiques de développement territorial en Haïti trouvent de plus en plus leurs moteurs dans des initiatives portées par les acteurs locaux. Ces derniers — collectivités territoriales, organisations communautaires de base, coopératives agricoles, associations de femmes, de jeunes ou de migrants, entreprises sociales, leaders religieux ou coutumiers — s'affirment comme des agents essentiels de l'innovation territoriale et de la résilience face aux crises multiples. Leur rôle, bien que souvent sous-estimé ou marginalisé dans les politiques nationales, s'avère crucial pour comprendre les dynamiques actuelles de transformation à l'échelle locale.

La résilience communautaire, entendue ici comme la capacité des territoires à absorber les chocs tout en maintenant leur cohésion sociale et leurs fonctions économiques essentielles, repose en grande partie sur les réseaux sociaux, les savoirs locaux, les formes de gouvernance informelle et les ressources culturelles ancrées dans les territoires. À travers le pays, des communautés s'organisent spontanément pour réparer une route, gérer une source d'eau, construire une école ou organiser la réponse à une urgence environnementale. Ces pratiques démontrent une capacité d'auto-organisation qui compense souvent les carences de l'État et les retards de l'aide internationale (PNUD, 2020).

Dans plusieurs régions, les collectivités territoriales, bien que limitées dans leurs moyens, expérimentent de nouvelles formes de gouvernance. Certaines communes mettent en place des Plans de développement communal (PDC) élaborés de manière participative, intégrant les priorités des citoyens et les spécificités locales. D'autres mobilisent les ressources issues de la diaspora pour financer des infrastructures sociales ou lancer des microprojets économiques. Ces initiatives contribuent à ancrer les politiques publiques dans les territoires et à créer des synergies entre acteurs institutionnels et citoyens (Providence, 2022).

Parallèlement, de nombreuses organisations de base développent des formes d'innovation sociale adaptées aux contextes territoriaux. Dans les zones rurales, des coopératives agricoles expérimentent des techniques agroécologiques, mettent en commun des outils de production ou organisent des circuits de commercialisation alternatifs. Dans les quartiers urbains précaires, des associations de jeunes créent des plateformes numériques pour faciliter l'accès à l'information, promouvoir l'éducation civique ou développer des services de proximité (Providence, 2025b). Ces innovations, souvent invisibles dans les statistiques officielles, témoignent d'un dynamisme local qui mérite d'être mieux documenté et soutenu.

Le rôle de la diaspora dans ces dynamiques territoriales est également déterminant. À travers les remises individuelles, mais aussi via des organisations de migrants structurées, les Haïtiens de l'extérieur financent des écoles, des dispensaires, des systèmes d'adduction d'eau ou des activités génératrices de revenus dans leurs communes d'origine. Dans certains cas, ils participent même à l'élaboration de stratégies de développement local, apportant des compétences, des réseaux et une capacité d'influence politique. Cette interaction entre local et transnational constitue une forme de territorialité élargie, porteuse d'opportunités pour le développement territorial endogène (FIDA, 2019).

Ces expériences montrent que les territoires haïtiens ne sont pas passifs face aux mutations contemporaines. Ils inventent, expérimentent, adaptent. Ils construisent des réponses souvent informelles, mais profondément ancrées dans les contextes locaux. Cette créativité territoriale, bien qu'encore dispersée, peut être consolidée par des politiques publiques fondées sur la reconnaissance, le dialogue et le partenariat. Cela suppose de revoir le rapport entre État central et collectivités, de donner une place réelle aux savoirs locaux dans la conception des politiques, et d'inscrire l'innovation sociale comme un axe stratégique du développement territorial.

Enfin, l'analyse des dynamiques locales oblige à dépasser une vision descendante du développement. Elle invite à penser les territoires comme des espaces de projets portés par des acteurs pluriels, souvent en dehors ou à la marge de l'institution étatique. La multiplication des crises (environnementales, politiques, économiques) ne fait que renforcer cette tendance : face à la défaillance des modèles classiques de planification, ce sont les communautés elles-mêmes qui deviennent les architectes de leur propre avenir.

Conclusion du chapitre 4

Le diagnostic territorial présenté dans ce chapitre met en évidence une réalité complexe, marquée par des déséquilibres profonds, des vulnérabilités systémiques, mais aussi par une pluralité d'initiatives locales porteuses de renouveau. L'espace haïtien est à la fois traversé par des dynamiques de concentration excessive — illustrées par la centralité déséquilibrée de Port-au-Prince — et de marginalisation territoriale, notamment dans les zones rurales, enclavées ou frontalières. Il est également fragmenté par l'absence de planification territoriale cohérente, l'éclatement des compétences institutionnelles, et l'incohérence des politiques publiques sectorielles.

Ce diagnostic met au jour les limites d'un modèle de développement centré sur une vision technocratique et centralisée du territoire, incapable de répondre à la diversité des besoins locaux ni d'anticiper les mutations sociales, économiques et environnementales contemporaines. Il souligne aussi l'incapacité de l'État haïtien à assurer une présence équitable sur l'ensemble du territoire, tant en matière de services publics que de régulation foncière, d'investissement productif ou d'aménagement de l'espace. Les collectivités territoriales, bien qu'inscrites dans le cadre constitutionnel depuis 1987, restent sous-dotées, sous-formées et peu autonomes.

Et pourtant, à travers tout le pays, des acteurs locaux inventent, s'organisent, innovent. Des formes nouvelles de gouvernance émergent dans les interstices laissés par la défaillance de l'action publique classique : organisation communautaire de base, mutualisation des ressources, revalorisation des savoirs traditionnels, implication de la diaspora, ou encore alliances transversales entre communes, ONG et institutions académiques. Ces dynamiques montrent que les territoires haïtiens ne sont pas figés dans la dépendance ou l'assistanat. Ils disposent de ressources endogènes — matérielles, humaines, sociales — qui peuvent être mobilisées pour construire des trajectoires alternatives de développement.

Ce diagnostic territorial appelle donc à une relecture critique et renouvelée du territoire haïtien : non plus comme un espace passif à aménager selon des modèles exogènes, mais comme un ensemble de systèmes vivants, porteurs de mémoire, de conflits, mais aussi de projets et d'avenir. Il s'agit d'identifier les leviers de transformation à partir des réalités territoriales elles-mêmes, en construisant des politiques différenciées, contextualisées, et co-produites avec les acteurs locaux. Cela implique une réforme en profondeur des cadres de planification, un investissement massif dans les capacités des collectivités territoriales, et un changement de paradigme dans les rapports entre État, société et espace.

En définitive, penser un développement territorial équitable pour Haïti ne peut se faire sans partir de la reconnaissance de ces fractures spatiales, de ces déséquilibres historiques, mais aussi de ces résiliences silencieuses. Le territoire ne peut être réduit à une carte administrative ou à une série d'indicateurs : il est aussi un tissu social, un champ de tensions et d'aspirations, un réservoir de potentialités. C'est dans la confrontation entre diagnostic lucide et reconnaissance des forces locales que peuvent émerger les conditions d'un nouveau pacte territorial, fondé sur la justice spatiale, la participation citoyenne et la durabilité.

CHAPITRE 5. URBANISATION ET PRESSION DÉMOGRAPHIQUE

Introduction

L'urbanisation en Haïti est aujourd'hui l'un des phénomènes les plus structurants des dynamiques territoriales contemporaines. Elle s'accompagne de mutations profondes dans les formes d'habitat, les mobilités humaines, l'organisation des espaces économiques et les usages du foncier. Portée par une croissance démographique soutenue, une migration interne persistante et l'effondrement partiel des services dans les zones rurales, cette urbanisation se manifeste moins par l'émergence de villes planifiées que par l'extension rapide de zones urbaines informelles, souvent précaires et vulnérables.

La transition urbaine du pays s'est opérée de manière accélérée, sans cadre de régulation adéquat, et dans un contexte de fragilité institutionnelle et de crise récurrente. Alors qu'en 1950, moins de 20 % de la population vivait en milieu urbain, cette proportion dépasse aujourd'hui 60 %, avec des prévisions qui annoncent une urbanisation supérieure à 70 % d'ici 2040 (IHSI, 2021). Cette mutation profonde de la structure de peuplement s'est produite en l'absence d'un modèle clair d'aménagement du territoire, dans une logique de concentration de la population, des services et des opportunités économiques autour de quelques centres urbains, au premier rang desquels Port-au-Prince.

Cette urbanisation s'accompagne d'une pression démographique multiforme, qui exerce des effets directs sur l'environnement urbain, les ressources foncières, les infrastructures et les équilibres sociaux. L'accroissement rapide de la population urbaine s'explique pour une large part par l'exode rural massif, favorisé par la dégradation des conditions de vie dans les campagnes, les impacts du changement climatique, et l'attrait des centres urbains perçus comme pourvoyeurs d'emplois, d'éducation, de services de santé ou d'opportunités migratoires. Toutefois, dans la plupart des cas, les villes ne sont pas en capacité d'absorber cette croissance démographique dans des conditions décentes. Il en résulte une extension non planifiée des zones d'habitat, une multiplication des quartiers informels, et une pression extrême sur les équipements collectifs déjà saturés.

Cette situation pose une série de défis majeurs pour la gouvernance urbaine. D'une part, les municipalités, souvent dépourvues de ressources humaines, financières et techniques, peinent à mettre en place des politiques d'urbanisme efficaces. D'autre part, les documents de planification — lorsqu'ils existent — ne sont ni actualisés ni respectés, tandis que la spéculation foncière, la faiblesse des mécanismes de contrôle, et l'insécurité foncière accentuent le désordre urbain. Par ailleurs, la forte densification de certains centres urbains, combinée à une construction anarchique, accroît l'exposition aux risques naturels — inondations, glissements de terrain, séismes — et limite la capacité de réponse des autorités locales en cas de catastrophe.

Ce chapitre propose d'analyser les effets conjugués de l'urbanisation rapide et de la pression démographique sur la structuration des territoires urbains en Haïti. Il s'agit d'interroger les logiques spatiales de cette urbanisation, d'évaluer ses impacts sur les dynamiques économiques, sociales et environnementales, et d'identifier les formes d'adaptation ou d'innovation mises en œuvre par les populations et les collectivités locales. L'analyse portera également sur les rapports entre urbanisation et centralisation, les inégalités intra-urbaines croissantes, et les perspectives d'un urbanisme plus inclusif et durable dans le contexte haïtien.

En croisant des données démographiques, des observations territoriales et des études de cas localisées, ce chapitre entend contribuer à une réflexion critique sur l'urbanisation haïtienne. Il ne s'agit pas seulement de décrire les symptômes d'une crise urbaine, mais de comprendre les processus qui la sous-tendent, et d'identifier les leviers d'action permettant de réinscrire la ville dans une trajectoire de développement équitable. En cela, il constitue une étape essentielle pour penser un projet territorial à même d'articuler ville et campagne, croissance démographique et justice spatiale, besoins locaux et stratégies nationales.

5.1. CROISSANCE URBAINE, EXODE RURAL ET RECOMPOSITIONS SPATIALES

L'urbanisation haïtienne s'est développée dans un contexte particulier de désengagement rural, de centralisation politique, et d'aspiration sociale à la mobilité. Contrairement à d'autres pays en développement où l'urbanisation a été largement tirée par l'industrialisation ou les politiques d'aménagement, Haïti a connu une croissance urbaine désordonnée, alimentée par l'exode rural, les catastrophes naturelles, les crises politiques, et l'effondrement partiel des structures de production dans les campagnes. Cette croissance n'a pas produit un maillage équilibré de villes intermédiaires, mais plutôt une surconcentration autour de quelques pôles urbains, au premier rang desquels figure l'aire métropolitaine de Port-au-Prince.

L'exode rural, amorcé dès les années 1950, s'est accéléré à partir des années 1980, sous l'effet combiné de la libéralisation de l'économie, de la crise de l'agriculture familiale, et des politiques d'ajustement structurel imposées par les institutions financières internationales (Lundahl, 2011). La suppression des protections tarifaires, la diminution des investissements publics dans les services agricoles, et l'importation massive de produits alimentaires bon marché ont affaibli les revenus paysans et aggravé l'insécurité économique des zones rurales. Cette dynamique a favorisé la migration vers les centres urbains, perçus comme les lieux d'accès aux opportunités de formation, d'emploi ou de migration internationale.

Cette pression démographique sur les villes n'a pas été anticipée par les politiques publiques. L'absence d'une stratégie nationale d'aménagement du territoire, le manque de schéma directeur urbain à jour, et la faible capacité des collectivités locales à encadrer la croissance urbaine ont conduit à une extension informelle de l'habitat, sans infrastructure de base ni services collectifs adaptés. Dans l'aire métropolitaine de Port-au-Prince, mais aussi dans des villes comme Cap-Haïtien, Gonaïves ou les Cayes, l'urbanisation s'est développée par « grappes », souvent le long des axes routiers, sur des terrains à risque, ou dans des zones initialement agricoles ou forestières (Milian & Tamru, 2018).

Ce processus a profondément recomposé l'espace haïtien. On assiste aujourd'hui à une transition territoriale incomplète, marquée par un étalement urbain rapide, une densification anarchique des quartiers précaires, et la création de zones périurbaines hybrides, à la fois rurales par certains aspects (activités agricoles, faibles services) et urbaines par d'autres (densité de population, dépendance au marché). Ces espaces périurbains, souvent invisibilisés dans les statistiques, deviennent pourtant des lieux clés des dynamiques sociales contemporaines, où se cristallisent les tensions foncières, les enjeux de mobilité, et les luttes pour la reconnaissance citoyenne.

En parallèle, les campagnes se vident de leur jeunesse, ce qui pose un défi majeur à la reproduction du tissu rural. Le vieillissement des producteurs agricoles, la réduction de la force de travail locale, et la rupture des solidarités intergénérationnelles mettent en péril la durabilité des exploitations familiales. Cette situation renforce la dépendance des familles rurales aux transferts de fonds de la diaspora, aux envois d'argent des migrants internes, ou à l'aide humanitaire. Elle accentue également la pression sur les écosystèmes urbains, contraints d'absorber une population croissante sans que les infrastructures ne suivent (UN-Habitat, 2021).

Malgré ce constat, la recomposition spatiale actuelle ouvre aussi des perspectives. Certaines villes secondaires commencent à jouer un rôle de relais régional, notamment lorsqu'elles bénéficient d'un accès aux infrastructures de transport, d'un capital social local, ou de l'appui de projets de coopération. Des expériences de développement local intégré, parfois portées par les collectivités, les organisations paysannes ou la diaspora, permettent d'envisager un rééquilibrage progressif des dynamiques territoriales à condition d'un appui institutionnel renforcé (Providence, 2022). De même, les formes d'habitat collectif, les initiatives d'agriculture urbaine, ou les expérimentations de transport informel constituent des adaptations sociales aux contraintes de la croissance urbaine.

Il reste toutefois nécessaire de repenser l'urbanisation non comme un phénomène uniquement spatial ou démographique, mais comme un fait social total, qui engage les dimensions économiques, culturelles, politiques et écologiques du développement. La croissance urbaine, si elle n'est pas anticipée et structurée, peut aggraver les fractures sociales, accentuer les vulnérabilités et renforcer l'informalité. Mais bien encadrée, elle peut aussi devenir un moteur de transformation, d'innovation et de résilience territoriale.

5.2. PRESSION FONCIÈRE, INFORMALITE URBAINE ET VULNÉRABILITÉS SOCIALES

L'urbanisation rapide en Haïti s'accompagne d'une intensification des pressions sur l'espace urbain, en particulier sur le foncier. Ce phénomène, combiné à la faiblesse du cadre juridique et institutionnel de régulation urbaine, à l'insécurité foncière généralisée et à la spéculation, a contribué à l'expansion incontrôlée de l'habitat informel.

Dans les principales agglomérations du pays — notamment Port-au-Prince, Cap-Haïtien, Les Cayes et Gonaïves — l'urbanisation se développe en grande partie en dehors des circuits de planification officielle, entraînant de profondes inégalités dans l'accès au sol, aux services et à la citoyenneté urbaine.

La pression foncière s'exerce à la fois horizontalement, à travers l'étalement des zones habitées en périphérie des villes, et verticalement, par la densification excessive de quartiers souvent insalubres. Cette pression est exacerbée par plusieurs facteurs : la croissance démographique, l'exode rural, le retour de migrants internationaux, les déplacements internes liés aux catastrophes naturelles ou à la violence urbaine, et l'absence d'une politique foncière publique claire. Le marché du foncier fonctionne largement de manière informelle, régi par des transactions extra-légales, des arrangements coutumiers ou des logiques clientélistes, en dehors de tout encadrement par un cadastre opérationnel (Dathus & Tamru, 2022).

Dans ce contexte, les ménages les plus pauvres n'ont souvent d'autre choix que de s'installer sur des terrains à risque, non viabilisés, situés en zones inondables, sur des versants escarpés ou dans des ravines. L'absence de titres de propriété formels et la complexité du système juridique découragent l'investissement pérenne et empêchent la sécurisation de l'habitat. De plus, cette informalité foncière nourrit une vulnérabilité sociale structurelle : elle limite l'accès au crédit, empêche la planification des infrastructures, et place les habitants dans une situation de précarité juridique permanente, à la merci d'expulsions arbitraires ou de conflits d'usage (Smucker, White, & Bannister, 2000; UN-Habitat, 2021).

L'habitat informel représente aujourd'hui une forme dominante de production urbaine en Haïti. Il ne s'agit pas d'un phénomène marginal, mais d'une composante centrale de la croissance des villes. Selon certaines estimations, plus de 60 % de la population urbaine vit dans des quartiers informels (PNUD, 2020). Ces quartiers, souvent qualifiés de « bidonvilles » ou de « zones à risques », sont également des espaces de vie structurés par des formes de solidarité, de gouvernance locale, et d'organisation sociale. Ils développent des modes de régulation endogènes, parfois en lien avec des autorités traditionnelles, religieuses ou communautaires. Toutefois, ils sont confrontés à des carences chroniques en services de base : eau potable, assainissement, collecte des déchets, électricité, voirie, équipements scolaires ou sanitaires.

La vulnérabilité sociale qui en résulte est multidimensionnelle. Elle affecte la santé, la sécurité, l'accès à l'éducation, les perspectives économiques, mais aussi la dignité et la reconnaissance des habitants comme citoyens à part entière. Ces vulnérabilités sont particulièrement aiguës pour les femmes, les enfants, les personnes handicapées et les migrants internes, souvent surreprésentés dans ces espaces (Providence, 2025b). Elles se traduisent également par une exposition accrue aux catastrophes naturelles : les séismes, inondations et glissements de terrain affectent de manière disproportionnée les populations vivant dans l'informalité.

Face à cette réalité, les politiques publiques peinent à apporter des réponses durables. Les rares projets de relogement, souvent consécutifs à des catastrophes naturelles, ont souffert de multiples dysfonctionnements : absence de concertation, éloignement des bassins d'emploi, standardisation des constructions, conflits fonciers non résolus. Les tentatives de régularisation foncière ou de planification participative restent limitées à des expériences pilotes, parfois fragiles ou dépendantes de financements internationaux (IHSI, 2018; Sheller, 2003b). La question de l'intégration des quartiers informels dans la ville formelle, avec leurs habitants comme acteurs à part entière, reste largement éludée.

Et pourtant, des formes d'innovation urbaine émergent dans ces quartiers. Certaines communautés mettent en place des comités de quartier, organisent la collecte des ordures, développent des systèmes alternatifs d'adduction d'eau, ou créent des dispositifs d'alerte en cas de risque. Ces pratiques traduisent une résilience territoriale qui pourrait être appuyée et amplifiée par des politiques de soutien à l'amélioration de l'habitat, à la régularisation foncière, et à la gouvernance locale. Il s'agirait non de stigmatiser l'informalité, mais de la reconnaître comme une composante de la ville à transformer, non par l'expulsion ou la marginalisation, mais par l'intégration, la négociation et la co-construction.

La pression foncière et l'informalité urbaine ne sont pas seulement des symptômes de dysfonctionnements urbains : elles révèlent les rapports sociaux à l'espace, les inégalités d'accès au droit à la ville, et les limites d'un modèle d'urbanisation non planifié. Une approche territoriale du développement urbain nécessite de partir de ces réalités pour concevoir des réponses différenciées, justes et soutenables, capables de combiner sécurisation foncière, inclusion sociale et durabilité urbaine.

5.3. DYNAMIQUES MÉTROPOLITAINES, VILLES SECONDAIRES ET DÉSÉQUILIBRES TERRITORIAUX

La structuration urbaine d'Haïti repose sur une organisation fortement polarisée autour de la métropole de Port-au-Prince, dans un contexte de déséquilibres croissants entre les centralités existantes et les territoires secondaires ou périphériques. Cette dynamique métropolitaine, loin de produire un effet d'entraînement sur l'ensemble du pays, a plutôt contribué à creuser des écarts en matière d'accès aux infrastructures, de services publics, de fonctions économiques et de reconnaissance institutionnelle. L'absence d'un véritable réseau de villes secondaires fonctionnelles et interconnectées empêche l'émergence d'un système urbain équilibré, capable de structurer l'espace national de manière inclusive et résiliente.

La métropolisation de Port-au-Prince est à la fois une cause et une conséquence de l'hypercentralisation politique et économique du pays. La capitale concentre les principaux équipements nationaux, les sièges administratifs, les grandes institutions universitaires, les établissements hospitaliers de référence, les banques, les ambassades, les ONG et les agences de coopération. Environ 35 % de la population nationale y réside, et plus de 60 % des flux économiques y transitent (IHSI, 2018). Cette surconcentration alimente une pression foncière, sociale et environnementale croissante, tout en générant une dépendance systémique du reste du territoire vis-à-vis de la capitale.

À l'opposé, les villes secondaires – telles que Cap-Haïtien, Les Cayes, Gonaïves, Jérémie ou Jacmel — peinent à jouer un rôle de relais territorial ou de contrepoids à la centralité métropolitaine. En dépit de leur position géographique stratégique et de leurs fonctions régionales potentielles, ces villes souffrent de plusieurs handicaps structurels :

- Des infrastructures urbaines insuffisantes ou vétustes ;
- Un accès limité aux services de santé, d'enseignement supérieur ou de transport ;
- Une gouvernance locale affaiblie par l'absence de ressources financières et humaines ;

- Une attractivité économique réduite, du fait du déficit d'investissements publics et privés.

Ces facteurs empêchent l'activation de dynamiques de développement local susceptibles de retenir les populations, de générer des emplois ou de structurer des circuits économiques régionaux. Dans bien des cas, les villes secondaires se réduisent à des fonctions commerciales ou administratives de proximité, sans pouvoir remplir un rôle structurant à l'échelle nationale. Leur dépendance à l'aide humanitaire ou à l'intervention des ONG les place souvent dans une logique d'attente plutôt que d'initiative, freinant leur capacité à devenir des pôles de développement endogène (Providence, 2015).

Ce déséquilibre entre la métropole et les villes secondaires alimente des logiques migratoires désorganisées, accentue les fractures territoriales, et rend plus difficile la construction d'un projet d'aménagement du territoire cohérent. Il compromet également la mise en place de réseaux de villes fonctionnels, capables d'organiser des flux de personnes, de biens, de services et de connaissances entre les différents échelons du territoire. Dans les conditions actuelles, les effets d'agglomération profitent quasi exclusivement à Port-au-Prince, tandis que les autres villes restent dans une logique de sous-fonctionnalité.

Néanmoins, certaines expériences récentes montrent qu'un repositionnement des villes secondaires est possible. À Jacmel, des initiatives dans le domaine du tourisme culturel et patrimonial ont permis de relancer une économie locale, avec un impact positif sur l'emploi et la valorisation du centre historique. À Cap-Haïtien, des projets d'infrastructures portuaires, d'assainissement et de réhabilitation urbaine soutenus par la coopération internationale visent à renforcer le rôle de la ville dans le Grand Nord. Dans d'autres cas, la mobilisation des diasporas, la présence d'universités ou d'écoles professionnelles, ou encore l'engagement de certains maires ont permis l'émergence de microcentralités régionales, à la fois porteuses d'espoir et de recomposition territoriale (UN-Habitat, 2021).

Ces exemples restent toutefois isolés et fragiles. Ils ne peuvent constituer une alternative réelle à la centralité de Port-au-Prince que dans le cadre d'un projet national volontariste de rééquilibrage territorial, fondé sur le renforcement des capacités des villes secondaires, la relance des économies locales, l'amélioration des connectivités interurbaines, et la structuration de réseaux d'intercommunalité. La décentralisation effective, la planification stratégique et l'investissement dans les fonctions urbaines intermédiaires sont les conditions nécessaires pour créer un véritable système urbain polycentrique, porteur d'une territorialisation du développement plus équitable.

En somme, la dynamique actuelle de métropolisation sans intégration accentue la fracture territoriale haïtienne. Mais les villes secondaires, loin d'être condamnées à la marginalité, peuvent devenir des moteurs de transformation, à condition d'être reconnues comme telles dans les politiques publiques, et dotées des moyens institutionnels, techniques et financiers de leur ambition. Repenser le rôle de ces villes, dans une logique d'interdépendance territoriale, constitue une étape essentielle vers une urbanisation plus équilibrée, inclusive et résiliente.

5.4. PERSPECTIVES ET SOLUTIONS POUR UNE URBANISATION ÉQUILIBRÉE

Face aux déséquilibres croissants du système urbain haïtien, à la pression démographique incontrôlée, à l'extension de l'informalité et à la fragmentation territoriale, il devient impératif de repenser l'urbanisation à l'aune de l'équité territoriale, de la durabilité écologique et de la participation citoyenne. Si le diagnostic posé dans les sections précédentes met en lumière les limites et les vulnérabilités du modèle actuel, il révèle également des leviers d'action et des initiatives porteuses de transformation. L'urbanisation haïtienne, loin d'être une fatalité chaotique, peut devenir un moteur de développement à condition d'être encadrée, planifiée et orientée vers l'intérêt général.

Une première perspective repose sur la nécessité de réhabiliter la planification urbaine, non comme une activité technocratique descendante, mais comme un processus participatif, souple, adapté aux contextes locaux. Cela suppose la refondation des outils d'aménagement du territoire, à travers l'élaboration de schémas directeurs d'urbanisme actualisés, intégrant les données démographiques, environnementales et sociales. Ces plans doivent être pensés à des échelles intermédiaires — métropolitaine, régionale, intercommunale — et articulés à des plans de développement communaux (PDC) conçus avec les acteurs locaux. Ils devraient inclure des dimensions transversales telles que le genre, la gestion des risques, l'inclusion économique et la gouvernance foncière (UN-Habitat, 2021).

Parallèlement, il est essentiel de renforcer les capacités institutionnelles et techniques des collectivités territoriales, en particulier les communes. Cela implique des investissements ciblés dans la formation des personnels municipaux (urbanistes, ingénieurs, spécialistes du foncier), la modernisation des outils de gestion (cadastre, SIG, guichets fonciers), ainsi que l'augmentation des ressources financières autonomes par la fiscalité locale et les transferts de l'État. Une décentralisation effective, dotée de mécanismes clairs de délégation de compétences, permettrait aux communes d'anticiper les dynamiques urbaines, de réguler l'usage du sol et d'encadrer la croissance des villes secondaires (Milian & Tamru, 2018).

Une troisième piste réside dans la régularisation foncière et l'amélioration des quartiers informels, qui représentent aujourd'hui le mode d'habitat dominant pour une grande partie de la population urbaine. La reconnaissance des droits d'occupation, la simplification des procédures d'enregistrement, et la mise en place de programmes intégrés d'amélioration de l'habitat (assainissement, voirie, équipements de proximité) constituent des solutions durables, plus efficaces que les politiques de déplacement ou de relogement forcé. Ces interventions devraient reposer sur un diagnostic social participatif, une co-construction avec les habitants, et une attention aux groupes les plus vulnérables, notamment les femmes, les enfants et les personnes en situation de handicap (PNUD, 2020).

Le développement d'un système de villes secondaires fonctionnelles est également crucial pour atténuer la pression sur Port-au-Prince et réduire les fractures territoriales. Cela suppose la création ou le renforcement de pôles régionaux disposant de services structurants (santé, enseignement supérieur, infrastructures économiques, connexions numériques), capables de retenir les populations et de générer de l'activité économique locale. Le soutien à des initiatives locales portées par les autorités municipales, les chambres de commerce régionales, les universités où la société civile peut catalyser des dynamiques endogènes de développement. La construction d'intercommunalités volontaires, la mutualisation de ressources entre villes voisines, et la mise en réseau des villes secondaires à l'échelle nationale peuvent contribuer à un urbanisme polycentrique (Providence, 2025b).

Par ailleurs, l'intégration des enjeux écologiques et de résilience dans les stratégies urbaines est indispensable. La gestion durable des ressources (eau, énergie, sol), la protection des zones à risque, la promotion de la densification raisonnée, le développement de transports publics durables ou l'agriculture urbaine doivent être pleinement intégrés aux politiques urbaines. Ces approches permettent non seulement de réduire les vulnérabilités aux catastrophes naturelles, mais aussi de créer des villes plus inclusives, vivables et productives (Lundahl, 2011; UN-Habitat, 2021).

Enfin, toute stratégie d'urbanisation équilibrée nécessite une participation active des citoyens. L'implication des communautés dans l'identification des besoins, la formulation des projets, la mise en œuvre et l'évaluation des politiques urbaines renforce la légitimité des décisions, favorise l'appropriation des espaces publics, et soutient la cohésion sociale. Des outils comme les budgets participatifs, les conseils de quartier, les forums de planification ou les plateformes numériques citoyennes peuvent jouer un rôle crucial dans cette dynamique.

En somme, repenser l'urbanisation haïtienne dans une logique d'équilibre territorial exige un changement profond de paradigme. Il ne s'agit pas seulement de mieux gérer la croissance urbaine, mais de refonder le contrat social urbain, à travers une planification démocratique, une gouvernance décentralisée, une valorisation des territoires intermédiaires et une prise en compte des capacités d'innovation des habitants. L'urbanisation peut alors cesser d'être un facteur d'exclusion et devenir un levier de justice spatiale, de résilience collective et de transformation structurelle.

Conclusion du chapitre 5

L'analyse des dynamiques urbaines contemporaines en Haïti révèle une réalité profondément contrastée. D'un côté, une urbanisation rapide, largement non planifiée, alimentée par une pression démographique croissante, un exode rural persistant, et une concentration excessive des fonctions économiques et administratives dans la région métropolitaine de Port-au-Prince. De l'autre, une fragmentation territoriale marquée par la faiblesse des villes secondaires, l'expansion incontrôlée de l'habitat informel, les inégalités criantes d'accès aux services de base et une gouvernance urbaine largement déficiente. Ce double mouvement — expansion urbaine incontrôlée et concentration spatiale des ressources — produit une forme de crise urbaine systémique, qui menace la cohésion sociale, la soutenabilité écologique et la stabilité institutionnelle du pays.

Le chapitre a mis en évidence les mécanismes de cette crise : une migration interne désorganisée, provoquée par la marginalisation rurale ; une pression foncière accrue dans les espaces urbains sans encadrement juridique adéquat ; la multiplication des quartiers informels, souvent situés dans des zones à risque ; et l'absence de vision stratégique à long terme dans les politiques publiques d'aménagement. À cela s'ajoutent les faiblesses structurelles des collectivités territoriales, privées des moyens humains, financiers et techniques pour planifier et accompagner la transition urbaine.

Cependant, l'urbanisation n'est pas un phénomène purement chaotique. Elle est également le reflet d'aspirations sociales, de mobilités légitimes, de stratégies familiales et communautaires visant à accéder aux opportunités économiques, éducatives et migratoires. Les villes haïtiennes, malgré leurs vulnérabilités, sont aussi des espaces d'innovation, de solidarité et de recomposition sociale, porteurs de dynamiques à la fois informelles et créatives. Les quartiers populaires développent des formes de régulation propres, les collectivités expérimentent des outils de planification participative, et des villes secondaires commencent à s'affirmer comme des nœuds de développement territorial alternatif.

Ainsi, loin de proposer une lecture purement pessimiste, ce chapitre ouvre des perspectives de transformation. Il montre que l'urbanisation peut devenir un levier de développement territorial à condition d'être anticipée, régulée et intégrée dans une politique d'aménagement fondée sur la justice spatiale. Cela implique de renforcer la capacité des communes à planifier l'espace urbain, d'encadrer le marché foncier pour garantir l'accès équitable au sol, de valoriser les villes secondaires comme pôles régionaux structurants, et d'associer pleinement les habitants — en particulier ceux des quartiers informels — aux processus de décision.

Une urbanisation équilibrée suppose également une approche interterritoriale : il ne peut y avoir de villes durables sans un redéploiement cohérent des fonctions entre zones rurales et urbaines, sans un maillage de centralités secondaires, et sans une réduction des asymétries entre Port-au-Prince et le reste du pays. Cela nécessite une réforme en profondeur de la gouvernance territoriale, un engagement politique fort en faveur de la décentralisation, et une reconnaissance du rôle des territoires comme co-acteurs du développement national.

En définitive, la question urbaine est au cœur des défis contemporains d'Haïti. Elle concentre les tensions liées à la croissance démographique, à la précarité sociale, à l'accès aux droits fondamentaux, à la gestion des risques et à la projection vers l'avenir. Mais elle est aussi un espace d'opportunité, à partir duquel peut s'inventer une autre manière d'habiter, de gouverner et de développer les territoires. Repenser l'urbanisation comme un processus inclusif, soutenable et démocratique constitue l'une des conditions fondamentales pour reconstruire un contrat territorial équitable et durable pour le pays.

CHAPITRE 6. ÉCONOMIE LOCALE ET INFORMELLE : DYNAMIQUES DE SURVIE ET DE TERRITORIALISATION

Introduction

L'analyse des dynamiques territoriales en Haïti ne peut faire l'économie d'une attention particulière à l'économie locale et informelle, tant celles-ci structurent les pratiques quotidiennes des populations, les formes d'organisation de l'espace, et les logiques de résilience dans un contexte marqué par la fragilité institutionnelle, la faiblesse des infrastructures économiques et l'absence de régulation soutenue de l'activité économique. En dehors des secteurs formellement enregistrés et statistiquement visibles, l'économie haïtienne repose largement sur une multiplicité d'activités économiques dites « informelles », qui, bien qu'exclues du périmètre des politiques publiques, constituent l'épine dorsale de la survie de millions d'individus et de communautés à travers le pays.

L'informalité économique n'est ni une spécificité haïtienne ni une simple zone grise en marge du développement. Elle est, en Haïti plus qu'ailleurs, le mode dominant d'organisation économique, et concerne aussi bien les zones urbaines que rurales, les microentreprises de production que les petits commerces de rue, les réseaux d'échange de biens que les services à la personne, les systèmes de solidarité familiale que les circuits de contrebande. Cette économie dite « populaire » est donc profondément enracinée dans les territoires, ancrée dans les dynamiques sociales locales, et indissociable des trajectoires historiques de marginalisation, de désinstitutionnalisation et d'adaptation des populations face à la crise permanente.

L'informalité en Haïti est également le produit d'un cadre macroéconomique inadapté, d'une fiscalité inaccessible pour la majorité des petites unités productives, d'une méfiance vis-à-vis des institutions étatiques, et d'un droit commercial inopérant pour les acteurs les plus vulnérables. Les barrières administratives à l'enregistrement des entreprises, l'absence de protections sociales pour les travailleurs indépendants, ou encore la concentration des capitaux et des marchés dans les mains de quelques acteurs formels renforcent la dualité du système économique. Cette dualité ne reflète pas uniquement une distinction entre le formel et l'informel : elle exprime une fracture plus large entre les économies concentrées dans les grandes villes et connectées aux circuits mondialisés, et celles, plus diffuses, inscrites dans des territoires marginalisés et peu intégrés.

Ce chapitre s'intéresse donc à l'économie informelle comme composante centrale de la fabrique territoriale haïtienne, et non comme une anomalie à corriger. Il propose une lecture territorialisée des formes d'informalité, en analysant comment elles s'organisent, se reproduisent et se transforment en fonction des contextes locaux, des ressources disponibles, des réseaux sociaux et des rapports de pouvoir. Il met également en lumière les interdépendances entre économie locale informelle, dynamiques migratoires, transferts diasporiques, systèmes fonciers non formels, et pratiques culturelles.

Nous verrons que l'économie locale ne se limite pas aux échanges de proximité : elle s'appuie aussi sur des réseaux relationnels (famille, voisinage, communauté), des logiques d'entraide et de solidarité, mais aussi des formes d'innovation socio-économique (groupements d'épargne, systèmes d'auto-emploi, recyclage, digitalisation artisanale). Ces activités, bien qu'extérieures aux circuits classiques de l'économie formelle, produisent de la valeur, soutiennent des chaînes d'approvisionnement locales et transnationales, et structurent profondément les dynamiques spatiales, notamment dans les zones périphériques ou en transition.

Ce chapitre analysera également les relations ambiguës entre les pouvoirs publics et l'économie informelle : tantôt tolérée, tantôt réprimée, parfois exploitée politiquement, rarement soutenue durablement. Il s'agira d'identifier les marges de reconnaissance, de régulation, ou de soutien à cette économie, à travers des politiques de formalisation adaptées, des mécanismes de protection sociale, ou des dispositifs d'accompagnement à la création d'activité, qui tiennent compte des contraintes spécifiques des acteurs informels et de leur inscription territoriale.

En somme, ce chapitre entend contribuer à une requalification de l'économie locale et informelle, en la considérant non comme un secteur résiduel ou temporaire, mais comme une composante essentielle du système économique haïtien. Une compréhension fine de ses logiques internes, de ses ressources et de ses limites, est indispensable pour penser des politiques de développement plus inclusives, équitables et territorialisées.

6.1. CARACTÉRISTIQUES DE L'ÉCONOMIE LOCALE ET INFORMELLE

L'économie locale et informelle en Haïti constitue un pilier fondamental du quotidien de millions d'individus. Présente aussi bien en milieu urbain qu'en milieu rural, elle est marquée par une forte hétérogénéité, une adaptabilité remarquable et une inscription territoriale profonde. Pour comprendre son rôle dans la structuration socio-économique du pays, il est nécessaire d'en dégager les caractéristiques principales, en tenant compte de sa nature multidimensionnelle, de ses formes d'organisation, de son lien avec la survie, mais aussi de ses limites structurelles.

1. Une économie de subsistance et de proximité

L'économie informelle haïtienne repose d'abord sur des activités de petite échelle orientées vers la satisfaction de besoins de base. Il s'agit de commerces de rue, de marchés ambulants, de production artisanale, de services domestiques, de petits métiers (coiffure, couture, réparation, transport informel), ou encore de petites unités de transformation alimentaire. Ces activités sont souvent menées par des individus n'ayant pas accès à l'emploi salarié formel, notamment des femmes, des jeunes, des migrants internes ou des personnes faiblement scolarisées (Verner, 2008; PNUD, 2020). Elles s'inscrivent dans des circuits courts, à faible intensité capitalistique, et sont fortement dépendantes du tissu social local.

Dans les zones rurales, l'économie informelle est dominée par une agriculture de subsistance et par des pratiques de troc ou de vente au détail sur les marchés hebdomadaires. Elle est souvent adossée à des réseaux familiaux ou communautaires qui assurent la circulation des ressources et des services. En milieu urbain, elle prend des formes plus diversifiées, mais demeure principalement concentrée dans les espaces publics non régulés : trottoirs, gares routières, parvis d'églises, quartiers populaires ou zones périphériques.

2. Une forte féminisation et un ancrage communautaire

L'économie informelle est massivement féminisée. Selon les données de l'IHSI (2017), plus de 70 % des femmes actives en Haïti travaillent dans l'économie informelle, contre environ 55 % des hommes. Le commerce de détail, en particulier, repose largement sur le travail des femmes, souvent appelées « Madam Sara », qui assurent la liaison entre les zones rurales productrices et les marchés urbains. Ces femmes, véritables courroies de transmission de l'économie populaire, jouent un rôle central dans la circulation des produits agricoles, la gestion des microcapitaux et le soutien des solidarités intercommunautaires (Providence, 2025b).

Ce fort ancrage communautaire de l'économie informelle s'exprime aussi à travers des formes de régulation sociale non institutionnalisées : règles coutumières, négociations collectives, associations professionnelles informelles, systèmes d'entraide, tontines (systèmes rotatifs d'épargne et de crédit), et solidarités religieuses. Ces dispositifs permettent aux acteurs économiques de gérer l'incertitude, de mutualiser les risques et de maintenir une forme de cohésion sociale dans un contexte d'absence ou de retrait de l'État.

3. Une informalité structurelle, non choisie

Contrairement à une certaine lecture normative, qui considère l'informalité comme un choix de contournement des règles fiscales ou administratives, l'informalité Haïtienne est avant tout subie. Elle résulte d'un environnement institutionnel contraignant, où la lourdeur administrative, le coût de la formalisation, l'insécurité foncière et la méfiance à l'égard des institutions publiques dissuadent les petits opérateurs de s'enregistrer. En outre, la faiblesse des filets de protection sociale et l'instabilité économique rendent risquée toute tentative d'intégration dans l'économie formelle sans accompagnement adapté (Haughton, Benjamin, & Mbaye, 2012).

Il ne s'agit donc pas d'une informalité « temporaire » ou « en transition », mais bien d'un système économique parallèle, inscrit durablement dans les pratiques territoriales. Cette informalité touche non seulement le commerce et les services, mais aussi une partie de l'artisanat, de la construction, du transport, et même de certaines formes d'industrie légère. Elle est souvent tolérée, parfois exploitée politiquement, mais rarement reconnue dans sa fonction économique réelle.

4. Une précarité économique et une faible productivité

Malgré son importance quantitative, l'économie informelle reste marquée par une très faible productivité, un accès limité au crédit, un équipement rudimentaire, et une forte vulnérabilité aux chocs (catastrophes naturelles, crises politiques, fluctuation des prix). Les activités informelles génèrent généralement des revenus instables et insuffisants, ce qui renforce la précarité des conditions de vie. De plus, elles ne bénéficient ni d'une couverture sociale ni de protections légales, ce qui fragilise les travailleurs en cas de maladie, d'accident ou de vieillesse (ILO, 2021).

Cette précarité se double d'un accès très restreint aux services d'appui à l'entrepreneuriat, tels que la formation technique, l'accompagnement à la gestion, l'innovation technologique ou l'accès aux marchés institutionnels. Dans ces conditions, les potentialités de croissance, de structuration ou de formalisation de ces microactivités restent fortement limitées, à moins d'une intervention ciblée, territorialisée et participative.

5. Un levier de résilience territoriale

Enfin, malgré ses limites, l'économie informelle constitue un levier essentiel de résilience territoriale. En assurant l'approvisionnement alimentaire, la circulation des biens, la création d'emplois, et le maintien de services de base dans des contextes d'effondrement de l'État, elle soutient la reproduction sociale et la stabilité locale. Elle est aussi un espace d'expérimentation : plateformes numériques de vente informelle, services mobiles, fabrication artisanale de biens courants, recyclage de déchets, agriculture urbaine, etc. Ces initiatives montrent que l'économie informelle est aussi un espace d'innovation qu'il convient de reconnaître, de comprendre et de valoriser (Providence, 2025b).

6.2. DÉFIS STRUCTURELS DE L'ÉCONOMIE LOCALE ET INFORMELLE

L'économie locale et informelle en Haïti, bien qu'elle constitue un pilier du fonctionnement quotidien des territoires, reste confrontée à de nombreux défis structurels qui entravent son développement, sa productivité et son intégration dans une trajectoire économique inclusive. Ces défis, à la fois d'ordre institutionnel, économique, social et spatial, traduisent les limites d'un système économique dual et déséquilibré, dans lequel les acteurs informels opèrent dans un environnement marqué par l'incertitude, la précarité et l'exclusion. Comprendre la nature de ces obstacles est essentiel pour penser une transformation du cadre d'action en faveur d'une économie plus équitable, territorialisée et durable.

1. L'absence de cadre juridique et institutionnel adapté

Le premier défi auquel fait face l'économie informelle en Haïti est l'inadéquation du cadre juridique, hérité d'une tradition administrative centralisée, rigide et peu accessible aux petits opérateurs économiques. Les procédures d'enregistrement des entreprises sont longues, coûteuses, opaques, et mal adaptées aux réalités des micro-entrepreneurs, qui ne disposent ni du capital requis ni de l'expertise nécessaire pour se conformer aux exigences de l'administration fiscale et commerciale (Haughton, Benjamin, & Mbaye, 2012). Cette situation pousse la majorité des unités économiques à rester en dehors du formel, par nécessité plutôt que par choix stratégique.

Par ailleurs, l'absence d'un cadastre fonctionnel, le flou juridique autour des statuts fonciers, et la complexité des procédures de transfert ou de régularisation de propriété limitent l'accès sécurisé à l'espace économique — marchés, boutiques, ateliers ou terrains agricoles — condition indispensable à toute forme d'investissement. Cette insécurité foncière empêche les acteurs informels de disposer de garanties, freine l'accès au crédit, et crée une incertitude permanente sur l'avenir des activités (Smucker, White, & Bannister, 2000; IHSI, 2018).

2. Le faible accès au financement et à l'accompagnement

Un autre défi central est l'exclusion financière massive qui affecte les acteurs de l'économie informelle. Les banques traditionnelles, orientées vers les grandes entreprises et les fonctionnaires, sont peu enclines à octroyer des crédits aux petits commerçants, artisans ou producteurs agricoles informels, en raison de leur incapacité à présenter des garanties réelles, à tenir une comptabilité formalisée, ou à répondre aux critères classiques de solvabilité (ILO, 2021). Les microfinances, bien qu'en expansion, restent concentrées dans certaines zones urbaines et imposent souvent des taux d'intérêt élevés et des conditions peu flexibles.

En parallèle, les dispositifs d'appui technique, de formation ou de conseil en gestion sont quasi inexistants pour les acteurs informels, en particulier en milieu rural ou périurbain. L'économie locale fonctionne largement sans appui externe structuré, dans une logique d'apprentissage sur le tas, de transmission familiale ou de solidarité communautaire. Cette situation freine la montée en compétences, limite l'innovation, et renforce la dépendance à des logiques de survie.

3. La faible productivité et la segmentation des marchés

La productivité très faible des activités informelles constitue un troisième défi majeur. En l'absence d'accès à des équipements modernes, à une énergie stable, à des intrants de qualité ou à une infrastructure logistique fonctionnelle, les unités économiques informelles restent confinées à de faibles rendements et à une reproduction quasi stationnaire de leurs revenus (Verner, 2008; PNUD, 2020). De plus, ces activités sont souvent surreprésentées dans des segments de marché saturés — commerce de détail, petit transport, services domestiques — ce qui crée une forte concurrence entre petits opérateurs et réduit encore davantage les marges de profit.

La segmentation des marchés, à la fois sociale et territoriale, contribue également à maintenir les acteurs informels dans des circuits restreints, souvent locaux, peu diversifiés et très sensibles aux variations de la demande. Le manque d'intégration avec les filières productives formelles, l'absence de liens avec les marchés publics, et la non-reconnaissance institutionnelle des réseaux commerciaux informels empêchent toute montée en gamme ou toute insertion dans les chaînes de valeur.

4. L'exclusion sociale et la précarité des conditions de travail

Les défis structurels de l'économie informelle touchent également la dimension sociale du travail. La grande majorité des travailleurs informels ne bénéficient d'aucune protection sociale : ni couverture santé, ni assurance vieillesse, ni droit au chômage ou à une indemnisation en cas d'accident. Les conditions de travail sont souvent précaires, avec des horaires extensifs, des environnements dangereux (notamment dans le transport et les métiers de la rue), et une forte insécurité économique, en particulier pour les femmes et les jeunes (ILO, 2021).

De plus, l'économie informelle reste faiblement organisée. Si certaines associations ou coopératives existent, la majorité des travailleurs opèrent de manière individuelle ou familiale, sans structure de représentation capable de défendre leurs droits, de négocier des appuis publics ou de participer à la conception des politiques économiques. Cette absence de voix collective renforce leur invisibilisation dans les sphères de décision et perpétue leur marginalisation institutionnelle.

5. La vulnérabilité aux chocs et l'absence de stratégie de formalisation

Enfin, l'économie informelle est extrêmement vulnérable aux chocs exogènes : catastrophes naturelles, instabilité politique, pandémies, crises sécuritaires. À chaque crise majeure, les pertes d'activités sont massives, les mécanismes de soutien quasi inexistants, et les capacités de rebond limitées. Le tremblement de terre de 2010, la pandémie de COVID-19 ou les récentes crises politiques ont successivement ébranlé le tissu économique local, sans que des dispositifs de résilience institutionnelle aient été mis en place (PNUD, 2020).

De plus, l'État haïtien ne dispose pas de stratégie claire de formalisation progressive, qui permettrait d'intégrer les acteurs de l'économie informelle dans un processus accompagné, flexible, différencié et fondé sur des incitations. L'approche dominante reste souvent punitive ou moralisatrice, ignorant la diversité des situations, les contraintes réelles, et les capacités d'innovation endogènes.

6.3. RÔLE DE L'ÉCONOMIE INFORMELLE DANS LE DÉVELOPPEMENT TERRITORIAL

L'économie informelle, souvent considérée sous l'angle de la précarité et de la non-conformité au cadre légal, doit également être analysée à partir de sa contribution réelle aux dynamiques territoriales. En Haïti, où l'État peine à assurer un maillage institutionnel régulier sur l'ensemble du territoire, l'économie informelle remplit des fonctions économiques, sociales et territoriales essentielles. Elle constitue à la fois un vecteur de subsistance, un mécanisme de régulation sociale, un mode d'occupation et de valorisation de l'espace, et un support d'innovation dans des contextes d'incertitude chronique.

1. Une contribution majeure à la structuration des économies locales

Dans de nombreuses régions du pays, notamment les zones rurales enclavées, les communes périphériques ou les quartiers informels des grandes villes, l'économie informelle représente la quasi-totalité des activités économiques effectives. Elle assure l'approvisionnement en biens de première nécessité, la circulation des produits agricoles, la fourniture de services de base (transport, petits commerces, artisanat, services à la personne) et la génération de revenus pour des familles dépourvues d'accès au marché du travail formel (Verner, 2008; PNUD, 2020).

Ces activités, bien qu'opérées à faible échelle, constituent une économie de proximité qui donne vie aux territoires, évite leur désertification et soutient l'ancrage local des populations. Elles créent des microcircuits de consommation, facilitent les échanges entre espaces ruraux et urbains, et permettent une certaine stabilisation sociale là où les politiques publiques font défaut.

2. Un vecteur de territorialisation économique

L'économie informelle ne se déploie pas de manière homogène à travers le pays. Elle est fortement influencée par les contextes géographiques, les dynamiques migratoires, les cultures locales, les infrastructures disponibles et les réseaux sociaux. Ce caractère fortement territorialisé en fait un indicateur précieux des modes d'organisation économique propres à chaque espace.

Par exemple, les marchés de rue et les « madan sara » organisent des flux commerciaux qui connectent les plaines agricoles (Artibonite, Nord, Grand'Anse) aux marchés urbains de Port-au-Prince ou de Cap-Haïtien. Dans les zones frontalières, notamment à Ouanaminthe ou à Malpasse, l'informalité organise des réseaux de commerce transfrontalier avec la République dominicaine. À Port-au-Prince, les quartiers populaires développent des formes d'économie circulaire autour du recyclage, du transport informel (tap-tap), ou de la restauration mobile. Ces configurations montrent que l'informalité s'inscrit dans des logiques territoriales différenciées, qu'il convient de reconnaître et de documenter.

3. Un espace d'innovation sociale et économique

Loin de se réduire à une économie de survie, l'informalité Haïtienne constitue aussi un laboratoire d'innovations locales. En l'absence de régulation étatique ou de soutien institutionnel, les acteurs informels développent des stratégies ingénieuses pour contourner les obstacles : mutualisation de ressources à travers les tontines et associations, mobilisation de la diaspora pour financer de petites activités, usage de technologies simples (téléphones mobiles, plateformes numériques locales), systèmes alternatifs de gestion du foncier ou de sécurisation des revenus.

Ces formes d'innovation ne sont pas marginales : elles traduisent la capacité des acteurs locaux à répondre à des besoins urgents, à partir de ressources limitées, en mobilisant les savoirs locaux, les solidarités de proximité et les réseaux translocaux. De ce point de vue, l'économie informelle est aussi un creuset de résilience territoriale, et mérite d'être intégrée dans les réflexions sur le développement local durable (ILO, 2021).

4. Un rôle de stabilisation dans un contexte de crise

Dans un pays exposé à des crises fréquentes — catastrophes naturelles, instabilité politique, insécurité, crises économiques —, l'économie informelle joue un rôle stabilisateur. Elle permet la continuité de la vie économique lorsque les circuits institutionnels sont paralysés. Après le séisme de 2010, de nombreux quartiers populaires ont vu émerger des marchés informels spontanés, des réseaux d'entraide économique, et des systèmes de redistribution communautaire, en l'absence de dispositifs publics de secours efficaces (Schuller, 2012). Cette capacité d'auto-organisation économique est un atout majeur pour la reconstruction territoriale.

De même, dans des zones laissées à l'abandon par l'État, l'économie informelle contribue au maintien d'une activité sociale minimale, réduisant les risques de conflit ouvert, de migration forcée ou de dépendance complète à l'aide humanitaire. Elle soutient aussi, indirectement, le système formel, en fournissant des produits et services à bas coût, en compensant les carences des institutions, et en permettant à une partie de la population d'échapper à l'extrême pauvreté.

5. Un levier pour une politique de développement territorialisée

Enfin, la reconnaissance du rôle central de l'économie informelle dans les territoires ouvre la voie à une réorientation des politiques de développement. Plutôt que de chercher à « formaliser » à tout prix selon les standards classiques, il s'agit de valoriser les dynamiques locales, d'accompagner les innovations endogènes, de sécuriser les parcours d'auto-emploi, et de construire des passerelles progressives vers des formes hybrides d'économie régulée. Cela suppose de partir des territoires eux-mêmes : leurs spécificités, leurs acteurs, leurs contraintes, mais aussi leurs ressources.

Une telle approche nécessite une réforme en profondeur de la gouvernance territoriale et économique : renforcement des capacités des collectivités locales, création de dispositifs d'appui aux économies populaires, mise en réseau des acteurs informels, dialogue multiacteurs entre États, société civile, universités, diasporas et partenaires techniques. L'économie informelle peut ainsi devenir un vecteur de territorialisation du développement, en permettant l'émergence de projets locaux inclusifs, ancrés et résilients.

6.4. PERSPECTIVES POUR RENFORCER L'ÉCONOMIE LOCALE

La reconnaissance du rôle structurant de l'économie informelle dans la vie territoriale haïtienne ouvre des perspectives politiques, institutionnelles et sociales fondamentales. Plutôt que de chercher à l'éliminer ou à l'absorber mécaniquement dans le secteur formel, les efforts de développement devraient viser à renforcer cette économie dans ses propres logiques, à réduire ses vulnérabilités, et à accompagner ses dynamiques internes vers une intégration plus équitable dans les systèmes économiques territoriaux. Cela suppose une série de mesures articulées, fondées sur une lecture fine des contextes locaux et sur la participation des acteurs concernés.

1. Vers une formalisation progressive, souple et contextualisée

L'un des défis majeurs est de réconcilier les acteurs de l'économie informelle avec les institutions publiques, à travers des mécanismes de formalisation adaptés. Cette formalisation ne peut être imposée de manière rigide : elle doit être progressive, volontaire, incitative et différenciée selon les types d'activités, les territoires et les capacités des opérateurs. Elle peut prendre des formes variées : enregistrement simplifié, délivrance de licences d'activités, accès facilité à un statut fiscal adapté (ex. microentreprise), reconnaissance légale des coopératives ou des associations professionnelles informelles (Haughton, Benjamin, & Mbaye, 2012).

Ces démarches doivent être accompagnées de dispositifs de soutien administratif (guichets uniques, plateformes numériques, appui juridique), et doivent intégrer la dimension territoriale, en s'appuyant sur les collectivités locales, les chambres de commerce départementales, ou les organisations communautaires. Une telle approche permettrait de créer un cadre de confiance mutuelle, tout en intégrant les opérateurs informels dans les politiques publiques économiques.

2. Développement de services d'appui adaptés aux réalités locales

Pour que l'économie locale et informelle puisse se consolider, il est impératif de lui fournir des services de proximité adaptés : accès au microcrédit ou au financement solidaire, formation professionnelle modulaire, accompagnement à la gestion, appui technique, accès à des infrastructures de marché, de stockage ou de transformation. Ces services doivent être conçus à partir des réalités vécues par les acteurs de terrain, en lien avec leurs savoirs, leurs contraintes et leurs aspirations (ILO, 2021).

Les tontines, associations d'épargne rotative, ou encore les systèmes communautaires de crédit existants pourraient être reconnus, renforcés et mis en réseau pour devenir de véritables instruments de bancarisation territoriale. Des programmes de renforcement des capacités, portés par des ONG, des universités ou des institutions publiques, peuvent également appuyer l'émergence d'une culture entrepreneuriale inclusive dans les quartiers populaires et les zones rurales marginalisées.

3. Intégration des économies informelles aux chaînes de valeur territoriales

L'une des perspectives les plus prometteuses est l'intégration structurée de l'économie informelle dans les chaînes de valeur territoriales, en particulier dans les domaines de l'agrotransformation, de la logistique, du bâtiment, du recyclage, de l'artisanat ou des services urbains. Cette intégration passe par la reconnaissance du rôle économique des petits producteurs et commerçants, leur accès à des marchés institutionnels (achats publics, cantines scolaires, infrastructures publiques), et la création de passerelles avec les acteurs formels (coopératives, entreprises locales, plateformes numériques).

Des expériences menées dans d'autres pays du Sud global montrent que l'articulation des économies informelles aux circuits d'approvisionnement locaux — via des appels d'offres réservés, des labels de production locale, ou des systèmes de certification simplifiés — permet de renforcer leur résilience et leur productivité tout en stimulant le développement territorial (Ranis, 1999; UNRISD, 2010). En Haïti, un tel processus supposerait un engagement fort des collectivités locales, des bailleurs de fonds et des opérateurs économiques régionaux.

4. Sécurisation des espaces économiques et gouvernance foncière inclusive

Un autre levier fondamental est la sécurisation des espaces d'activité. Nombre d'acteurs informels évoluent dans des conditions d'occupation précaire de l'espace : marchés de rue sans statut, terrains sans titre, occupations illégales de domaines publics ou privés. Cette insécurité foncière freine l'investissement, favorise l'illégalité et alimente les tensions sociales. Il est urgent de mettre en place des politiques de reconnaissance progressive des droits d'usage, de zonage économique adapté, de mise à disposition de terrains aménagés, ou encore de régularisation encadrée dans les quartiers informels (Smucker, White, & Bannister, 2000).

Cela suppose aussi une réforme de la gouvernance foncière, à travers la décentralisation des compétences en matière de gestion des marchés, l'actualisation du cadastre, et la participation active des associations d'acteurs économiques locaux à la gestion des espaces collectifs.

5. Reconnaissance institutionnelle et représentation des acteurs

Enfin, le renforcement de l'économie locale et informelle passe par sa reconnaissance politique et sa représentation dans les instances de décision. Il s'agit de sortir d'une vision stigmatisante pour considérer les acteurs informels comme des partenaires du développement, porteurs d'expérience, de compétences et de solutions. La création de conseils économiques territoriaux incluant des représentants des secteurs informels, la participation aux comités de planification communale, ou encore l'institutionnalisation du dialogue public-privé local sont des pistes à explorer.

Des campagnes nationales de sensibilisation, appuyées par des données empiriques, peuvent également contribuer à modifier la perception de l'économie informelle dans l'opinion publique, à valoriser ses apports, et à légitimer sa prise en compte dans les politiques nationales de développement.

Conclusion du chapitre 6

L'examen de l'économie locale et informelle en Haïti, tel qu'il a été développé tout au long de ce chapitre, révèle une réalité paradoxale : bien que structurante, omniprésente et indispensable au fonctionnement quotidien des territoires, cette économie demeure largement absente des politiques publiques, marginalisée dans les dispositifs d'appui, et souvent perçue à travers le prisme réducteur de l'illégalité ou de la précarité. Or, l'économie informelle est bien davantage qu'un simple palliatif à l'absence d'État ou à la pénurie d'emplois formels. Elle constitue une véritable matrice économique populaire, inscrite dans les dynamiques sociales, culturelles et spatiales des territoires haïtiens.

À travers sa diversité — métiers de rue, circuits de commerce, artisanat local, agriculture familiale, services urbains informels — l'économie informelle traduit une profonde capacité d'adaptation face à l'instabilité économique, à l'exclusion institutionnelle et aux crises systémiques. Elle joue un rôle fondamental dans la cohésion sociale, l'approvisionnement des populations, la reproduction des solidarités locales et la dynamique des échanges entre villes et campagnes. Elle constitue aussi un vecteur de résilience, permettant aux territoires de continuer à « fonctionner » dans un contexte marqué par l'effondrement partiel des institutions, la faiblesse des infrastructures et la fragmentation de la gouvernance.

Mais cette économie, aussi centrale soit-elle, opère dans des conditions de grandes vulnérabilités : insécurité foncière, absence de protection sociale, accès très limité au crédit, faible productivité, informalité juridique persistante. Elle évolue dans un système d'exclusion qui empêche la reconnaissance de ses apports, freine son potentiel de transformation et accentue les inégalités économiques et territoriales. Ce déficit de reconnaissance ne se traduit pas seulement par un manque de soutien, mais aussi par une invisibilisation politique : les acteurs informels sont rarement représentés dans les instances de décision, les données statistiques les ignorent, et les politiques économiques les considèrent trop souvent comme une anomalie à corriger.

Face à ces constats, ce chapitre plaide pour une relecture de l'économie informelle comme levier de développement territorial. Une telle relecture suppose d'en reconnaître la légitimité, d'en comprendre les logiques internes, et de construire avec ses acteurs des trajectoires d'intégration progressives, différenciées, fondées sur l'écoute, la négociation et l'expérimentation. Il ne s'agit pas d'imposer une normalisation descendante, mais de construire des formes hybrides d'économie régulée, capables d'articuler protection sociale, appui à la production, sécurisation des espaces économiques et inclusion dans les politiques publiques.

La territorialisation des stratégies de soutien à l'économie informelle est ici centrale. C'est à l'échelle locale, en lien avec les collectivités, les organisations communautaires, les institutions d'appui, les chambres de commerce locales et les universités, que peuvent être conçus des dispositifs réellement adaptés : guichets de formalisation simplifiée, marchés publics réservés, infrastructures collectives, coopératives d'entrepreneurs, mécanismes de financement solidaire. En valorisant les dynamiques économiques endogènes, ces initiatives peuvent contribuer à reconstruire les fondements d'un développement plus équitable, plus inclusif et plus résilient.

En définitive, l'économie informelle n'est pas une exception dans le paysage économique haïtien : elle en est la norme dominante. La question n'est donc pas de savoir comment la faire disparaître, mais comment l'inscrire dans un projet économique et territorial cohérent, fondé sur la justice sociale, la participation citoyenne et la diversité des modèles économiques. C'est dans cette perspective que l'économie locale et informelle peut devenir un pilier d'un nouveau contrat territorial, où chaque acteur, quelle que soit sa position dans l'échelle formelle/informelle, soit reconnu comme porteur de légitimité, de compétences et de solutions concrètes pour le développement du pays.

CONCLUSION DE LA PARTIE 2

L'analyse des dynamiques contemporaines du développement territorial en Haïti, déclinée dans cette seconde partie, met en lumière les tensions profondes, mais aussi les potentialités renouvelées qui traversent l'espace national. À travers les diagnostics croisés portant sur la centralisation urbaine, la marginalisation rurale, l'informalité économique, la pression démographique ou encore les déséquilibres métropolitains, un constat s'impose : le territoire haïtien est marqué par une fragmentation à la fois spatiale, institutionnelle et sociale, héritée de longues décennies de concentration du pouvoir, d'exclusion périphérique et de politiques publiques désarticulées.

L'urbanisation rapide et largement informelle, décrite dans le chapitre 5, témoigne d'un processus territorial non maîtrisé, alimenté par l'exode rural, l'effondrement des fonctions agricoles et le repli sur des centres urbains surchargés, en particulier Port-au-Prince. Loin d'être un moteur de modernisation planifiée, cette urbanisation accentue les vulnérabilités : foncières, sociales, environnementales. En l'absence d'une vision nationale d'aménagement du territoire, les villes secondaires peinent à se structurer comme pôles régionaux d'équilibre, tandis que les périphéries s'étendent sans régulation, aggravant les inégalités d'accès aux services et aux opportunités.

Parallèlement, comme l'a montré le chapitre 6, l'économie informelle occupe une place centrale dans la reproduction sociale des territoires. Bien qu'elle soit souvent perçue à travers le prisme du déficit — de droit, de capital, de productivité — elle s'avère en réalité un puissant vecteur de résilience, de solidarité et d'adaptation. Elle donne vie à des espaces économiques alternatifs, elle structure les échanges locaux, et elle soutient des réseaux de survie dans un contexte de retrait de l'État et d'instabilité chronique. Toutefois, cette économie reste fragile, peu sécurisée et insuffisamment accompagnée, faute de reconnaissance institutionnelle et de politiques adaptées à ses spécificités territoriales.

L'un des enseignements majeurs de cette partie est que les dynamiques actuelles de développement territorial ne peuvent être comprises uniquement en termes de déficits ou de carences. Elles traduisent aussi une inventivité territoriale, une capacité d'auto-organisation et une pluralité d'acteurs locaux engagés dans des formes de gouvernance vernaculaires, informelles ou hybrides. Des collectivités locales, bien que sous-dotées, expérimentent des plans de développement participatifs. Des communautés inventent des formes de gestion des ressources, de mobilisation financière ou d'aménagement collaboratif. Des diasporas soutiennent des initiatives économiques locales. Ces dynamiques, encore trop dispersées, méritent d'être documentées, soutenues et mises en réseau.

Cette partie appelle donc à une reconfiguration des politiques de développement territorial, fondées sur cinq principes structurants :

1. La reconnaissance des diversités territoriales, qui implique de sortir d'un modèle unique d'organisation de l'espace pour concevoir des politiques différenciées, sensibles aux contextes locaux ;
2. La consolidation des capacités des acteurs locaux, condition essentielle pour faire des territoires des espaces de projets, portés par ceux qui y vivent et y agissent ;
3. La réhabilitation de la planification, non comme un instrument technocratique, mais comme un processus dialogique, associant les collectivités, les communautés, les opérateurs économiques et la société civile ;
4. L'intégration des économies informelles, non par la contrainte, mais par l'accompagnement, la sécurisation des droits, et la valorisation des dynamiques locales ;
5. L'articulation entre les échelles, en rééquilibrant le rôle des villes secondaires, en tissant des liens entre espaces ruraux et urbains, et en décentralisant effectivement les leviers du développement.

En définitive, la Partie II dessine les contours d'une territorialisation alternative du développement, fondée sur les ressources, les initiatives et les aspirations des territoires eux-mêmes. Cette approche invite à dépasser les logiques descendantes, à rompre avec la centralisation verticale, et à envisager le territoire non plus comme un simple support d'intervention, mais comme un acteur stratégique du changement. C'est à cette condition qu'Haïti pourra refonder les bases d'un développement à la fois plus juste, plus durable et plus démocratique.

PARTIE 3 : GOUVERNANCE TERRITORIALE ET POLITIQUES PUBLIQUES

INTRODUCTION DE LA PARTIE

La compréhension des dynamiques territoriales en Haïti, telle qu'elle a été esquissée dans les parties précédentes, ne peut se faire sans une interrogation centrale sur la gouvernance. Les déséquilibres territoriaux, la marginalisation de larges segments du territoire national, la faiblesse des infrastructures et l'informalité économique généralisée ne relèvent pas uniquement de contraintes géographiques ou démographiques : ils sont aussi et surtout le produit d'un mode d'organisation institutionnelle profondément centralisé, fragmenté et historiquement inadapté aux besoins de développement équitable. Cette troisième partie s'attache dès lors à interroger les fondements, les transformations, mais aussi les impasses et les opportunités que recèle la gouvernance territoriale en Haïti, à travers le prisme des politiques publiques et des dynamiques d'acteurs.

Depuis la Constitution de 1987, la gouvernance territoriale haïtienne est théoriquement fondée sur le principe de la décentralisation, qui reconnaît aux collectivités territoriales — sections communales, communes, départements — des compétences propres, des ressources et une autonomie administrative. En pratique, cependant, cette décentralisation reste largement inachevée, freinée par une série de facteurs structurels : manque de volonté politique, cadre légal lacunaire, faiblesse des transferts financiers, carence en ressources humaines locales, chevauchement de compétences entre niveaux de pouvoir, et centralisation persistante des décisions au sein de l'administration centrale. Cette situation entretient une forme de « gouvernance absente » dans de nombreuses zones du pays, où l'État n'exerce qu'un pouvoir résiduel, tandis que les collectivités locales peinent à assumer leur rôle de proximité.

Cette fragmentation de la gouvernance se double d'une incohérence chronique des politiques publiques territoriales. Les interventions sectorielles — en matière d'éducation, de santé, d'infrastructures, d'agriculture ou de logement — sont rarement coordonnées entre elles ni articulées à une vision globale du développement territorial. De nombreux programmes sont élaborés au niveau central ou à l'initiative des bailleurs internationaux, sans ancrage territorial réel, sans concertation avec les autorités locales, et sans continuité temporelle. Il en résulte une superposition de dispositifs, une concurrence entre institutions, une invisibilisation des besoins locaux, et une inefficacité structurelle des efforts de développement.

Pourtant, face à cette gouvernance affaiblie ou fragmentée, de nouvelles dynamiques d'acteurs émergent : collectivités locales expérimentant des formes de gouvernance participative, organisations communautaires prenant en charge des fonctions publiques (eau, école, santé), ONG et universités accompagnant des processus de planification locale, diasporas finançant des infrastructures collectives, et réseaux de collectivités ou d'acteurs locaux structurant des espaces d'action interterritoriaux. Ces initiatives, bien que disparates, traduisent un besoin de gouvernance territoriale renouvelée, fondée sur la proximité, la coproduction des politiques, la reconnaissance des savoirs locaux et la coordination multiniveaux.

Cette troisième partie du livre vise ainsi à analyser les mécanismes, les acteurs et les instruments de la gouvernance territoriale en Haïti à la lumière des enjeux contemporains. Elle interroge d'abord la trajectoire historique et institutionnelle de la décentralisation haïtienne, ses ambitions, ses limites et ses perspectives (chapitre 7). Elle examine ensuite les politiques publiques à l'épreuve des territoires, en mettant en évidence leurs incohérences, mais aussi les pistes de réorientation possible pour une meilleure territorialisation de l'action publique (chapitre 8). Enfin, elle explore les expériences innovantes de gouvernance locale et les formes de résilience institutionnelle portées par les acteurs locaux (chapitre 9).

L'objectif est de dépasser une lecture purement institutionnelle ou normative de la gouvernance pour adopter une perspective ancrée dans les pratiques et les territoires. Cela implique de considérer la gouvernance non seulement comme un ensemble de règles ou de structures, mais comme un processus relationnel, façonné par des rapports de pouvoir, des capacités différenciées d'agir, des alliances locales, et des conflits d'usage. Penser la gouvernance territoriale aujourd'hui, c'est donc aussi penser les conditions d'un nouvel équilibre entre État, collectivités, société civile et acteurs économiques, dans la construction d'un projet de développement partagé, cohérent et durable.

CHAPITRE 7. LES CADRES INSTITUTIONNELS DU DÉVELOPPEMENT TERRITORIAL

Introduction

La question du développement territorial ne peut être dissociée de celle des cadres institutionnels qui l'organisent, le rendent possible ou, au contraire, le contraignent. En Haïti, le cadre juridique et administratif du développement territorial repose depuis la Constitution de 1987 sur un principe central : celui de la décentralisation. Ce principe devait permettre une transformation profonde du rapport entre l'État central et les territoires, en conférant aux collectivités territoriales une autonomie politique, administrative et financière leur permettant de piloter localement leur développement. Trente-cinq ans après l'adoption de cette orientation, le constat d'un décalage persistant entre le droit et la réalité s'impose avec force.

Ce chapitre s'attache à interroger ce paradoxe. Car si le discours sur la décentralisation s'est institutionnalisé dans les textes, il reste largement inopérant dans les pratiques. Loin de constituer un levier de rééquilibrage territorial, la décentralisation haïtienne demeure inachevée, freinée par des résistances politiques, des fragilités administratives, un déficit de ressources, et une absence de vision stratégique coordonnée. Le développement territorial, dans ce contexte, se déploie dans un vide institutionnel partiel, où les collectivités locales sont souvent livrées à elles-mêmes, sans moyens, sans compétences claires, et sans véritable accompagnement de l'État.

L'organisation institutionnelle du territoire haïtien repose formellement sur trois niveaux de collectivités territoriales : la section communale, la commune et le département, dotés chacun d'un Conseil élu et censés exercer des compétences propres dans le domaine du développement local. Cette architecture, inspirée du modèle français, vise à rapprocher la décision publique des citoyens, à renforcer la démocratie de proximité, et à permettre une meilleure répartition des ressources et des responsabilités. Toutefois, cette organisation reste largement théorique : les chevauchements de compétences, l'absence de transfert effectif de moyens, la non-mise en œuvre de nombreuses dispositions législatives, et l'instabilité des autorités locales réduisent ces entités à un rôle secondaire.

Le ministère de l'Intérieur et des Collectivités Territoriales (MICT), censé encadrer et accompagner la mise en œuvre de la décentralisation, joue un rôle ambigu, oscillant entre contrôle hiérarchique, injonctions descendantes et manque d'impulsion politique. Les autres ministères sectoriels, de leur côté, interviennent souvent de manière verticale, sans articulation réelle avec les structures locales, contribuant à une fragmentation de l'action publique territoriale. Les partenaires techniques et financiers, quant à eux, multiplient les projets sans toujours s'ancrer dans les logiques institutionnelles existantes, ce qui affaiblit encore la légitimité des cadres nationaux de gouvernance territoriale.

Dans ce contexte, les cadres institutionnels du développement territorial apparaissent comme incomplets, déséquilibrés et peu opérants. La centralisation excessive, le cloisonnement administratif, la faiblesse du cadre légal secondaire, le manque de données territoriales fiables, et la faible culture de planification contribuent à une situation d'inertie institutionnelle. Pourtant, des expériences locales montrent qu'il est possible d'activer, à l'échelle communale ou intercommunale, des mécanismes de gouvernance territoriale plus inclusifs, plus adaptatifs, et potentiellement reproductibles. Il en va de même de certaines dynamiques de co-construction des politiques publiques, où collectivités, organisations de la société civile, universités et acteurs privés tentent de pallier les lacunes du cadre formel.

Ce chapitre propose donc une lecture critique de l'architecture institutionnelle du développement territorial en Haïti. Il s'agira dans un premier temps de retracer l'évolution du cadre légal et réglementaire de la décentralisation, en en soulignant les ambitions, les avancées et les blocages. Il conviendra ensuite d'analyser les rapports entre les niveaux de collectivités, les relations entre pouvoir central et territoires, et les logiques de fonctionnement des institutions locales. Enfin, une attention particulière sera portée à la question des moyens — humains, financiers, techniques — dont disposent (ou non) les acteurs territoriaux pour mettre en œuvre leurs missions.

L'enjeu de ce chapitre est double : il s'agit, d'une part, de montrer que le développement territorial ne peut s'improviser sans institutions fonctionnelles, cohérentes et légitimes ; d'autre part, de souligner que la réforme de la gouvernance territoriale est un préalable incontournable à toute stratégie de relance du développement durable, équitable et résilient en Haïti. En cela, il appelle à dépasser les déclarations de principe pour engager une refondation effective des cadres institutionnels au service des territoires.

7.1. STRUCTURE ADMINISTRATIVE ET DÉCENTRALISATION

La question de la décentralisation en Haïti est indissociable de l'histoire de la construction étatique et des formes d'organisation territoriale imposées par le pouvoir central depuis l'indépendance. Elle renvoie à une tension structurelle entre la concentration du pouvoir politique à Port-au-Prince et la volonté — plus récente — de reconnaître aux collectivités locales un rôle moteur dans le développement. La structure administrative actuelle du territoire haïtien reflète encore largement cette centralisation historique, tout en affichant une ambition de transformation par le biais de la décentralisation politique, administrative et financière, inscrite dans la Constitution de 1987.

1. Une architecture territoriale formellement décentralisée, mais institutionnellement centralisée

Sur le plan juridique, Haïti est divisée en dix départements, subdivisés en arrondissements, eux-mêmes divisés en communes, puis en sections communales. Si les départements et arrondissements sont principalement des circonscriptions administratives déconcentrées de l'État, les communes et les sections communales sont, quant à elles, définies comme collectivités territoriales dotées de la personnalité juridique et d'une autonomie financière (Constitution de 1987, art. 61 et 66). À cela s'ajoute la reconnaissance du département comme une collectivité territoriale à part entière, bien que son fonctionnement effectif dans cette optique demeure flou et peu opérationnel (L'Etat haïtien, 1987).

La Constitution de 1987 pose les bases d'une décentralisation intégrale, dans l'objectif de rapprocher l'État du citoyen, de favoriser la participation locale et de permettre aux collectivités d'élaborer leur propre projet de développement. Elle prévoit l'élection de trois types de conseils :

- Le Conseil d'administration de la section communale (CASEC) ;
- Le Conseil municipal dans les communes, composé d'un maire et de deux assesseurs ;
- Le Conseil départemental, dont la mise en œuvre est restée partielle.

Cependant, dans la pratique, cette structure demeure largement centralisée. Le pouvoir réel reste concentré entre les mains du pouvoir exécutif national, notamment à travers le ministère de l'Intérieur et des Collectivités Territoriales (MICT), qui exerce une tutelle forte sur les décisions locales. De nombreuses compétences reconnues aux collectivités par les textes — en matière d'aménagement du territoire, d'éducation, de santé, de développement économique ou de fiscalité locale — ne sont pas effectives, faute de décrets d'application, de moyens financiers et d'orientations stratégiques claires (Lambert & Providence, 2025).

2. Un processus de décentralisation inachevé

Depuis la fin des années 1980, plusieurs tentatives ont été menées pour opérationnaliser la décentralisation, notamment à travers le Plan national de décentralisation (PND), les documents d'orientation du MICT et l'accompagnement de partenaires techniques (Union européenne, PNUD, Banque mondiale). Toutefois, ces initiatives ont été entravées par de nombreux blocages structurels :

- Des conflits de compétences entre institutions ;
- Une instabilité politique chronique qui empêche la continuité des réformes ;
- Un vide juridique concernant la répartition des ressources ;
- Et une absence de volonté politique claire pour transférer le pouvoir réel vers les territoires (Dorner, 1998; Providence, 2025a).

Ainsi, les communes, qui devraient être les chevilles ouvrières du développement local, demeurent structurellement dépendantes de l'État central, tant pour leur financement (essentiellement assuré par des subventions centralisées et non pérennes) que pour l'exercice de leurs missions. Les recettes fiscales locales sont faibles, souvent mal collectées, et leur utilisation est peu transparente. Les sections communales, quant à elles, manquent cruellement de moyens humains et matériels, bien qu'elles soient souvent le premier échelon de contact entre l'administration et les citoyens dans les milieux ruraux.

3. Une déconcentration administrative sans coordination territoriale

En parallèle de la décentralisation, l'État haïtien a également mis en œuvre un processus de déconcentration administrative, à travers les directions départementales ou régionales des ministères sectoriels (santé, agriculture, éducation, travaux publics, etc.). Toutefois, cette déconcentration souffre de graves lacunes : elle est mal articulée avec les collectivités territoriales, souvent déconnectée des priorités locales, et encadrée par des logiques purement hiérarchiques. Les représentants déconcentrés de l'État ne sont pas soumis à l'autorité des élus locaux et agissent selon les directives des ministères à Port-au-Prince, ce qui contribue à une superposition des logiques institutionnelles et à une dilution des responsabilités.

L'absence de coordination entre collectivités territoriales et services déconcentrés constitue un obstacle majeur à la planification territoriale. Elle empêche l'élaboration de projets cohérents à l'échelle locale, entrave la mutualisation des ressources, et entretient une fragmentation des actions sur le terrain. En conséquence, les citoyens restent confrontés à une administration éclatée, peu lisible, souvent inefficace.

4. Vers une réinvention des cadres institutionnels territoriaux

Face à ce diagnostic, plusieurs voix plaident pour une refondation des cadres institutionnels du développement territorial. Cette refondation supposerait, d'une part, une clarification des compétences entre les différents niveaux de pouvoir (section, commune, département, État) ; d'autre part, une réforme en profondeur du cadre juridique et financier de la décentralisation, avec un transfert réel de ressources et de responsabilités. Elle nécessiterait également un accompagnement fort en matière de renforcement des capacités locales, tant sur le plan administratif que technique.

Au-delà des textes, il s'agit de repenser la gouvernance territoriale comme un processus de co-construction, associant les élus locaux, les citoyens, les organisations communautaires, les services déconcentrés et les partenaires internationaux. Des expériences menées dans certaines communes — à travers les Plans de développement communal (PDC), les conseils de développement local, ou les pactes intercommunaux — montrent que des alternatives sont possibles, dès lors qu'une volonté politique locale forte rencontre un appui adapté (PNUD, 2020; Providence, 2025b).

7.2. CADRES JURIDIQUES ET POLITIQUES PUBLIQUES

Le développement territorial repose en grande partie sur l'existence de cadres juridiques clairs, cohérents et appliqués, ainsi que sur des politiques publiques conçues de manière transversale, intégrée et territorialement ancrée. En Haïti, malgré une volonté affichée de promouvoir la décentralisation et de territorialiser l'action publique, les fondations juridiques restent lacunaires, tandis que les politiques publiques souffrent d'un éclatement sectoriel, d'une absence de vision partagée et d'un décalage entre normes et pratiques. Cette section analyse les limites du cadre normatif haïtien en matière de développement territorial, ainsi que les conséquences de l'architecture actuelle des politiques publiques sur la gouvernance territoriale.

1. Un cadre juridique incomplet et faiblement opérationnalisé

La Constitution de 1987 établit le principe de la décentralisation et confère aux collectivités territoriales des compétences larges en matière d'aménagement, de développement économique, d'éducation, de santé et de fiscalité locale. Toutefois, cette disposition constitutionnelle n'a jamais été pleinement traduite en corpus législatif cohérent. Plusieurs lois organiques essentielles n'ont pas été adoptées, retardant la mise en œuvre des transferts de compétences et de ressources vers les territoires. Parmi les textes manquants ou partiellement appliqués figurent :

- La loi sur l'organisation et le fonctionnement des collectivités territoriales ;
- La loi-cadre sur l'aménagement du territoire ;
- La loi de finances locale ;
- Et les décrets d'application des Plans de développement communal (PDC).

Cette absence de cadre juridique secondaire empêche l'application effective des principes constitutionnels. Elle place les collectivités territoriales dans une zone grise juridique, où les compétences restent floues, les responsabilités peu définies, et les arbitrages institutionnels difficiles. En outre, le peu de lois adoptées souffre d'un déficit de diffusion, de compréhension et d'appropriation par les élus locaux et les agents territoriaux, en raison de l'insuffisance des formations, du manque de vulgarisation juridique et de la complexité des textes (Dorner, 1998; Providence, 2025b).

2. Une incohérence stratégique des politiques publiques sectorielles

En parallèle à l'incomplétude du cadre normatif, les politiques publiques mises en œuvre en Haïti souffrent d'une fragmentation sectorielle et d'un manque de coordination interinstitutionnelle. Chaque ministère élabore ses propres stratégies sectorielles — éducation, santé, agriculture, transport, environnement — sans articulation réelle avec les collectivités territoriales ni cohérence entre les interventions dans l'espace. Les plans stratégiques sectoriels ne tiennent que rarement compte des Plans de développement communal (PDC) élaborés localement, et l'absence d'un schéma national d'aménagement du territoire empêche toute convergence territoriale des politiques (IHSI, 2018; PNUD, 2020).

Cette situation est aggravée par le rôle croissant des bailleurs internationaux, qui financent et mettent en œuvre de nombreux projets de développement sans ancrage dans une stratégie nationale coordonnée. La multiplicité des partenaires, la logique de projets ponctuels, la duplication des interventions et la faible appropriation institutionnelle contribuent à une instabilité et une faible durabilité des politiques publiques. Par conséquent, les territoires se trouvent soumis à des logiques d'intervention exogènes, souvent déconnectées de leurs priorités ou de leurs réalités.

3. Faible territorialisation de l'action publique

L'un des effets majeurs de cette incohérence est la faible territorialisation de l'action publique. En l'absence de données désagrégées, de cartographie des besoins, d'outils de diagnostic partagés ou de dispositifs de concertation multiniveaux, les politiques sont élaborées « en chambre », sans réelle prise en compte des spécificités locales. Les collectivités territoriales sont rarement associées à la définition des programmes, encore moins à leur exécution ou à leur évaluation. Elles sont le plus souvent cantonnées à un rôle d'exécutant ou de relais local de politiques conçues au niveau central (World Bank, 2021).

Cette situation entretient une double fracture :

- Une fracture horizontale entre les différents ministères, incapables de coordonner leurs actions dans les territoires ;
- Une fracture verticale entre l'État central et les collectivités, ces dernières étant souvent perçues comme peu compétentes, voire illégitimes, pour intervenir sur des enjeux stratégiques.

Pourtant, les quelques expériences de planification territoriale concertée — notamment à travers les PDC dans certaines communes comme Hinche, Jérémie ou Petit-Goâve — ont montré que lorsque les collectivités sont appuyées techniquement, dotées d'un cadre légal et associées aux financements, elles peuvent porter des projets de développement cohérents, réalistes et adaptés aux besoins des populations (UN-Habitat, 2021).

4. Vers une refonte des instruments juridiques et stratégiques du développement territorial

Au regard de ces constats, plusieurs leviers apparaissent nécessaires pour refonder le cadre juridique et stratégique du développement territorial en Haïti :

- L'adoption rapide des textes de loi encadrant le fonctionnement des collectivités, les finances locales et la décentralisation ;
- La clarification des compétences et la standardisation des responsabilités entre niveaux territoriaux ;
- La mise en place d'un cadre de planification national articulant les documents de planification centrale (PSDH, plans sectoriels) avec les PDC et les schémas intercommunaux ;
- La création de mécanismes de coordination interinstitutionnelle pour rompre avec l'approche en silos.

Ces réformes devront s'accompagner d'un investissement dans les capacités juridiques et stratégiques des collectivités locales, en renforçant leur autonomie, leur légitimité et leur capacité à piloter des projets de territoire. Cela implique aussi un changement de culture administrative au sein de l'État central, afin de considérer les collectivités non plus comme de simples relais d'exécution, mais comme des partenaires de plein droit dans la construction des politiques publiques.

7.3. DYNAMIQUES D'ACTEURS ET RECONFIGURATIONS LOCALES

Alors que les cadres juridiques et les politiques publiques peinent à territorialiser efficacement le développement en Haïti, le fonctionnement réel des territoires repose de plus en plus sur une constellation d'acteurs locaux, institutionnels ou non, qui contribuent — parfois de manière informelle ou non coordonnée — à la régulation des espaces, à la fourniture de services et à l'animation des initiatives de développement. Cette situation, souvent décrite comme relevant de la fragmentation ou de la « gouvernance par défaut », peut également être interprétée comme l'expression d'une gouvernance plurielle, adaptative, en réponse aux insuffisances de l'État central.

Cette section propose d'analyser ces dynamiques d'acteurs locaux, en mettant en lumière les recompositions qui s'opèrent à l'échelle des territoires : montée en puissance de certaines collectivités locales, engagement des organisations de la société civile, implication croissante des diasporas, émergence de formes hybrides de gouvernance, et rôles ambigus des ONG et des partenaires internationaux.

1. Les collectivités territoriales : entre impuissance structurelle et marges d'autonomie

Les communes, bien qu'affaiblies par le manque de moyens, de compétences et de clarté institutionnelle, jouent un rôle central dans la gouvernance locale. Dans plusieurs cas, notamment lorsque les maires bénéficient d'un ancrage social fort, d'un accompagnement technique et d'un accès à des réseaux de coopération, ils parviennent à initier ou coordonner des dynamiques locales de développement. Les Plans de développement communal (PDC), lorsqu'ils sont élaborés de manière participative, peuvent servir de leviers pour mobiliser les acteurs, attirer des financements et structurer les priorités territoriales (Providence, 2022; Lambert & Providence, 2025).

Cependant, cette capacité d'action demeure très inégale selon les communes. La dépendance à l'État central et aux bailleurs, le clientélisme, l'absence de fiscalité locale efficace et l'instabilité politique réduisent fortement les marges de manœuvre de nombreuses collectivités. En l'absence de stratégie nationale de renforcement des capacités locales, cette hétérogénéité risque d'approfondir les inégalités territoriales.

2. Les organisations communautaires et la société civile : des acteurs de proximité

Dans les quartiers urbains comme dans les zones rurales reculées, les organisations communautaires de base (OCB), les comités de développement, les associations de jeunes, de femmes ou de cultivateurs jouent un rôle souvent décisif dans la gestion quotidienne des besoins collectifs : approvisionnement en eau, entretien des chemins, organisation de l'école communautaire, gestion des risques, initiatives culturelles ou agricoles. Ces organisations pallient les défaillances institutionnelles et entretiennent des formes de gouvernance informelle qui, bien que peu reconnues, assurent une certaine cohésion sociale et fonctionnent comme des instances de médiation et de concertation (Fardin, 2011; Fatton, 2002).

Leur rapport avec les pouvoirs publics est ambivalent : elles peuvent entrer en complémentarité, en concurrence ou en résistance, selon les contextes. Mais elles représentent un capital social et organisationnel considérable, souvent sous-utilisé dans la conception des politiques territoriales.

3. Les ONG et les partenaires techniques : entre substitution et co-construction

Les ONG nationales et internationales jouent un rôle prépondérant dans le paysage haïtien depuis plusieurs décennies, notamment dans les domaines de l'éducation, de la santé, de l'habitat et de la sécurité alimentaire. Elles sont souvent mieux dotées que les institutions publiques locales et opèrent dans des logiques de substitution face à l'absence ou à l'impuissance de l'État.

Si certaines ONG travaillent de manière concertée avec les collectivités, en soutenant la planification locale, la formation ou la gestion de services publics, d'autres mènent des interventions ponctuelles, verticales et peu intégrées aux dynamiques locales. Cette ambivalence structurelle pose la question de la coordination entre acteurs, de la cohérence des projets et de la durabilité des actions. Elle interroge aussi le rôle de l'État comme régulateur des interventions extérieures (Providence, 2015; UN-Habitat, 2021).

4. Les diasporas : un acteur économique et politique émergent

Les diasporas haïtiennes, longtemps perçues comme simples pourvoyeuses de transferts financiers, s'impliquent de plus en plus dans des projets de développement local : construction d'écoles, équipements de santé, infrastructures de base, appui à des initiatives entrepreneuriales. Leur mobilisation repose souvent sur des réseaux communautaires transnationaux, des associations de ressortissants ou des projets familiaux, et témoigne d'un attachement territorial fort, malgré l'éloignement géographique (Audebert, 2012).

Cependant, cette mobilisation reste souvent informelle et peu structurée, faute de mécanismes institutionnels d'articulation entre l'État, les collectivités locales et les diasporas. La mise en place de cadres de co-investissement territorial, de partenariats structurés et d'espaces de dialogue institutionnalisés permettrait de transformer ce potentiel en véritable levier de développement territorial.

5. Vers une gouvernance territoriale plurielle et négociée

Ces différentes dynamiques révèlent que la gouvernance territoriale en Haïti ne repose pas uniquement sur les institutions publiques formelles. Elle est plurielle, distribuée, et souvent informelle, mobilisant une diversité d'acteurs aux logiques, ressources et légitimités variables. Plutôt que d'y voir une faiblesse, cette pluralité peut constituer une ressource stratégique, à condition d'être reconnue, organisée et articulée dans un cadre de gouvernance partagée.

Cela suppose de créer des espaces de dialogue multiacteurs, à l'échelle communale ou intercommunale, où se rencontrent collectivités locales, services déconcentrés, société civile, ONG, secteurs privés et diasporas. Il s'agit aussi d'appuyer les dynamiques locales existantes, d'adapter les cadres juridiques à cette diversité, et de penser une gouvernance territoriale fondée non pas sur la verticalité, mais sur la négociation, la concertation et la co-production.

7.4. DÉFIS ET OPPORTUNITÉS DES CADRES INSTITUTIONNELS

L'examen des fondements et des dynamiques de la gouvernance territoriale en Haïti révèle une situation marquée par une profonde ambivalence : d'un côté, une architecture institutionnelle inachevée, fortement centralisée, marquée par des déficits de coordination, de capacités et de légitimité ; de l'autre, une pluralité d'acteurs territoriaux qui, malgré les contraintes, s'engagent dans des initiatives innovantes et parfois structurantes. Cette section propose une lecture croisée des principaux défis que posent les cadres institutionnels actuels au développement territorial, tout en identifiant les opportunités de réforme et de réinvention à partir des pratiques de terrain, des dynamiques sociales et des cadres juridiques mobilisables.

1. Défis structurels : centralisation, fragmentation et asymétrie des pouvoirs

Le premier défi réside dans l'extrême centralisation du pouvoir exécutif, qui freine toute tentative sérieuse de transfert de compétences aux collectivités territoriales. Les administrations déconcentrées des ministères fonctionnent selon des logiques verticales, peu articulées avec les élus locaux. Les décisions budgétaires, les priorités d'investissement et les mécanismes de financement restent largement monopolisés par Port-au-Prince, réduisant les marges de manœuvre des communes et des sections communales à des fonctions d'exécution ou de gestion quotidienne (World Bank, 2021).

À cette centralisation s'ajoute une fragmentation institutionnelle : chevauchements de compétences, absence de schéma national d'aménagement du territoire, faible interopérabilité des bases de données territoriales, superposition d'interventions non coordonnées entre ministères, ONG, bailleurs et collectivités. Cette fragmentation entretient la confusion des rôles, la duplication des efforts et, in fine, l'inefficacité des politiques publiques sur le terrain (Providence, 2022; PNUD, 2020).

Enfin, on observe une asymétrie persistante entre les territoires, liée à des facteurs historiques, économiques et politiques. Certaines communes (souvent urbaines, proches de la capitale ou dotées de ressources naturelles) parviennent à attirer des financements, à professionnaliser leurs équipes et à construire des partenariats, tandis que d'autres, rurales ou périphériques, restent exclues des flux décisionnels et des dispositifs de renforcement des capacités.

2. Défis fonctionnels : déficit de capacités, d'outils et de financement

Au-delà des structures, les cadres institutionnels souffrent d'un manque de moyens humains, techniques et financiers. De nombreuses collectivités territoriales ne disposent pas de personnel qualifié en planification, ingénierie, finances ou développement local. Les ressources fiscales locales sont faibles, mal collectées et insuffisamment redistribuées. Les outils de planification sont peu maîtrisés, souvent produits par des consultants externes sans appropriation locale, et rarement mis à jour (IHSI, 2018; Lambert & Providence, 2025).

La défaillance du cadre de financement de la décentralisation est particulièrement problématique. L'absence de mécanismes pérennes de transfert de ressources — en dehors de subventions ponctuelles ou de projets financés par des bailleurs — empêche toute programmation à moyen ou long terme. Les collectivités sont piégées dans une logique de dépendance et de précarité institutionnelle qui les empêche de se projeter dans des démarches stratégiques.

3. Opportunités d'action : potentialités d'une gouvernance territorialisée

Malgré ces défis, des opportunités concrètes existent pour refonder les cadres institutionnels du développement territorial, à condition de partir des dynamiques locales et de privilégier une approche pragmatique, évolutive et contextuelle.

La première opportunité tient à l'émergence d'une culture locale de planification, à travers les Plans de développement communal (PDC), qui, dans certaines communes, deviennent des instruments d'orientation, de dialogue et de négociation avec les partenaires. Lorsqu'ils sont co-construits, participatifs et suivis dans le temps, ces plans permettent de structurer les priorités locales et de favoriser l'appropriation par les citoyens et les élus (PNUD, 2020; UN-Habitat, 2021).

La seconde opportunité réside dans le rôle croissant des collectivités territoriales comme acteurs politiques. Plusieurs communes commencent à s'organiser en réseau (associations intercommunales, plateformes régionales), à mutualiser leurs ressources, à porter des projets collectifs et à dialoguer directement avec les bailleurs ou les ministères sectoriels. Ces initiatives, encore fragiles, traduisent une volonté d'affirmation territoriale qui pourrait être consolidée par un accompagnement ciblé.

La troisième opportunité vient de la mobilisation d'acteurs non institutionnels — société civile, ONG locales, diasporas, institutions universitaires — qui jouent un rôle essentiel dans la mise en œuvre d'initiatives de développement, la production de données, la formation ou le plaidoyer pour la gouvernance locale. Leur implication dans des dispositifs de gouvernance concertée (comités locaux de pilotage, observatoires citoyens, partenariats public-privé) pourrait renforcer la légitimité des actions territoriales.

4. Vers un agenda de réforme : leviers pour une gouvernance plus inclusive

Au regard de ces défis et opportunités, plusieurs leviers de réforme peuvent être identifiés :

- Clarifier les compétences entre niveaux territoriaux et ministères pour éviter les redondances et les conflits institutionnels ;
- Adopter un cadre légal complet sur les collectivités territoriales (organisation, finances, fiscalité, planification) et en assurer la diffusion et la vulgarisation ;
- Mettre en place un fonds de dotation territoriale stable, adossé à une clé de répartition transparente et équitable ;
- Renforcer les capacités locales, par la formation, la coopération décentralisée et les partenariats avec les universités ou les institutions techniques ;
- Instaurer des dispositifs de coordination multiniveaux (communal, départemental, national) pour articuler les politiques publiques, les plans locaux et les stratégies nationales.

Enfin, toute réforme doit reposer sur un principe fondamental : la reconnaissance des territoires comme espaces de décision et de projet, portés par une diversité d'acteurs légitimes. Cela suppose de rompre avec la méfiance verticale, de faire confiance aux initiatives locales, et d'investir dans la construction de capacités collectives, au service d'un développement équitable et durable.

Conclusion du chapitre 7

L'examen des cadres institutionnels du développement territorial en Haïti, tel que mené tout au long de ce chapitre, met en évidence une série de contradictions fondamentales entre les ambitions affichées par les textes et la réalité de la gouvernance sur le terrain. Si la Constitution de 1987 consacre la décentralisation comme principe structurant de l'organisation territoriale, les dispositifs juridiques et administratifs qui en découlent restent largement inopérants, ou du moins inaboutis. Le processus de décentralisation demeure fragmenté, faiblement institutionnalisé, et peu soutenu par des moyens politiques et financiers à la hauteur des enjeux.

Les collectivités territoriales — sections communales, communes et départements — sont confrontées à une série de contraintes majeures : faiblesse des ressources propres, dépendance au pouvoir central, absence de cadre légal complet, déficits en matière de personnel qualifié et d'outils de planification, et difficultés de coordination avec les services déconcentrés de l'État. Ces contraintes ne sont pas simplement techniques ou budgétaires : elles traduisent un problème structurel de reconnaissance des territoires comme espaces de pouvoir, de légitimité et de production de politiques publiques.

Dans le même temps, les politiques publiques nationales se déploient dans une logique sectorielle cloisonnée, avec peu d'articulation entre ministères, peu de prise en compte des réalités locales, et une forte dépendance à des projets exogènes portés par les partenaires internationaux. L'absence d'un cadre stratégique intégré — tel qu'un schéma national d'aménagement du territoire effectif — aggrave encore cette fragmentation. Les collectivités locales ne sont que rarement associées à la définition des priorités nationales, ce qui accentue leur marginalisation et affaiblit la pertinence territoriale des actions engagées.

Pourtant, le paysage institutionnel haïtien n'est pas figé. Comme le chapitre l'a montré, des dynamiques locales de recomposition sont à l'œuvre. Certaines communes expérimentent des modèles de gouvernance plus participatifs, plus horizontaux, plus en phase avec les besoins de leurs populations. Des acteurs non institutionnels — sociétés civiles locales, organisations communautaires, ONG nationales, diasporas — jouent un rôle actif dans la structuration des projets territoriaux. Ces expériences, encore trop isolées et fragiles, traduisent néanmoins une volonté croissante de faire des territoires des espaces d'innovation, d'apprentissage et de coopération.

Dès lors, le principal enjeu réside dans la réinvention des cadres institutionnels, à partir de cette réalité plurielle. Il ne s'agit pas simplement de perfectionner l'existant, mais d'opérer un changement de paradigme dans la conception même de la gouvernance territoriale. Cette refondation implique :

- De clarifier les compétences et les responsabilités entre niveaux de gouvernance ;
- D'assurer un transfert réel et stable de ressources aux collectivités ;
- De repenser le rôle de l'État central non comme acteur omnipotent, mais comme garant de la cohésion territoriale et facilitateur des dynamiques locales ;
- Et d'instaurer des mécanismes de planification et de coordination ancrés dans les pratiques concrètes des territoires.

Un tel changement ne pourra advenir sans une volonté politique forte, sans un dialogue national sur les priorités du développement territorial, et sans un investissement massif dans les capacités locales, matérielles et humaines. Il nécessite également une approche multiacteurs et multiniveaux, où les collectivités, la société civile, les universités, les entreprises locales et les partenaires techniques trouvent leur place dans un projet commun de gouvernance.

En définitive, les cadres institutionnels du développement territorial en Haïti ne peuvent plus être conçus comme des instruments normatifs descendus du sommet. Ils doivent devenir les soutiens d'une intelligence territoriale partagée, capables de concilier les impératifs de l'État avec les dynamiques des territoires, et de créer les conditions d'un développement équitable, résilient et ancré dans la diversité du pays.

CHAPITRE 8. POLITIQUES SECTORIELLES ET TERRITORIALISATION DE L'ACTION PUBLIQUE

Introduction

La crise du développement en Haïti ne saurait être comprise sans une lecture critique des politiques publiques sectorielles qui, depuis plusieurs décennies, orientent l'action de l'État. Santé, éducation, agriculture, infrastructures, environnement, sécurité alimentaire ou logement : autant de domaines d'intervention où les politiques nationales ont été formulées, souvent avec l'appui de bailleurs internationaux, dans des logiques verticales, technocratiques et faiblement ancrées dans les réalités territoriales. Le constat d'une fragmentation des interventions publiques, d'un manque de cohérence intersectorielle et d'une absence d'adaptation aux spécificités locales est récurrent dans les analyses institutionnelles, les rapports d'évaluation de programmes et les diagnostics territoriaux.

Ce chapitre propose d'examiner la manière dont les politiques sectorielles s'articulent — ou non — aux territoires, en interrogeant les mécanismes de territorialisation de l'action publique en Haïti. En d'autres termes, il s'agit d'évaluer dans quelle mesure les politiques définies au niveau central sont capables de prendre en compte les dynamiques locales, les besoins différenciés des territoires, les capacités des acteurs de terrain, et les inégalités structurelles entre régions. La question de la cohérence spatiale des politiques publiques est ici centrale : comment éviter que les interventions se superposent sans synergie ? Comment faire en sorte qu'elles renforcent les capacités locales, qu'elles soutiennent la planification communale, qu'elles contribuent à la résilience des territoires ?

La territorialisation de l'action publique n'est pas une simple modalité d'implémentation des programmes. Elle renvoie à une transformation du mode de gouvernance, où l'on passe d'une logique descendante à une logique coopérative et co-constructive. Cela implique de déconcentrer effectivement les services de l'État, d'institutionnaliser la participation des collectivités territoriales dans la conception et la mise en œuvre des politiques sectorielles, et de favoriser les articulations intersectorielles à l'échelle territoriale. Ce changement suppose aussi de redéfinir les outils de planification, de programmation et d'évaluation, en intégrant des indicateurs territoriaux, des dispositifs de suivi partagés et des mécanismes de financement différenciés.

Or, en Haïti, la réalité reste éloignée de cet idéal. Les politiques sectorielles sont souvent élaborées selon des logiques d'urgence, pilotées depuis les ministères, peu coordonnées entre elles, et dépendantes de l'agenda des bailleurs de fonds. Les collectivités territoriales, censées être les piliers de la décentralisation, sont rarement impliquées dans la définition des priorités, dans l'exécution des programmes, ou dans leur suivi. Les Plans de développement communal (PDC), bien qu'existants dans certaines communes, ne sont que rarement mobilisés comme base de référence pour l'intervention publique. Quant aux instruments de coordination interinstitutionnelle — comités techniques, tables sectorielles, comités de pilotage décentralisés — ils restent embryonnaires, instables, ou purement formels.

Néanmoins, des expériences locales de territorialisation existent, qu'il s'agisse d'initiatives menées par des mairies appuyées par des ONG ou des universités, de projets multisectoriels articulés autour d'un diagnostic territorial, ou de plateformes de dialogue entre acteurs publics et privés. Ces expérimentations, bien que marginales, ouvrent des perspectives pour penser une autre manière de concevoir et de conduire l'action publique, en partant des besoins, des ressources et des dynamiques propres à chaque territoire.

Ce chapitre vise à explorer les conditions de faisabilité d'une véritable intégration spatiale des politiques sectorielles, dans une perspective de développement territorial durable. Il analysera d'abord les caractéristiques structurelles des politiques sectorielles en Haïti et les obstacles à leur territorialisation. Il s'intéressera ensuite aux initiatives de planification locale et aux tentatives de coordination multiacteurs et multiniveaux. Enfin, il proposera des pistes d'action pour refonder l'action publique sur une logique de co-responsabilité territoriale, capable de produire des synergies, de renforcer la cohésion sociale, et de réduire les inégalités spatiales.

L'enjeu est clair : passer d'une politique pour les territoires à une politique avec les territoires, en reconnaissant leur capacité d'initiative, en soutenant leurs projets, et en construisant avec eux les conditions d'une gouvernance partagée, efficace et équitable.

8.1. ANALYSE DES PRINCIPALES POLITIQUES SECTORIELLES ET DE LEUR TERRITORIALISATION

En Haïti, les politiques publiques sectorielles sont censées répondre aux priorités nationales en matière de développement humain, de croissance économique, de résilience environnementale et de réduction des inégalités. Toutefois, dans la pratique, ces politiques restent faiblement articulées au niveau territorial, tant en amont (lors de leur conception) qu'en aval (dans leur mise en œuvre). Cette section propose une lecture critique de plusieurs politiques sectorielles majeures — santé, éducation, agriculture, aménagement du territoire et environnement — à travers le prisme de leur capacité ou non à intégrer les spécificités locales, à mobiliser les collectivités territoriales et à s'inscrire dans une logique de développement territorial durable.

1. Politique de santé : centralisation administrative et inégalités spatiales

Le système de santé haïtien repose sur une architecture mixte, combinant offre publique, secteur privé et acteurs humanitaires. Malgré les efforts déployés à travers la Politique nationale de santé (PNS) et les Plans stratégiques décennaux successifs, l'offre de soins reste fortement centralisée, concentrée dans les pôles urbains, et largement inégalitaire selon les territoires (MSPP, 2018).

Les directions départementales du Ministère de la Santé publique et de la Population (MSPP) assurent théoriquement la déconcentration, mais leur capacité d'intervention est limitée par le manque de moyens, la centralisation des décisions, et la faible coordination avec les autorités locales. La territorialisation de la politique de santé est aussi entravée par l'absence de diagnostics sanitaires intégrés dans les Plans de développement communal (PDC), et par la difficulté à articuler les initiatives locales avec les interventions des ONG, qui restent prédominantes dans plusieurs départements (Providence, 2020).

2. Politique éducative : inadéquation structurelle et absence d'ancrage local

Le secteur de l'éducation souffre d'un double déséquilibre : une concentration des établissements de qualité dans les zones urbaines, et une prolifération d'écoles privées à faible encadrement dans les zones rurales ou périphériques. La politique éducative, bien que déclinée dans des plans stratégiques nationaux (PNE, PSDEF), reste conçue et pilotée au niveau central, avec peu de prise en compte des réalités locales (MENFP, 2020).

Les directions départementales du Ministère de l'Éducation nationale et de la Formation professionnelle (MENFP) manquent de capacités pour accompagner les collectivités territoriales, qui, bien qu'autonomes par principe, n'ont pas de compétence légale claire dans ce domaine. Par ailleurs, l'élaboration des PDC intègre rarement des volets éducatifs territorialisés, faute de dialogue structuré entre les communes et les représentants du MENFP. Cela génère un décalage entre l'offre éducative nationale et les besoins socioterritoriaux spécifiques, notamment en matière d'alphabétisation, de formation professionnelle ou de langue d'enseignement.

3. Politique agricole : faiblesse de l'ancrage territorial et marginalisation des collectivités

L'agriculture, bien qu'elle représente une part importante de l'emploi (environ 40 % de la population active), est traitée dans les politiques publiques comme un secteur productif isolé, et non comme un levier de développement territorial intégré. Les interventions du Ministère de l'Agriculture, des Ressources naturelles et du Développement rural (MARNDR) sont pilotées depuis Port-au-Prince, selon des logiques technico-sectorielles, sans coordination suffisante avec les communes, les sections communales ou les groupements d'agriculteurs (MARNDR, 2017).

Les plans agricoles régionaux, lorsqu'ils existent, sont rarement alignés avec les PDC, et ne s'appuient pas sur une vision territorialisée de la transition agraire, de la gestion foncière ou de la valorisation des terroirs. De nombreuses collectivités rurales ne sont pas associées à la planification des filières agricoles ni à la gestion des ressources naturelles. Cette déconnexion contribue à la désarticulation entre politique agricole, gestion des bassins de production et aménagement rural (Lundahl, 2011; PNUD, 2020).

4. Politique d'aménagement du territoire : l'absence de cadre intégré

L'un des grands paradoxes de l'action publique en Haïti est l'absence de schéma national d'aménagement du territoire (SNAT) opérationnel, malgré l'accumulation de plans, d'études et de recommandations produits par des institutions nationales et internationales depuis les années 1990. En l'absence de ce cadre stratégique, les politiques sectorielles se déploient sans orientation spatiale commune, et les investissements publics ne répondent pas à une logique de rééquilibrage territorial.

L'aménagement du territoire, censé être un domaine transversal de pilotage du développement spatial, est institutionnellement morcelé entre plusieurs entités (MTPTC, UCLBP, CIAT), sans leadership clair ni coordination efficace. Les collectivités territoriales, quant à elles, ne disposent pas des compétences ni des ressources nécessaires pour mettre en œuvre des plans locaux d'aménagement ou pour négocier des projets structurants avec les autorités centrales (Lambert & Providence, 2025; World Bank, 2021).

5. Politique environnementale : territorialisation partielle et dispositifs émergents

Face à la vulnérabilité environnementale aiguë du pays — érosion, déforestation, insécurité hydrique, risques sismiques et cycloniques —, plusieurs politiques environnementales ont été formulées (Stratégie nationale environnementale, Plans de gestion des bassins versants). Toutefois, leur mise en œuvre reste partielle, peu coordonnée, et souvent non territorialisée.

Certaines expériences locales, soutenues par des ONG ou des projets pilotes (ex. gestion communautaire des ressources naturelles, agroforesterie, reboisement participatif), montrent cependant qu'il est possible d'ancrer l'action environnementale dans les dynamiques locales. Mais ces initiatives restent encore trop dépendantes de financements extérieurs, et peu intégrées dans une stratégie nationale cohérente. L'enjeu est donc de territorialiser la gouvernance environnementale, en associant les collectivités, les organisations communautaires et les acteurs techniques dans la gestion des écosystèmes locaux (Schuller, 2012; PNUD, 2020).

L'analyse des principales politiques sectorielles montre une faible territorialisation de l'action publique en Haïti, marquée par un pilotage centralisé, une coordination insuffisante, et une faible implication des collectivités locales. Si certaines dynamiques territoriales existent, elles restent isolées, dépendantes de projets extérieurs ou non institutionnalisés. La prochaine section proposera de s'intéresser aux conditions de renforcement de la territorialisation, à travers les outils de planification locale, les pratiques de coordination multiacteurs, et les mécanismes d'appropriation politique par les territoires.

8.2. INITIATIVES LOCALES DE PLANIFICATION ET COORDINATION MULTI-ACTEURS

Face à la centralisation persistante de l'action publique en Haïti et à la faible territorialisation des politiques sectorielles, des initiatives locales de planification émergent dans plusieurs territoires, portées par des collectivités, des ONG, des universités ou des réseaux communautaires. Bien que souvent soutenues par des partenaires internationaux, ces démarches traduisent une volonté de réappropriation de la planification, d'institutionnalisation du dialogue local et de construction d'une vision territoriale partagée du développement. Cette section explore ces dynamiques ascendantes, en mettant l'accent sur les pratiques de planification participative, les expériences de gouvernance locale collaborative, et les mécanismes de coordination multiacteurs.

1. Les Plans de développement communal (PDC) : un outil de mobilisation territoriale

Les Plans de développement communal (PDC), impulsés notamment par le Ministère de l'Intérieur et des Collectivités Territoriales (MICT) avec l'appui du Programme des Nations Unies pour le développement (PNUD), visent à doter chaque commune d'un cadre stratégique de planification locale fondé sur un diagnostic participatif, une hiérarchisation des priorités et un plan d'action pluriannuel. Dans plusieurs communes (Hinche, Jacmel, Ouanaminthe, Jérémie), ces plans ont permis de fédérer les acteurs autour d'un projet commun, de structurer la relation avec les bailleurs, et de servir de base à la négociation des projets sectoriels (PNUD, 2020).

Toutefois, ces PDC rencontrent plusieurs limites : leur mise en œuvre dépend souvent de la mobilisation de financements extérieurs ; ils souffrent parfois d'un déficit d'appropriation par les élus ou les techniciens communaux ; et leur articulation avec les documents nationaux ou régionaux reste encore embryonnaire. Néanmoins, ils constituent un levier important pour ancrer l'action publique dans les territoires, à condition qu'ils soient inscrits dans un dispositif institutionnel stable et accompagnés dans le temps.

2. La participation communautaire et les processus de co-construction

De nombreuses initiatives locales montrent que la planification peut devenir un espace de concertation et de co-construction lorsqu'elle associe les citoyens, les organisations de la société civile, les entreprises locales, les jeunes, les femmes et les personnes historiquement marginalisées. À Jérémie, par exemple, la mise en place de comités locaux d'appui à la planification a permis d'intégrer les besoins des quartiers défavorisés dans le PDC. À Terrier-Rouge, des coopératives agricoles ont été intégrées dans les réflexions sur l'aménagement des terres cultivables, avec un accompagnement technique de l'Université d'État d'Haïti.

Ces pratiques favorisent l'appropriation des outils de planification, renforcent la légitimité des décisions et facilitent la mise en œuvre locale des politiques publiques. Elles contribuent à la création d'un capital institutionnel local, fondé sur la confiance, la transparence et l'apprentissage collectif (Lambert & Providence, 2025; RNDDH, 2020).

3. La coordination multiacteurs : une condition de l'efficacité territoriale

Un autre aspect central de la territorialisation de l'action publique est la capacité à organiser des espaces de coordination entre les différents acteurs présents sur un territoire : services déconcentrés de l'État, élus municipaux, ONG, agences de coopération, acteurs privés, institutions religieuses et universitaires. Dans certaines communes, des plateformes de concertation (tables sectorielles, comités de pilotage, forums intercommunaux) ont été expérimentées pour améliorer la synergie entre les initiatives et éviter les redondances ou les conflits d'intervention (UN-Habitat, 2021).

Ces dispositifs de gouvernance collaborative restent toutefois fragiles : ils dépendent souvent de la volonté individuelle d'un maire ou d'un partenaire international, manquent de base juridique, et ne bénéficient pas toujours d'un secrétariat ou d'une animation pérenne. Mais lorsqu'ils fonctionnent, ils permettent de réduire la fragmentation de l'action publique, d'identifier des complémentarités et d'articuler les logiques institutionnelles avec les dynamiques locales.

4. Rôle des universités et de la recherche territoriale

Les universités haïtiennes, bien que confrontées à des difficultés structurelles, jouent un rôle croissant dans l'appui à la planification territoriale. Par le biais de projets de recherche-action, d'expertises locales, de stages d'étudiants ou de partenariats avec les communes, elles contribuent à la production de données territoriales, à la formation des agents municipaux et à l'élaboration de méthodologies de planification adaptées aux contextes locaux. L'Université Publique du Sud aux Cayes, l'Université d'État à Cap-Haïtien et des structures comme Quisqueya, l'Université Notre-Dame ou l'Institut Universitaire des Sciences (IUS) ont notamment développé des projets dans ce sens (Providence, 2022).

Cet engagement académique renforce la capacité des territoires à penser leur propre développement, en s'appuyant sur des connaissances contextualisées, une expertise locale et une démarche critique. Il contribue aussi à la construction d'une gouvernance fondée sur le dialogue entre savoirs scientifiques, savoirs d'usage et logiques politiques.

5. Vers une institutionnalisation de la planification territoriale

Pour que ces dynamiques locales s'inscrivent dans la durée, il est nécessaire de consolider les mécanismes institutionnels de planification territoriale. Cela implique :

- L'intégration formelle des PDC dans les processus de programmation budgétaire nationale et sectorielle ;

- La création de guichets techniques et financiers d'appui aux communes pour la mise en œuvre de leurs plans ;
- La standardisation des méthodologies de planification, tout en les adaptant aux réalités locales ;
- Et la formation continue des acteurs impliqués (élus, techniciens, facilitateurs).

Il s'agit de passer d'une logique de projet ponctuel à une culture de planification territoriale partagée, soutenue par une ingénierie publique territorialisée, des institutions légitimes et des partenariats durables.

8.3. REPENSER LES POLITIQUES PUBLIQUES À PARTIR DES TERRITOIRES

Les analyses précédentes ont mis en lumière les limites systémiques des politiques publiques sectorielles en Haïti : faible coordination, absence d'ancrage territorial, déconnexion entre planification nationale et besoins locaux, fragmentation institutionnelle. À l'opposé de cette verticalité inefficace, les expériences de planification participative, les dynamiques multiacteurs et les initiatives locales montrent que les territoires ne sont pas de simples récepteurs passifs de l'action publique, mais bien des espaces porteurs d'innovation, de négociation et de coproduction. Cette section explore les conditions nécessaires à une reconfiguration de l'action publique à partir des territoires, en soulignant les enjeux de subsidiarité, d'institutionnalisation, de reconnaissance politique et de construction de partenariats durables.

1. De la centralisation à la subsidiarité active

La réorientation des politiques publiques nécessite d'abord une transformation de leur mode de production. Au lieu de concevoir les politiques sectorielles au niveau central pour les appliquer indistinctement sur l'ensemble du territoire, il convient d'adopter un principe de subsidiarité, selon lequel la décision et la mise en œuvre doivent être confiées au niveau le plus proche des populations, dès lors que les capacités existent ou peuvent être renforcées (Abric, 1994; Desmesvar, 1874). Cela suppose une reconnaissance effective des collectivités territoriales comme des acteurs co-responsables des politiques publiques, capables de participer à leur définition, leur adaptation et leur évaluation.

Cette logique de subsidiarité ne se limite pas à la décentralisation institutionnelle : elle implique également une recomposition des circuits décisionnels, fondée sur la concertation, l'intersectorialité et la différenciation territoriale. Elle remet en cause la croyance dans un modèle unique de développement, en valorisant la diversité des situations locales, des priorités, des ressources et des trajectoires.

2. Vers une territorialisation stratégique des politiques sectorielles

Repenser l'action publique à partir des territoires impose aussi d'opérer un changement de posture des institutions sectorielles. Les ministères doivent dépasser une logique de « guichet technique » pour adopter une approche plus transversale, ancrée dans la réalité des territoires. Cela implique :

- De croiser les politiques sectorielles avec les diagnostics et plans locaux (PDC, schémas de planification territoriale) ;
- D'intégrer les collectivités territoriales dans les comités de pilotage des programmes sectoriels ;
- D'adapter les dispositifs d'intervention (budgets, normes, procédures) aux capacités différenciées des communes et départements ;
- Et de développer des indicateurs de performance territorialisés, permettant d'évaluer l'impact réel des politiques publiques dans les territoires (Banque Mondiale, 2021; Banque Mondiale, 2024; Bureau intégré des Nations Unies en Haïti, 2024).

Cette territorialisation stratégique suppose la mise en place de systèmes d'information géographique (SIG) partagés, de bases de données désagrégées, et de plateformes collaboratives entre niveaux de gouvernance. Elle demande aussi une culture administrative plus flexible, orientée vers les résultats, l'expérimentation et l'apprentissage collectif.

3. La territorialisation comme levier de légitimation de l'État

Dans un contexte haïtien marqué par une crise de légitimité et une défiance envers les institutions, la territorialisation de l'action publique peut devenir un levier de reconstruction du lien entre l'État et les citoyens. En répondant de manière tangible aux besoins des populations, en rendant visibles les résultats, et en favorisant la participation locale, les politiques publiques peuvent reconquérir une partie de leur crédibilité. Cela suppose que l'État central accepte de partager le pouvoir, de soutenir les innovations locales, et de reconnaître la pluralité des acteurs en présence.

Plus largement, cette réorientation contribue à refonder le pacte entre l'État et les territoires, non plus sur la base d'une hiérarchie institutionnelle rigide, mais sur celle d'un contrat de développement territorial, dans lequel les rôles, les responsabilités, les ressources et les résultats sont clairement définis et négociés. Un tel pacte suppose des mécanismes de coordination et de redevabilité adaptés, ainsi qu'une volonté politique affirmée de sortir du modèle vertical hérité.

4. Construire des alliances territoriales multiniveaux et multiacteurs

Pour que les politiques publiques soient véritablement pensées à partir des territoires, il faut aussi organiser la coopération entre les différents échelons de gouvernance (État, départements, communes, sections communales), mais aussi entre institutions publiques et acteurs non étatiques (société civile, universités, entreprises, ONG, diasporas). Cette approche repose sur la mise en réseau, la mutualisation des ressources, la coordination des compétences, et la construction de projets partagés.

Les alliances territoriales (intercommunalités, plateformes régionales de développement, réseaux de villes) peuvent jouer un rôle structurant dans la co-construction de politiques publiques adaptées, résilientes et équitables. Elles permettent d'amplifier les bonnes pratiques, d'innover dans la gouvernance, et de consolider les capacités collectives à transformer les territoires de l'intérieur (Freire, 1970; UN-Habitat, 2021).

5. Vers une nouvelle grammaire de l'action publique territoriale

Repenser les politiques publiques à partir des territoires revient, en définitive, à adopter une nouvelle grammaire de l'action publique, fondée sur la proximité, l'adaptabilité, la coopération et la reconnaissance des savoirs locaux. Cela ne signifie pas l'abandon du rôle de l'État, mais sa redéfinition en tant qu'acteur animateur, garant de l'équité territoriale, et partenaire des dynamiques locales. C'est en articulant les échelles, en intégrant les secteurs, et en écoutant les territoires que l'on pourra bâtir une action publique plus juste, plus efficace et plus durable.

8.4. DÉFIS DES POLITIQUES TERRITORIALISÉES

Défis des politiques territorialisées : entre ambitions de proximité et contraintes systémiques

La territorialisation de l'action publique est fréquemment présentée comme une réponse à la crise de l'État centralisé, aux défaillances des politiques sectorielles et aux inégalités spatiales de développement. Toutefois, si l'idée de « faire avec les territoires » suscite aujourd'hui un large consensus dans les discours, sa mise en œuvre concrète rencontre une série d'obstacles importants, tant sur le plan institutionnel que technique, politique et culturel. Cette section examine les principaux défis structurels, organisationnels et contextuels qui freinent la territorialisation effective des politiques publiques en Haïti, malgré les efforts engagés.

1. Un cadre légal et stratégique encore lacunaire

La territorialisation des politiques publiques repose sur l'existence de cadres juridiques et stratégiques clairs permettant de définir les rôles, les responsabilités et les ressources des différents niveaux de gouvernance. Or, en Haïti, ce socle est fragile, incomplet ou inopérant. La loi-cadre sur la décentralisation, attendue depuis la Constitution de 1987, n'a toujours pas été adoptée. De même, l'absence de lois sur les finances locales, les transferts intergouvernementaux, ou encore les schémas d'aménagement territoriaux freine la mise en cohérence de l'action publique (Providence, 2022).

Cette incertitude juridique crée une situation d'ambiguïté institutionnelle : les collectivités ne savent pas précisément quelles sont leurs compétences, les ministères sectoriels agissent souvent sans concertation territoriale, et les partenaires techniques hésitent à s'ancrer dans un système administratif jugé instable. En conséquence, les politiques territorialisées peinent à s'inscrire dans des cadres de référence durables et légitimes.

2. Faiblesse des capacités locales et inégalités interterritoriales

Un autre obstacle majeur tient à la faiblesse des capacités institutionnelles et techniques des collectivités territoriales. Beaucoup de communes et de sections communales ne disposent pas d'un personnel qualifié pour piloter la planification, suivre les projets ou dialoguer avec les partenaires sectoriels. Le manque d'ingénierie territoriale, l'absence d'outils d'aide à la décision (données, SIG, tableaux de bord), et la rotation fréquente des élus ou des cadres techniques limitent fortement la mise en œuvre des politiques territorialisées (IHSI, 2018; PNUD, 2020).

À cette faiblesse s'ajoute une grande disparité entre les territoires : certaines communes urbaines bénéficient d'un écosystème institutionnel dense (ONG, universités, agences de coopération), tandis que d'autres, rurales ou enclavées, restent isolées, sous-dotées, et peu visibles dans les circuits décisionnels. Sans mécanismes de péréquation ou de solidarité intercommunale, la territorialisation risque de renforcer ces asymétries plutôt que de les corriger.

3. Fragmentation sectorielle et cloisonnement institutionnel

La territorialisation suppose une intégration horizontale des politiques sectorielles autour d'une vision commune du développement local. Or, en Haïti, les ministères fonctionnent selon des logiques verticales, cloisonnées, où chaque secteur élabore ses programmes de manière autonome, avec ses propres financements, indicateurs et partenaires. Les tentatives de transversalité — à travers des comités intersectoriels, des plateformes régionales ou des cellules de coordination — restent ponctuelles, mal dotées ou symboliques (World Bank, 2021).

Cette fragmentation empêche la mutualisation des ressources, la planification conjointe, et l'alignement des priorités sectorielles sur les dynamiques locales. Elle génère également des tensions entre acteurs (collectivités, services déconcentrés, ONG), qui se retrouvent parfois en concurrence sur les mêmes territoires, sans mécanismes clairs de répartition des tâches ou de partage de l'information.

4. Instabilité politique et manque de volonté institutionnelle

La réussite des politiques territorialisées dépend aussi du contexte politique et de la volonté des élites institutionnelles à redistribuer le pouvoir. En Haïti, la fragilité de l'État, l'instabilité gouvernementale chronique, l'absence de parlement depuis 2020 et la faible légitimation des collectivités locales entravent la construction d'une gouvernance décentralisée robuste. Le pouvoir central reste réticent à transférer de véritables compétences, préférant maintenir une forme de contrôle descendant sur les territoires (Providence, 2022).

De plus, l'alternance fréquente des équipes ministérielles, la rotation des cadres, et la faiblesse des dispositifs d'évaluation des politiques contribuent à une culture administrative de court terme, peu propice à la construction de projets territoriaux inscrits dans la durée.

5. Difficultés de coordination entre acteurs publics et non étatiques

Enfin, la territorialisation se heurte à la complexité des interactions entre acteurs publics, privés et associatifs. Si les ONG, les institutions religieuses, les coopératives ou les réseaux de diaspora jouent un rôle essentiel dans le développement local, leur intégration dans les dispositifs de planification et d'exécution publique reste incomplète. Le manque de cadre de partenariat, l'absence de concertation institutionnalisée, et les logiques parfois concurrentes de ces acteurs freinent la co-construction de politiques territorialisées (Schuller, 2012; CARICOM, 2019).

Cette situation entretient une gouvernance fragmentée, où chacun agit selon ses propres logiques, sans vision commune ni coordination structurée. Les collectivités locales, quant à elles, manquent souvent de légitimité ou de pouvoir pour fédérer ces initiatives autour d'un projet de territoire cohérent.

6. Vers un dépassement des blocages : une transition progressive

Ces défis ne condamnent pas pour autant l'ambition de territorialiser l'action publique. Au contraire, ils appellent à une transition progressive, différenciée et accompagnée, où la territorialisation ne serait pas un transfert mécanique de compétences, mais un processus politique, institutionnel et social fondé sur la négociation, la formation, l'expérimentation et la confiance.

Cela implique de repérer les territoires pionniers, de valoriser les bonnes pratiques, de renforcer les capacités locales, d'harmoniser les cadres d'intervention, et de construire des coalitions d'acteurs engagés pour un développement plus juste et plus proche des réalités vécues. C'est dans cette dynamique que les politiques territorialisées pourront devenir non seulement un moyen de mieux intervenir, mais aussi un levier pour réconcilier l'État et les territoires, à travers une gouvernance partagée, inclusive et résiliente.

8.5. OPPORTUNITÉS POUR AMÉLIORER LES POLITIQUES PUBLIQUES

Si les politiques publiques territoriales en Haïti souffrent de nombreuses limitations — centralisation persistante, cloisonnement sectoriel, faiblesse des capacités locales — il serait réducteur de ne les considérer qu'à travers le prisme de leurs déficits. En effet, plusieurs fenêtres d'opportunités s'ouvrent pour repenser les politiques à partir des territoires, à condition de mieux articuler les dynamiques ascendantes locales avec les réformes nationales. Cette section identifie les principales opportunités susceptibles de permettre une amélioration progressive, mais structurante, des politiques territoriales dans le pays, en s'appuyant sur des initiatives émergentes, des leviers institutionnels, et des tendances favorables aux niveaux national et international.

1. Capitalisation des initiatives locales réussies et diffusion des bonnes pratiques

L'un des premiers leviers d'amélioration des politiques territoriales consiste à identifier, documenter et capitaliser les expériences locales positives. Plusieurs communes, à l'image de Jacmel, Hinche,

Mirebalais ou encore Jérémie, ont mené ces dernières années des démarches innovantes en matière de planification participative, de coordination multiacteurs ou de gestion locale des services publics (PNUD, 2020; Lambert & Providence, 2025). Ces initiatives démontrent qu'il est possible, même dans un contexte contraint, de construire des politiques locales efficaces, inclusives et adaptées.

La mise en réseau de ces expériences, leur analyse comparative, leur valorisation à travers des plateformes de dialogue intercommunal ou des centres de ressources territoriaux peuvent favoriser un processus d'apprentissage mutuel, d'émulation et de diffusion. La création de pôles d'excellence territoriale pourrait également servir de laboratoire pour tester des modalités nouvelles de gouvernance, de financement ou d'évaluation territorialisée.

2. Renforcement progressif des capacités locales

Le renforcement des politiques territoriales passe nécessairement par un investissement massif et durable dans les capacités humaines et techniques des collectivités locales. Plusieurs initiatives, portées par des partenaires comme le PNUD, l'Union européenne ou la Banque mondiale, ont déjà permis la formation de cadres municipaux, l'élaboration de manuels de planification ou la mise en place d'outils numériques (SIG, plateformes de suivi, tableaux de bord) dans certaines communes pilotes.

La généralisation de ces dispositifs de formation, leur intégration dans des cursus universitaires (licences professionnelles, masters en gouvernance territoriale), et la création d'un corps de fonctionnaires territoriaux dotés d'un statut spécifique représenteraient une avancée significative (Banque Mondiale, 2024). Ces efforts devront être accompagnés par une réforme des ressources humaines à l'échelle locale, visant à stabiliser les équipes, améliorer la continuité administrative et assurer une gestion efficace des compétences.

3. Opportunités offertes par les technologies numériques

Les innovations technologiques, en particulier les outils numériques, offrent aujourd'hui des possibilités inédites pour améliorer la transparence, la participation citoyenne, la planification territoriale et le suivi des politiques publiques. Des plateformes comme OpenStreetMap, KoboToolbox ou CommCare ont déjà été mobilisées dans plusieurs collectivités pour la collecte de données locales, la cartographie participative ou le suivi des indicateurs de développement (Bell, 2002; PNUD, 2008).

La numérisation des procédures (recettes fiscales, délivrance de documents, gestion foncière), la création de portails locaux de transparence budgétaire ou la mise en place de systèmes d'alerte communautaire constituent des opportunités concrètes pour améliorer la redevabilité publique et renforcer la légitimité des autorités locales. Les technologies peuvent aussi servir de support à des démarches participatives innovantes, telles que les budgets participatifs numériques ou les consultations citoyennes en ligne.

4. Relance d'un cadre national de planification territoriale intégrée

L'élaboration et la mise en œuvre effective d'un Schéma national d'aménagement du territoire (SNAT) représentent une autre opportunité majeure pour améliorer les politiques territoriales. Ce document stratégique, en cours de discussion depuis les années 2000, permettrait d'orienter l'action publique selon des objectifs clairs de cohésion, d'équité et de complémentarité entre les territoires, en intégrant les plans sectoriels, les PDC et les dynamiques de coopération intercommunale (CIAT, 2010).

Le SNAT, pour être effectif, devra être conçu comme un document vivant, co-construit avec les acteurs territoriaux, appuyé par un dispositif de suivi-évaluation, et doté d'un fonds d'investissement dédié à la mise en œuvre des projets prioritaires. Il s'agira non seulement de planifier l'occupation de l'espace, mais aussi d'organiser la répartition des fonctions, des ressources et des infrastructures de manière équitable et efficiente.

5. Contextes internationaux favorables à l'ancrage local du développement

Au-delà du cadre national, le contexte international offre également des opportunités favorables. L'Agenda 2030 des Nations Unies et les Objectifs de développement durable (ODD), notamment l'ODD 11 sur les villes durables et l'ODD 16 sur les institutions efficaces, encouragent la mise en œuvre de politiques locales fortes et la décentralisation effective. Des institutions comme le PNUD, ONU-

Habitat, Cities Alliance ou l'OCDE promeuvent des approches territoriales intégrées du développement, et accompagnent les pays du Sud dans leurs réformes de gouvernance territoriale.

Haïti pourrait tirer parti de ces orientations pour négocier un agenda de réforme appuyé par la coopération internationale, fondé sur la reconnaissance du rôle des territoires, la territorialisation des financements, et le soutien à la coopération décentralisée Sud-Sud ou triangulaire (Marie, 2005; Brial, 1996).

6. En perspective : vers une stratégie d'ancrage territorial des politiques publiques

Les opportunités identifiées ici ne peuvent produire d'effets durables que si elles sont inscrites dans une stratégie nationale claire et ambitieuse, soutenue par un engagement politique fort et une mobilisation coordonnée des ressources. L'amélioration des politiques territoriales en Haïti ne se limite pas à des ajustements techniques : elle appelle une réforme en profondeur de la gouvernance publique, fondée sur la confiance dans les territoires, la reconnaissance de leurs capacités, et l'investissement dans leur autonomisation.

Il ne s'agit pas d'un simple recentrage local de l'action publique, mais d'une transformation du contrat social et territorial, dans lequel les collectivités, les citoyens et les acteurs économiques deviennent coproducteurs du développement, aux côtés de l'État et des partenaires internationaux.

Conclusion du chapitre 8

Ce chapitre a mis en évidence la nécessité impérative de repenser l'architecture des politiques publiques en Haïti à partir des territoires, dans un contexte marqué par la persistance de déséquilibres spatiaux, l'inefficacité structurelle de nombreuses interventions sectorielles et une gouvernance encore largement centralisée. La crise haïtienne, multidimensionnelle, ne pourra être résolue sans une transformation profonde de la manière dont l'action publique est conçue, financée, mise en œuvre et évaluée. Cette transformation passe par une territorialisation assumée et structurée des politiques sectorielles, fondées sur la reconnaissance des dynamiques locales, la participation des collectivités territoriales et la coordination entre acteurs.

Le diagnostic établi montre que les politiques sectorielles — en santé, éducation, agriculture, environnement ou aménagement du territoire — restent aujourd'hui pensées et déployées selon des logiques technocratiques et verticales, qui ignorent souvent les besoins différenciés des territoires et la diversité des configurations locales. Cette absence d'ancrage territorial se traduit par des inefficacités criantes : redondance des interventions, inadéquation des réponses, faible durabilité des résultats, et méfiance croissante à l'égard des institutions publiques. Les collectivités territoriales, pourtant consacrées par la Constitution comme piliers de la décentralisation, sont trop souvent exclues des processus de planification, de programmation et de mise en œuvre des politiques sectorielles.

Pourtant, des initiatives locales existent, portées par des mairies volontaristes, des organisations de la société civile, des universités, des ONG ou des plateformes communautaires. Les Plans de développement communal (PDC), lorsqu'ils sont élaborés de manière participative et suivis d'effets, constituent des outils structurants qui peuvent orienter l'action publique et servir de base à la négociation avec les acteurs sectoriels. De même, les mécanismes de coordination multiacteurs, bien qu'encore limités, témoignent d'une capacité des territoires à construire des coalitions autour de projets de développement partagés.

Mais ces expériences restent fragiles, souvent dépendantes de l'appui extérieur, faiblement institutionnalisées, et inégalement réparties sur le territoire national. Leur montée en échelle suppose la mise en place d'un cadre légal, administratif et financier stable, capable de soutenir l'autonomie stratégique des collectivités, d'harmoniser les interventions sectorielles, et de garantir l'équité entre territoires. Il est essentiel que les politiques publiques sectorielles soient redéfinies en intégrant des indicateurs territorialisés, des dispositifs de planification articulés et des mécanismes de concertation à toutes les échelles.

En somme, territorialiser l'action publique ne revient pas seulement à déconcentrer des services ou à adapter des projets. Il s'agit d'une réforme de fond du fonctionnement de l'État, qui reconnaît les territoires comme des espaces de co-production des politiques, où les décisions sont prises en dialogue avec les acteurs locaux, en tenant compte des trajectoires historiques, des ressources spécifiques et des aspirations communautaires.

Ce changement appelle un changement de culture politique et administrative, qui valorise l'écoute, la subsidiarité, la transparence et l'intelligence collective. Il implique aussi de renforcer les capacités locales, de créer des outils partagés de planification et d'évaluation, et de construire un pacte renouvelé entre l'État central, les collectivités territoriales et les autres composantes de la société haïtienne.

Ainsi, la territorialisation des politiques sectorielles peut devenir un levier stratégique de reconstruction institutionnelle, de résilience économique et de cohésion sociale. Elle constitue l'un des fondements d'un nouveau contrat territorial en Haïti, plus démocratique, plus équitable et plus en phase avec les réalités contemporaines du pays.

CHAPITRE 9. PARTICIPATION CITOYENNE ET GOUVERNANCE INCLUSIVE

Introduction

Dans un contexte de crise institutionnelle persistante, de défiance envers les autorités publiques et de désarticulation entre l'État et la société, la question de la participation citoyenne apparaît comme un enjeu central pour refonder la gouvernance territoriale en Haïti. Alors que les politiques publiques, souvent conçues de manière centralisée et technocratique, peinent à répondre aux attentes des populations, les formes de mobilisation sociale, de gestion communautaire et d'initiatives locales traduisent une volonté de plus en plus affirmée des citoyens de s'impliquer dans les décisions qui les concernent. Ce chapitre explore la place et les modalités de cette participation dans la gouvernance des territoires, en mettant l'accent sur les conditions de son effectivité, ses potentialités démocratiques, ainsi que les obstacles à sa pleine institutionnalisation.

La participation citoyenne ne saurait se réduire à une consultation ponctuelle ou à une approbation formelle de décisions déjà prises. Elle renvoie à un mode de gouvernance fondé sur la co-construction, la délibération et la redevabilité, où les citoyens — individuellement ou collectivement organisés — ont la capacité d'influencer les orientations politiques, de contribuer à la définition des priorités locales et de contrôler la mise en œuvre des actions. Dans cette optique, la gouvernance inclusive désigne un système dans lequel les institutions publiques reconnaissent la légitimité des différents acteurs sociaux, les intègrent dans les processus décisionnels et veillent à ce que les voix les plus marginalisées soient entendues.

En Haïti, cette perspective est à la fois urgente et complexe. D'une part, la désaffection croissante envers les institutions étatiques, alimentée par l'instabilité politique, la corruption et les échecs répétés de la gouvernance centrale, a accentué la fracture entre l'État et les citoyens, et particulièrement entre les institutions nationales et les réalités locales. D'autre part, de nombreuses pratiques participatives, bien que peu institutionnalisées, se sont développées au sein des territoires : comités de quartiers, organisations communautaires, regroupements de femmes et de jeunes, réseaux associatifs, forums citoyens, etc. Ces pratiques traduisent une dynamique endogène de prise en charge des enjeux collectifs, souvent en réponse à l'absence ou à l'inefficacité des services publics.

Paradoxalement, alors que la participation est consacrée par les textes fondamentaux — notamment la Constitution de 1987 qui affirme le droit des citoyens à prendre part à la gestion des affaires publiques —, elle reste peu intégrée dans les dispositifs de gouvernance territoriale, limitée à des formes consultatives et dépendantes de projets spécifiques portés par des partenaires internationaux. Les Plans de développement communal (PDC), les conseils municipaux ou les comités sectoriels locaux offrent peu de garanties de participation effective, tant les mécanismes sont encore embryonnaires, peu inclusifs ou faiblement structurés. La participation reste ainsi marquée par un déséquilibre entre discours et pratiques.

Ce chapitre se propose donc d'examiner les formes existantes de participation citoyenne dans la gouvernance locale en Haïti, d'en analyser les dynamiques, les limites et les effets, tout en explorant les conditions nécessaires pour une participation véritablement structurante. Il s'articulera autour de plusieurs axes : une mise en perspective historique et juridique du concept de participation dans le contexte haïtien ; une typologie des pratiques participatives locales ; une analyse des freins à l'émergence d'une gouvernance inclusive ; et enfin, une réflexion sur les dispositifs à mettre en œuvre pour renforcer la démocratie territoriale.

Dans une approche comparative et critique, ce chapitre mettra en dialogue les expériences haïtiennes avec les débats contemporains sur la démocratie participative, la gouvernance collaborative et la justice sociale. Il montrera que la participation citoyenne ne constitue pas seulement un mécanisme technique d'amélioration de l'action publique, mais bien un enjeu politique de premier ordre, condition de la reconstruction du lien social, de la légitimation des institutions et de la refondation du pacte républicain.

En somme, penser la participation citoyenne et la gouvernance inclusive en Haïti, c'est poser les bases d'un État plus proche, plus juste et plus à l'écoute, capable de reconnaître la diversité des acteurs territoriaux, d'intégrer leurs savoirs, et de construire avec eux les réponses aux défis du développement.

9.1. RÔLE DE LA PARTICIPATION CITOYENNE DANS LE DÉVELOPPEMENT TERRITORIAL

La participation citoyenne est aujourd'hui considérée comme une composante essentielle des stratégies de développement territorial. Elle ne se limite plus à une simple consultation formelle, mais s'impose de plus en plus comme une démarche stratégique d'inclusion, de responsabilisation et de légitimation des actions publiques. En Haïti, dans un contexte de défiance institutionnelle, de centralisation excessive et de faiblesse des services de base, la participation citoyenne constitue à la fois un levier démocratique, un outil d'appropriation des politiques publiques et une voie de revalorisation du territoire comme espace de projet. Cette section explore la portée conceptuelle et opérationnelle de cette participation dans la construction du développement territorial.

1. Une participation citoyenne ancrée dans le paradigme du développement endogène

Le développement territorial suppose une démarche intégrée, ancrée dans les ressources, les acteurs et les spécificités des territoires. Or, la participation citoyenne en est l'un des fondements, en ce qu'elle permet de faire émerger une vision partagée, d'identifier les priorités locales, de mobiliser les savoirs situés et de renforcer le sentiment d'appartenance à une communauté territoriale. Comme le rappellent Chaskin et Joseph (2009), la participation est un moyen de renforcer les capacités d'action collective à partir du territoire, en stimulant l'apprentissage mutuel, la confiance et la coopération.

Dans le contexte haïtien, marqué par une longue histoire de gouvernance centralisée et d'exclusion populaire, la participation citoyenne incarne une rupture avec les modèles de développement imposés par le haut. Elle ouvre la voie à un développement endogène, porté par les communautés elles-mêmes, et répondant à leurs priorités réelles plutôt qu'à des injonctions technocratiques ou externes (Providence, 2022).

2. Un outil d'appropriation et de durabilité des politiques publiques

La durabilité des actions de développement dépend largement de leur niveau d'appropriation locale. Or, la participation citoyenne est un vecteur clé de cette appropriation : elle permet de construire des politiques plus adaptées, d'éviter les conflits d'usage, et d'améliorer la gestion des ressources collectives. Les expériences de gestion communautaire de l'eau, de projets de reboisement ou de comités de pilotage des Plans de développement communal (PDC) en sont des illustrations concrètes. Là où les populations ont été associées dès la phase de diagnostic, les résultats sont plus solides, les initiatives mieux entretenues, et la confiance dans les institutions locales plus forte (PNUD, 2020; UN-Habitat, 2021).

La participation renforce également la redevabilité : les citoyens impliqués dans la planification et le suivi des politiques deviennent plus vigilants, plus exigeants, et développent une capacité de contrôle social, essentielle à la transparence et à la lutte contre la corruption.

3. Une source de légitimation de l'action publique

Dans une société comme celle d'Haïti, où l'État souffre d'une faible légitimité et d'un déficit chronique de performance, la participation citoyenne représente un vecteur de reconstruction du lien entre gouvernants et gouvernés. En impliquant les citoyens dans les processus décisionnels, en tenant compte de leurs savoirs et de leurs expériences, l'action publique devient plus crédible, plus pertinente et plus acceptée. Elle ne se contente plus de « faire pour », mais agit dans une logique de « faire avec », voire de « faire par » les populations (Sintomer, Röcke, & Herzberg, 2016).

Ce principe est au cœur des approches contemporaines de la démocratie participative, mais aussi de la gouvernance collaborative, qui promeut des dispositifs de coproduction des politiques publiques, en s'appuyant sur des assemblées citoyennes, des conseils de quartier, des budgets participatifs ou des forums communautaires. En Haïti, de telles initiatives ont vu le jour de manière expérimentale à Carrefour, Léogâne ou Mirebalais, souvent avec l'appui d'ONG ou de coopérations décentralisées (Providence, 2015).

4. Une stratégie de mobilisation des ressources et des solidarités locales

Au-delà de sa dimension politique, la participation citoyenne constitue également une stratégie de mobilisation de ressources locales, qu'elles soient matérielles, humaines, relationnelles ou financières. Dans de nombreuses collectivités haïtiennes, les projets de développement s'appuient sur des contributions communautaires : main-d'œuvre bénévole, mise à disposition de terrains, levées de fonds, expertise locale, etc. Cette mobilisation est souvent conditionnée à l'existence de mécanismes participatifs clairs, transparents et inclusifs, qui garantissent que les décisions sont prises collectivement et que les bénéfices sont partagés équitablement (Chambers, 1997; PNUD, 2008).

Par ailleurs, la participation permet d'activer des réseaux de solidarité : associations de diaspora, groupes de femmes, coopératives de production, mouvements religieux, etc., qui jouent un rôle structurant dans la mise en œuvre et le suivi des projets à l'échelle locale.

5. Une réponse aux logiques d'exclusion et d'invisibilisation

Enfin, la participation citoyenne offre un cadre de lutte contre l'exclusion territoriale et sociale, en permettant aux groupes historiquement marginalisés — femmes, jeunes, ruraux, habitants de quartiers populaires — de faire entendre leur voix et d'exercer leur droit à la ville ou au développement. Cela implique la mise en œuvre de dispositifs spécifiques de participation inclusive : quotas, démarches itinérantes, animation sociale, formation citoyenne, médiation linguistique ou culturelle (Cornwall, 2008).

Dans plusieurs communes rurales d'Haïti, des approches de type « développement sensible au genre » ou « planification inclusive » ont permis d'intégrer les préoccupations des femmes, des enfants ou des personnes handicapées dans les politiques locales, avec des effets positifs en matière d'équité et d'efficacité (Bell, 2002; Chaskin & Joseph, 2009; UN-Habitat, 2021).

Le rôle de la participation citoyenne dans le développement territorial est donc fondamental : elle renforce la légitimité de l'action publique, améliore l'efficacité des politiques locales, mobilise les ressources endogènes, et favorise la cohésion sociale. Mais pour que cette participation soit effective, elle doit être institutionnalisée, accompagnée, et conçue comme une composante structurelle des politiques territoriales — et non comme un simple correctif ou une exigence procédurale.

9.2. MÉCANISME DE GOUVERNANCE INCLUSIVE

La gouvernance inclusive repose sur la reconnaissance de la pluralité des acteurs, la valorisation des savoirs citoyens et la co-construction des décisions publiques. En Haïti, bien que les principes d'inclusion soient consacrés par les textes constitutionnels et par certaines politiques nationales, leur traduction institutionnelle et leur mise en œuvre concrète demeurent limitées. Cette section propose une analyse critique des mécanismes existants ou émergents de gouvernance inclusive, en mettant en lumière leur diversité, leurs potentialités et leurs limites dans le contexte haïtien.

1. Les dispositifs formels de participation locale : entre volonté constitutionnelle et faiblesse de mise en œuvre

La Constitution de 1987 prévoit que les citoyens ont le droit de participer à la gestion des affaires publiques, notamment à travers leurs collectivités territoriales (articles 52 et 61). Elle établit également que les conseils d'administration des sections communales (CASEC), les conseils municipaux et les conseils départementaux doivent être des structures de démocratie locale. Toutefois, la traduction de ces principes en mécanismes effectifs de participation reste embryonnaire.

Par exemple, les Plans de développement communal (PDC), qui devraient être élaborés de manière participative, ne le sont que de façon variable selon les communes. Certains processus incluent des ateliers de consultation, des diagnostics communautaires ou des réunions de validation, mais ceux-ci sont souvent ponctuels, mal documentés et peu structurés (PNUD, 2020). De plus, l'absence de cadres juridiques secondaires obligeant à la participation limite sa systématisation.

Il existe également des comités sectoriels ou consultatifs mis en place localement (ex. : comités de gestion de points d'eau, conseils d'établissement scolaire, groupes d'utilisateurs de projets agricoles), mais ces dispositifs ne sont pas toujours reliés à une stratégie de gouvernance inclusive à l'échelle territoriale.

2. Les pratiques communautaires de gouvernance : participation par le bas

En l'absence de dispositifs institutionnels solides, de nombreuses formes de gouvernance informelle ou communautaire émergent dans les territoires. Ces pratiques, fondées sur des normes sociales, des traditions de coopération ou des formes de leadership local, permettent aux communautés de gérer collectivement des ressources ou des services de base (eau, voirie, sécurité, santé communautaire).

À Cité Soleil, par exemple, des comités de quartier jouent un rôle de médiation entre les habitants, les ONG et les autorités locales, facilitant la mise en œuvre de projets urbains ou humanitaires (Providence, 2015). Dans les zones rurales, les organisations paysannes organisent la planification des campagnes agricoles, l'entretien des chemins ruraux ou la défense des droits fonciers.

Ces expériences démontrent que la gouvernance inclusive peut émerger en dehors des cadres formels, mais qu'elle nécessite un processus de reconnaissance, de valorisation et d'articulation avec les institutions publiques. Sans cette reconnaissance, ces dynamiques restent périphériques, voire concurrentes, par rapport aux dispositifs étatiques.

3. L'expérimentation de dispositifs hybrides et participatifs

Certaines communes, souvent accompagnées par des ONG, des projets de coopération internationale ou des universités, ont mis en œuvre des dispositifs hybrides combinant participation citoyenne, délibération publique et planification territoriale. Ces dispositifs prennent des formes diverses :

- Forums citoyens annuels pour débattre des priorités locales (ex. : Mirebalais, Saint-Raphaël) ;
- Budgets participatifs expérimentaux, où les habitants votent pour des projets financés sur fonds communaux ou de partenaires ;
- Comités de suivi de projets, intégrant élus, techniciens et représentants de la société civile ;

- Observatoires citoyens du développement local, chargés de produire des données indépendantes et de suivre la performance des politiques.

Ces mécanismes contribuent à la transparence, à la responsabilisation des autorités locales et à l'émancipation des citoyens, à condition d'être animés dans le temps, dotés de ressources, et protégés contre la récupération politique (Sintomer, Röcke, & Herzberg, 2016; Providence, 2025b).

4. L'intégration de groupes marginalisés dans la gouvernance locale

Une gouvernance inclusive ne saurait être effective sans une attention spécifique portée aux groupes historiquement marginalisés : femmes, jeunes, personnes handicapées, populations rurales isolées. Plusieurs projets pilotes ont expérimenté des quotas de représentation dans les comités de planification, des espaces d'expression sécurisés pour les femmes ou des ateliers jeunesse dans la définition des priorités communales (Cornwall, 2008).

À Jacmel, par exemple, des « panels citoyens jeunes » ont été organisés pour recueillir les attentes des moins de 30 ans sur les services publics et la gouvernance. Dans le Plateau Central, des projets de développement agricole ont intégré des modules de formation au leadership féminin, favorisant l'émergence de femmes leaders dans les comités de gestion foncière.

Ces dispositifs, bien qu'encore ponctuels, témoignent du potentiel de transformation sociale de la participation, lorsqu'elle est pensée comme un levier d'inclusion, de justice et d'égalité.

5. Enjeux d'institutionnalisation et de durabilité

Pour devenir de véritables instruments de gouvernance inclusive, les mécanismes participatifs doivent être institutionnalisés, c'est-à-dire intégrés dans les normes, les budgets, les pratiques administratives et les cycles politiques locaux. Cela suppose :

- L'adoption de cadres légaux secondaires obligeant à la participation dans la planification et l'évaluation des politiques ;
- La formation des agents publics et des élus à la gestion participative ;

- La création de budgets dédiés à l'animation, à la communication et à l'organisation d'espaces délibératifs ;
- Et la mise en place de systèmes d'évaluation mesurant l'inclusivité, la représentativité et l'impact de ces mécanismes (World Bank, 2021).

La durabilité de la gouvernance inclusive dépend également de la continuité politique et administrative, de la stabilité des institutions locales, et de la capacité des citoyens à s'organiser durablement au-delà des projets financés.

Les mécanismes de gouvernance inclusive en Haïti, bien qu'encore dispersés, démontrent un potentiel significatif pour transformer la relation entre l'État et les citoyens à l'échelle territoriale. Pour que ces dispositifs produisent des effets durables, ils doivent sortir de la logique du projet ponctuel et entrer dans celle d'une politique publique de participation, structurée, transversale et institutionnellement soutenue.

3. DÉFIS DE LA PARTICIPATION CITOYENNE ET DE LA GOUVERNANCE INCLUSIVE

La participation citoyenne et la gouvernance inclusive constituent aujourd'hui des piliers fondamentaux des politiques publiques fondées sur l'équité, la transparence et la proximité. Néanmoins, leur mise en œuvre effective, en particulier dans les contextes fragiles comme celui d'Haïti, se heurte à une série de défis structurels, institutionnels, sociopolitiques et culturels. Si les principes de participation sont largement consacrés dans les discours et les textes normatifs, les conditions concrètes de leur déploiement restent marquées par des contraintes fortes qui limitent leur portée, leur continuité et leur légitimité.

Cette section propose une analyse des principaux freins à l'émergence d'une participation effective et à l'institutionnalisation d'une gouvernance inclusive, en s'appuyant sur des observations de terrain, des recherches académiques et des évaluations de projets.

1. Une culture politique centralisée et hiérarchisée

L'un des obstacles majeurs à la participation citoyenne en Haïti réside dans l'héritage d'une culture politique autoritaire et verticale, où le pouvoir est concentré entre les mains d'élites nationales ou locales, peu enclines à partager l'espace décisionnel. Malgré l'inscription du principe de participation dans la Constitution de 1987, les pratiques politiques dominantes restent marquées par le clientélisme, le paternalisme et le contrôle partisan des institutions locales (Lambert & Providence, 2025).

Cette culture du pouvoir freine l'instauration de mécanismes de dialogue structuré entre les citoyens et les institutions. Elle produit également un climat de méfiance, dans lequel les initiatives participatives sont perçues comme instrumentalisées ou manipulées à des fins politiques, sapant ainsi leur légitimité.

2. Faiblesse institutionnelle et manque de cadres réglementaires

Un second défi est d'ordre institutionnel. Si les textes fondamentaux affirment le droit des citoyens à participer, il existe peu de cadres juridiques secondaires qui définissent clairement les modalités, les niveaux d'intervention, les droits et obligations des parties prenantes, ou les mécanismes de recours en cas de non-participation. Cette absence de réglementation opérationnelle rend les dispositifs participatifs très dépendants de la volonté des élus ou des projets portés par les bailleurs (Providence, 2015; World Bank, 2021).

De plus, les institutions locales — mairies, CASEC, conseils municipaux — disposent rarement des capacités techniques, humaines et financières pour organiser des démarches participatives efficaces : animation de réunions, concertation, production de supports pédagogiques, gestion de la logistique, etc. La participation reste alors ponctuelle, formelle, voire symbolique.

3. Inégalités d'accès, d'expression et de représentation

Même lorsque des dispositifs participatifs sont mis en place, leur fonctionnement est souvent marqué par de fortes inégalités. Certaines catégories sociales — femmes, jeunes, populations rurales, personnes handicapées, habitants des quartiers précaires — sont sous-représentées, voire exclues, des espaces de délibération. Ces inégalités s'expliquent par des facteurs multiples :

– normes sociales patriarcales ou autoritaires ;
– manque d'information ou d'alphabétisation ;

– barrières linguistiques ou culturelles ;
– absence de compensation pour la participation (temps, transport, repas, etc.).

Ainsi, les mécanismes participatifs peuvent reproduire, voire renforcer les exclusions existantes, si des dispositifs spécifiques d'inclusion ne sont pas prévus (Cornwall, 2008). Cela soulève la question essentielle de la représentativité et de l'équité au sein des espaces participatifs.

4. Logiques de projet et absence de pérennité

Un défi récurrent dans le cas haïtien est la dépendance des dispositifs participatifs à des projets temporaires financés par des bailleurs de fonds internationaux. Qu'il s'agisse de forums citoyens, de budgets participatifs ou de comités locaux, nombre de ces mécanismes naissent dans le cadre de programmes de développement spécifiques, mais disparaissent une fois les financements terminés. Cette logique de projet empêche l'ancrage institutionnel des démarches participatives dans les pratiques courantes des collectivités.

La discontinuité des initiatives, l'absence de formation institutionnalisée, le turnover des élus et l'instabilité des équipes techniques contribuent à une perte de mémoire organisationnelle et à un affaiblissement de la culture participative au sein des administrations locales (UN-Habitat, 2021).

5. Conflits d'intérêts et manipulation politique

Dans certains contextes, la participation peut devenir un outil de légitimation politique sans véritable volonté d'écoute ou de prise en compte des apports citoyens. Des ateliers ou consultations sont organisés pour répondre aux exigences des bailleurs ou simuler une démocratie locale, mais les décisions restent prédéterminées. De telles pratiques alimentent la désillusion participative, qui mine la confiance des citoyens et les incite à se retirer des espaces de délibération (Providence, 2025b).

En outre, la compétition entre groupes d'intérêt, la politisation des structures communautaires, ou l'appropriation des mécanismes participatifs par certains acteurs peuvent générer des conflits internes, nuisant à la crédibilité et à l'efficacité des démarches.

6. Manque de formation et d'outils pédagogiques

Enfin, la participation nécessite des compétences spécifiques, tant du côté des citoyens que des agents publics : capacité à dialoguer, à délibérer, à comprendre les enjeux techniques, à formuler des propositions, à évaluer les impacts. Or, peu de dispositifs de formation existent en Haïti pour accompagner ces processus, que ce soit dans les écoles, les universités, les institutions publiques ou les organisations communautaires (Lambert & Providence, 2025).

L'absence de matériel pédagogique, de guides méthodologiques ou de simulateurs participatifs freine également la qualité des démarches, et limite la montée en compétences des acteurs.

Les défis de la participation citoyenne et de la gouvernance inclusive en Haïti sont nombreux, mais ils ne remettent pas en cause la pertinence de ces démarches. Au contraire, ils soulignent la nécessité d'un changement de paradigme dans la manière de concevoir la relation entre institutions et citoyens. Une gouvernance véritablement inclusive suppose des réformes juridiques, des investissements dans les capacités locales, des mécanismes d'inclusion active, et un engagement politique clair en faveur de la démocratie participative.

9.4. PISTE POUR RENFORCER LA PARTICIPATION CITOYENNE ET LA GOUVERNANCE INCLUSIVE

Au regard des défis identifiés dans la section précédente, il apparaît nécessaire de concevoir un ensemble cohérent de réformes, de dispositifs et de démarches permettant d'inscrire durablement la participation citoyenne et la gouvernance inclusive dans les pratiques institutionnelles des territoires haïtiens. Ces pistes d'action ne relèvent pas uniquement d'une volonté normative ou politique ; elles sont aussi la condition d'une reconstruction du contrat social, d'un ancrage territorial des politiques publiques et d'une revitalisation démocratique du pays. Cette section propose plusieurs axes stratégiques et opérationnels pour consolider et institutionnaliser ces dynamiques participatives.

1. Clarifier et renforcer le cadre juridique de la participation

La première étape pour renforcer la participation citoyenne consiste à clarifier les règles du jeu démocratique à l'échelle territoriale. Cela implique l'adoption de textes réglementaires et législatifs précisant les modalités de participation :

- Obligation légale de consultations citoyennes dans la planification territoriale (PDC, budgets, programmes de développement) ;
- Reconnaissance des structures communautaires comme parties prenantes légitimes ;
- Définition des procédures de consultation, de délibération, et de retour d'information.

Le projet de loi sur la décentralisation, en attente depuis plusieurs années, pourrait intégrer un chapitre spécifique sur les droits participatifs des citoyens, définissant les mécanismes institutionnels, les responsabilités des autorités locales, et les garanties procédurales. Une telle clarification permettrait de passer d'une participation dépendante de projets ponctuels à une participation protégée par le droit, facilitant ainsi son institutionnalisation (PNUD, 2020).

2. Construire des dispositifs pérennes de gouvernance inclusive

Au-delà de la législation, il est essentiel de concevoir des dispositifs permanents et accessibles, qui permettent une interaction continue entre citoyens, élus et techniciens. Ces dispositifs peuvent prendre différentes formes :

- Conseils consultatifs communaux, composés de représentants de la société civile, des jeunes, des femmes, des groupes professionnels ;
- Comités de pilotage participatifs pour les projets d'infrastructure ou de services publics ;
- Forums citoyens annuels, intégrés dans le cycle budgétaire ou dans l'évaluation des politiques locales ;
- Observatoires citoyens du développement local, en lien avec les universités ou les organisations de jeunes.

Ces espaces doivent être soutenus par un budget spécifique, des ressources humaines dédiées (animateurs territoriaux, agents de liaison) et des outils pédagogiques favorisant l'inclusion des groupes vulnérables (Cornwall, 2008; UN-Habitat, 2021).

3. Renforcer les capacités des collectivités territoriales

Une gouvernance inclusive ne peut exister sans collectivités locales dotées de compétences en animation, médiation, concertation et communication. Il convient donc d'intégrer des modules sur la démocratie participative dans la formation des élus locaux, des agents municipaux et des acteurs communautaires. La création de centres de ressources territoriaux, en partenariat avec les universités haïtiennes, pourrait favoriser la production d'outils, de guides méthodologiques, de formations continues et d'accompagnements techniques sur la participation citoyenne (World Bank, 2021).

Le développement d'un corps de facilitateurs territoriaux, issus des territoires eux-mêmes, pourrait également renforcer les capacités locales à animer la participation sur la durée, en s'adaptant aux spécificités culturelles, sociales et linguistiques des différentes zones du pays.

4. Promouvoir l'inclusion active des groupes marginalisés

Une gouvernance inclusive nécessite de corriger les biais structurels d'exclusion, en garantissant une représentation équitable des groupes marginalisés dans les dispositifs participatifs. Pour cela, plusieurs leviers peuvent être mobilisés :

- Quotas de représentation pour les femmes, les jeunes et les personnes handicapées dans les conseils consultatifs et les comités de suivi ;
- Adoption de procédures participatives différenciées, adaptées aux contraintes des populations rurales (horaires, langues, accessibilité) ;
- Renforcement des capacités spécifiques (alphabétisation, expression publique, leadership communautaire) pour favoriser une participation informée et autonome.

Des initiatives locales, comme les panels citoyens jeunes de Jacmel ou les groupes de femmes gestionnaires de ressources naturelles dans l'Artibonite, montrent que ces mesures peuvent produire des effets transformateurs lorsqu'elles sont pensées dès la conception des projets (UN-Habitat, 2021).

5. Intégrer les technologies numériques pour élargir la participation

Les outils numériques offrent de nouvelles possibilités pour élargir la participation, faciliter l'accès à l'information, recueillir les avis et suivre les politiques publiques. En Haïti, des initiatives expérimentales ont utilisé des plateformes en ligne pour consulter les jeunes, publier les budgets locaux ou signaler des problèmes d'infrastructure.

Le développement d'applications mobiles citoyennes, de plateformes de budget participatif numérique ou de cartographies collaboratives peut favoriser une participation dématérialisée, en complément des réunions physiques. Toutefois, ces outils doivent être accompagnés d'une médiation numérique pour éviter les inégalités d'accès (Guèye, 2005; PNUD, 2020).

6. Consolider la culture de la participation dans le temps long

Enfin, renforcer la gouvernance inclusive suppose de construire une culture participative durable, fondée sur la confiance, la reconnaissance mutuelle et la régularité des échanges. Cela implique :

- La mise en place de routines participatives inscrites dans le calendrier administratif ;
- La transparence de l'information publique (affichage des budgets, des décisions, des comptes rendus) ;
- Le développement de médias communautaires indépendants pour informer et stimuler le débat local ;
- L'encouragement à l'éducation citoyenne dès l'école.

La participation ne se décrète pas : elle se construit dans le temps, par des pratiques répétées, des résultats visibles et un changement de posture de l'ensemble des acteurs (Cornwall, 2008; Sintomer, Röcke, & Herzberg, 2016).

Ces pistes d'action, complémentaires et interdépendantes, visent à faire de la participation citoyenne et de la gouvernance inclusive non pas une exception liée à des projets ou des conjonctures, mais une norme structurelle de l'action publique territoriale. Elles constituent les fondations d'un renouveau démocratique à l'échelle locale, où l'État, les collectivités et les citoyens coopèrent pour construire des territoires plus justes, plus durables et plus solidaires.

Conclusion du chapitre 9

L'analyse conduite dans ce chapitre a permis de mettre en lumière l'importance cruciale de la participation citoyenne et de la gouvernance inclusive comme leviers de transformation du développement territorial en Haïti. Dans un pays marqué par une longue tradition de centralisation, une méfiance généralisée à l'égard des institutions publiques, et une faiblesse chronique des dispositifs démocratiques, la participation des citoyens ne peut être considérée comme une simple option procédurale. Elle constitue, au contraire, une condition de légitimité, de pertinence et de durabilité des politiques publiques.

La participation citoyenne joue un rôle fondamental à plusieurs niveaux. D'un point de vue institutionnel, elle permet de rapprocher l'État des citoyens, de renforcer la redevabilité des élus et de favoriser une meilleure allocation des ressources. D'un point de vue social, elle stimule le sentiment d'appartenance, renforce la cohésion communautaire, valorise les savoirs locaux et contribue à l'émancipation des groupes historiquement marginalisés. D'un point de vue politique, enfin, elle offre une voie concrète pour réconcilier les gouvernés et les gouvernants, en recréant les bases d'un contrat social fondé sur la confiance, la transparence et la coopération.

Toutefois, comme l'a montré ce chapitre, les ambitions participatives se heurtent à de multiples obstacles dans le contexte haïtien. Faiblesse du cadre juridique, capacités limitées des collectivités territoriales, inégalités d'accès aux espaces délibératifs, instrumentalisation politique, dépendance aux financements extérieurs : autant de contraintes structurelles qui empêchent la consolidation d'une gouvernance réellement inclusive. Trop souvent, la participation reste un processus formel, court-circuité par les pratiques clientélistes, l'instabilité politique ou l'absence de volonté institutionnelle.

Malgré ces difficultés, des dynamiques porteuses existent. Des expériences locales, parfois appuyées par des ONG ou des universités, démontrent que des formes de démocratie participative sont possibles, même dans des contextes fragiles. Ces initiatives — qu'il s'agisse de forums citoyens, de budgets participatifs, de comités de gestion communautaire ou d'observatoires locaux — montrent que les citoyens haïtiens sont prêts à s'engager, à condition d'être respectés, écoutés et accompagnés dans des dispositifs clairs, inclusifs et durables.

Les perspectives identifiées dans la dernière section de ce chapitre rappellent que la participation ne peut être efficace que si elle s'inscrit dans une stratégie nationale de démocratisation territoriale, articulée autour de plusieurs piliers :

- Un cadre juridique consolidé, garantissant les droits participatifs ;
- Des mécanismes institutionnels pérennes à l'échelle locale ;
- Une politique de formation et de renforcement des capacités ;
- Une attention spécifique à l'inclusion des groupes marginalisés ;
- Et une culture administrative fondée sur l'écoute, la co-construction et la transparence.

La participation citoyenne, lorsqu'elle est véritablement intégrée dans la gouvernance territoriale, peut devenir un moteur de transformation démocratique, capable de redonner sens à l'action publique, de revitaliser les collectivités territoriales, et de promouvoir un développement équitable, adapté aux besoins réels des populations. Elle ne doit pas être réduite à un outil d'efficacité, mais être reconnue comme une finalité en soi, expression d'une démocratie vivante, plurielle et enracinée dans les territoires.

En somme, construire une gouvernance inclusive en Haïti, c'est faire le pari d'une intelligence collective capable de transcender les clivages sociaux, les blocages institutionnels et les inégalités historiques, pour faire des territoires des lieux d'innovation démocratique, de justice sociale et de souveraineté populaire. C'est à cette condition que pourra émerger une véritable démocratie territoriale haïtienne, à la fois résiliente, légitime et porteuse d'avenir.

CONCLUSION DE LA PARTIE 3

La Partie III de cet ouvrage a mis en évidence les transformations nécessaires et les tensions persistantes autour de la gouvernance territoriale et des politiques publiques en Haïti. En croisant l'analyse des structures institutionnelles, des politiques sectorielles, des dispositifs participatifs et des dynamiques citoyennes, il apparaît avec clarté que l'efficacité de l'action publique ne peut plus être pensée indépendamment d'un ancrage territorial fort, d'une gouvernance partagée et d'une mobilisation des acteurs locaux.

Le chapitre 7 a mis en lumière l'architecture institutionnelle encore largement inachevée du pays, où la décentralisation peine à s'affirmer comme principe organisateur de l'action publique. Les collectivités territoriales, bien qu'affirmées par la Constitution comme des piliers du développement restent fragiles, sous-financées, et peu intégrées dans les mécanismes décisionnels. Les politiques publiques continuent d'être formulées selon des logiques descendantes, avec peu de coordination intersectorielle et une faible reconnaissance des spécificités locales. La territorialisation, pourtant évoquée dans de nombreux documents de politique nationale, demeure encore largement théorique, en l'absence d'un cadre stratégique intégré, de moyens dédiés et de mécanismes institutionnels robustes.

Dans le chapitre 8, l'analyse des politiques sectorielles — dans des domaines aussi essentiels que la santé, l'éducation, l'agriculture ou l'environnement — a révélé leur faible articulation aux réalités territoriales. L'approche sectorielle continue de dominer, au détriment d'une approche intégrée, transversale et contextualisée. Pourtant, des initiatives locales de planification, souvent portées par des collectivités ou des ONG, témoignent d'un potentiel réel de recomposition de l'action publique à partir du bas. Ces démarches, lorsqu'elles sont participatives et cohérentes, peuvent contribuer à structurer les priorités, à mobiliser les ressources locales, et à produire des réponses mieux adaptées aux besoins des populations. L'enjeu est désormais de passer d'expériences pilotes à une logique systémique, où les politiques sectorielles seraient repensées à partir des territoires.

Le chapitre 9 a complété cette réflexion en montrant que la participation citoyenne et la gouvernance inclusive ne constituent pas seulement des principes démocratiques abstraits, mais bien des conditions concrètes de légitimation, d'efficacité et de justice dans la mise en œuvre des politiques publiques. Dans un contexte de méfiance généralisée à l'égard des institutions, la mobilisation des citoyens, la reconnaissance des organisations communautaires et l'instauration de mécanismes délibératifs ouverts et transparents apparaissent comme des leviers essentiels pour refonder la relation entre l'État et la société. Toutefois, cette dynamique participative ne pourra se consolider sans un engagement politique fort, sans des cadres juridiques clairs et sans un investissement soutenu dans les capacités locales.

Au terme de cette Partie III, il apparaît que la refondation de la gouvernance territoriale en Haïti doit reposer sur une triple transformation. D'abord, une transformation institutionnelle, visant à consolider les compétences et les ressources des collectivités, à clarifier les rôles et responsabilités, et à renforcer la coordination entre niveaux de gouvernance. Ensuite, une transformation culturelle et administrative, valorisant l'écoute, la coopération intersectorielle, et la reconnaissance des savoirs locaux. Enfin, une transformation démocratique, fondée sur l'inclusion, la transparence, la redevabilité, et la co-construction des politiques publiques avec les citoyens.

Ce changement de paradigme ne se fera ni par décret ni du jour au lendemain. Il suppose un travail patient de construction d'alliances territoriales, de renforcement des capacités, de stabilisation des institutions et de redéfinition des priorités de l'État. Il exige également une vision partagée du développement, où les territoires ne sont plus seulement des espaces d'intervention, mais des acteurs à part entière, porteurs de projets, de savoirs, de dynamiques collectives, et de potentialités à valoriser.

En définitive, cette troisième partie appelle à une repolitisation du développement territorial, dans le sens noble du terme : faire des territoires les lieux où s'invente une autre manière de faire société, de gouverner ensemble, et de construire un avenir commun à partir de la diversité, de la proximité et de la participation active des populations.

PARTIE IV : ENJEUX SECTORIELS

INTRODUCTION DE LA PARTIE

Les analyses précédentes ont permis de dégager les principaux fondements historiques, institutionnels et sociaux du développement territorial en Haïti, tout en soulignant les défis liés à la gouvernance, à la décentralisation, à la participation citoyenne et à l'ancrage des politiques publiques dans les dynamiques locales. Cependant, ces dimensions ne sauraient être pleinement comprises sans un examen attentif des enjeux sectoriels et transversaux qui traversent et complexifient les trajectoires territoriales du pays. En d'autres termes, il ne suffit pas d'interroger les structures formelles ou les principes de gouvernance pour saisir la réalité du développement territorial : il faut également explorer les secteurs clés et les problématiques globales qui influencent en profondeur la capacité des territoires à se transformer, à coopérer et à résister aux vulnérabilités systémiques.

La Partie IV se consacre ainsi à l'analyse de ces enjeux, en insistant sur les articulations entre les dynamiques territoriales internes et les facteurs externes ou transversaux qui en modifient les équilibres. Trois grandes dimensions sont ici privilégiées. D'abord, les coopérations territoriales — entre collectivités locales, mais aussi entre territoires haïtiens et partenaires régionaux ou internationaux — qui apparaissent comme des leviers essentiels pour mutualiser les ressources, expérimenter des solutions innovantes, et renforcer la capacité d'action des territoires face aux défis communs. Ensuite, l'intégration régionale, notamment dans l'espace caribéen, qui offre des opportunités encore sous-exploitées pour promouvoir des échanges économiques, scientifiques, culturels ou institutionnels entre Haïti et ses voisins, dans une logique de codéveloppement. Enfin, les risques globaux — changement climatique, instabilité économique, insécurité alimentaire, migrations, crises sanitaires — qui imposent de repenser le développement territorial à l'aune de la résilience, de la transition écologique et de la solidarité interterritoriale.

Ces enjeux sectoriels et transversaux ne sont pas isolés : ils s'inscrivent dans des logiques d'interdépendance qui transcendent les frontières administratives, les cloisonnements sectoriels ou les échelles classiques d'intervention. Ils exigent des approches systémiques, capables de croiser les disciplines, les acteurs et les territoires. Dans cette perspective, les politiques publiques territoriales doivent évoluer vers plus de transversalité, de coordination et d'innovation, en s'appuyant sur des partenariats multiniveaux et sur la mobilisation des compétences locales comme internationales.

La Partie IV ambitionne ainsi d'apporter des éléments de compréhension et de proposition pour penser le développement territorial haïtien dans un monde en transformation. Elle s'ouvre avec le Chapitre 10, consacré aux coopérations territoriales en tant que vecteurs de renforcement des capacités locales et d'intégration des collectivités dans des dynamiques d'échange, de mutualisation et d'innovation. Le Chapitre 11 abordera ensuite l'intégration régionale, en particulier dans la Caraïbe francophone et au sein des instances multilatérales régionales, afin d'évaluer le potentiel stratégique de ces alliances pour le développement territorial. Enfin, le Chapitre 12 se penchera sur les vulnérabilités systémiques auxquelles sont confrontés les territoires haïtiens, et sur les réponses que peuvent y apporter des politiques ancrées localement, mais connectées aux enjeux globaux de résilience et de durabilité.

Par cette approche, il s'agit non seulement d'identifier les contraintes et les opportunités propres à chaque territoire, mais aussi de montrer que le développement territorial haïtien ne peut plus être pensé en vase clos. Il est traversé par des flux, des tensions, des influences et des interactions multiples, qui appellent à une lecture en réseau, en archipel, et en interdépendance. La territorialisation doit ainsi être conçue comme un processus dynamique, traversé par des enjeux sectoriels complexes et influencé par des tendances globales. Penser ensemble ces différentes dimensions, c'est ouvrir la voie à une stratégie de développement territorial plus intégrée, plus collaborative et mieux outillée pour faire face aux défis du XXIe siècle.

CHAPITRE 10. L'ENVIRONNEMENT ET LE CHANGEMENT CLIMATIQUE : DÉFIS ÉCOLOGIQUES ET RECOMPOSITION TERRITORIALE EN HAÏTI

Introduction

Haïti figure parmi les pays les plus vulnérables au monde face aux effets du changement climatique et à la dégradation de l'environnement. Cette vulnérabilité ne résulte pas uniquement de sa situation géographique — qui l'expose de manière récurrente aux cyclones, aux inondations, à la sécheresse ou aux séismes — mais aussi d'un ensemble de facteurs structurels : déforestation massive, érosion des sols, urbanisation non planifiée, pression démographique, faible résilience des infrastructures, pauvreté endémique et déficit de gouvernance environnementale. Dans ce contexte, l'environnement et le climat apparaissent non seulement comme des enjeux écologiques, mais aussi comme des facteurs structurants du développement territorial, touchant l'organisation de l'espace, les dynamiques économiques, les mobilités humaines et la viabilité des politiques publiques.

Ce chapitre propose d'interroger le rôle du facteur environnemental et climatique dans la construction ou la fragilisation des territoires haïtiens. À travers une lecture territorialisée des vulnérabilités écologiques, il s'agira de comprendre comment l'environnement influe sur les trajectoires de développement local, sur la configuration des risques, sur les inégalités spatiales et sur les capacités d'adaptation des sociétés. L'objectif est également d'analyser les politiques mises en œuvre, tant au niveau national que local, en matière de gestion de l'environnement, de réduction des risques et d'adaptation au changement climatique, afin d'en évaluer les limites, les innovations et les perspectives d'amélioration.

L'environnement, longtemps relégué au second plan des priorités publiques en Haïti, est aujourd'hui au cœur d'une série de tensions entre impératifs de conservation et logiques de survie. L'exploitation non durable des ressources naturelles — qu'il s'agisse des forêts, des bassins versants, des ressources hydriques ou des terres agricoles — est souvent liée à la précarité des conditions de vie et à l'absence d'alternatives économiques viables. Cette situation crée une forme de conflictualité silencieuse entre développement et durabilité, et impose de repenser les modèles de gestion territoriale à partir d'une approche intégrée des enjeux écologiques, sociaux et économiques.

Le changement climatique, quant à lui, n'est plus une menace abstraite. Ses manifestations concrètes — variabilité pluviométrique accrue, intensification des événements extrêmes, hausse des températures, érosion côtière, insécurité alimentaire — affectent déjà les équilibres territoriaux et accentuent les disparités entre régions. Les zones urbaines informelles, les milieux ruraux appauvris, les écosystèmes dégradés ou les infrastructures vétustes deviennent des points de fragilité accrue, révélant la nécessité d'une approche territorialisée de l'adaptation, fondée sur les réalités locales, les savoirs endogènes, et les capacités différenciées des acteurs.

Ce chapitre s'organisera autour de quatre grandes sections. La première (10.1) dressera un état des lieux de la dégradation environnementale en Haïti, en identifiant les principales pressions exercées sur les écosystèmes et les ressources naturelles, ainsi que leurs implications territoriales. La deuxième section (10,2) analysera les manifestations concrètes du changement climatique à l'échelle des territoires haïtiens, en s'appuyant sur les données climatiques, les projections scientifiques et les impacts observés. La troisième (10.3) portera sur les politiques environnementales et climatiques, en évaluant les instruments, les stratégies et les programmes mis en œuvre par l'État haïtien et ses partenaires, ainsi que leur articulation — ou non — avec les dynamiques territoriales. Enfin, la quatrième section (10,4) proposera une réflexion sur les approches intégrées de gestion des risques et d'adaptation territoriale, en explorant les leviers d'action possibles pour renforcer la résilience locale face aux perturbations environnementales et climatiques.

À travers cette analyse, il s'agira de montrer que la question environnementale ne peut plus être traitée comme un enjeu sectoriel isolé, mais qu'elle doit être placée au cœur de toute stratégie de développement territorial durable. Repenser l'aménagement, l'urbanisation, la gouvernance locale, l'agriculture ou l'énergie implique de reconnaître l'environnement comme un bien commun stratégique, condition de survie collective et levier de transformation territoriale. L'enjeu est donc double : préserver les équilibres écologiques fondamentaux, tout en construisant des territoires plus résilients, plus solidaires et plus capables d'anticiper les chocs à venir.

10.1. DÉGRADATION ENVIRONNEMENTALE ET PRESSIONS SUR LES RESSOURCES NATURELLES

La dégradation environnementale en Haïti est un phénomène ancien, profond et multiforme, qui affecte l'ensemble du territoire national. Elle constitue aujourd'hui l'un des obstacles majeurs au développement durable et à la cohésion territoriale du pays. Résultat combiné de facteurs naturels, sociaux, économiques et institutionnels, cette dégradation s'exprime à travers la déforestation, l'érosion des sols, la perte de biodiversité, la pollution des milieux, l'artificialisation non maîtrisée des espaces, et la surexploitation des ressources naturelles. Elle compromet la sécurité alimentaire, l'accès à l'eau, la stabilité des habitats, et la résilience des écosystèmes face aux aléas climatiques, exacerbant ainsi la vulnérabilité des territoires.

1. Déforestation massive et perte de couvert végétal

La déforestation est sans doute l'indicateur le plus emblématique de la crise environnementale haïtienne. On estime que le couvert forestier est passé de plus de 60 % du territoire au début du XXe siècle à moins de 2 % aujourd'hui (FAO, 2015; UNEP, 2010). Ce recul dramatique est principalement dû à la coupe de bois pour la production de charbon, principal combustible domestique pour plus de 70 % des ménages haïtiens (IHSI, 2021). À cela s'ajoutent les pratiques agricoles extensives, les feux de brousse, et l'absence de politiques efficaces de reforestation.

Les conséquences sont multiples : intensification de l'érosion, diminution de la fertilité des sols, perturbation du cycle de l'eau, perte de biodiversité, et augmentation du risque de glissements de terrain. Les zones montagneuses — notamment dans le Nord, le Sud-Est et l'Artibonite — sont particulièrement touchées, ce qui a des effets en cascade sur les bassins versants, les plaines agricoles et les zones côtières.

2. Érosion des sols et insécurité agroenvironnementale

L'érosion des sols affecte gravement la capacité productive des terres haïtiennes. Selon le Programme des Nations Unies pour le développement (PNUD), plus de 85 % du territoire présente une pente supérieure à 20 %, rendant les sols particulièrement sensibles à l'érosion hydrique (PNUD, 2020). Le ruissellement non maîtrisé, conjugué à l'absence de couvert végétal et à la faible mise en œuvre de techniques de conservation des sols, entraîne chaque année la perte de milliers de tonnes de terre arable.

Cette dynamique affecte la sécurité alimentaire, en réduisant les rendements agricoles, en augmentant les coûts de production et en provoquant l'abandon progressif des terres les plus exposées. Dans certaines régions, comme le Plateau Central ou le Sud-Est, cette situation a contribué à la migration des familles rurales vers les zones urbaines, accentuant la pression sur les périphéries des villes et les bidonvilles.

3. Dégradation des bassins versants et vulnérabilité hydrique

La dégradation des bassins versants est un autre symptôme critique de la pression environnementale en Haïti. Ces zones stratégiques assurent la régulation hydrologique, la recharge des nappes phréatiques et l'approvisionnement en eau pour l'agriculture, l'industrie et la consommation humaine. Or, de nombreux bassins versants — tels que ceux de la Rivière Grise, de la Rivière Artibonite ou de la Rivière Torbeck — subissent une pression croissante, liée à la déforestation, à l'urbanisation incontrôlée, à l'extraction de matériaux de construction et à l'absence de régulation des usages.

Les effets de cette dégradation sont multiples : assèchement des sources, baisse de la qualité de l'eau, inondations en aval, et conflits d'usage. Plusieurs villes, comme Port-au-Prince, Gonaïves ou Les Cayes, sont aujourd'hui confrontées à une crise de l'eau structurante, à la fois en termes de quantité et de qualité, aggravée par l'absence d'investissements durables dans les infrastructures hydrauliques (Oxfam, 2019; DINEPA, 2021).

4. Artificialisation des sols et urbanisation non maîtrisée

La croissance urbaine en Haïti s'est développée selon des logiques d'extension anarchique, en dehors de toute planification territoriale rigoureuse. Les espaces naturels sont progressivement convertis en zones résidentielles, souvent sans équipements de base ni contrôle des risques. L'occupation des zones inondables, des versants instables ou des zones humides s'est accélérée, notamment dans la région métropolitaine de Port-au-Prince et dans les villes secondaires en croissance rapide.

Cette artificialisation des sols participe à l'imperméabilisation des surfaces, à l'augmentation des risques d'inondation et à la rupture des équilibres écologiques locaux. Par ailleurs, les déchets solides non collectés ou mal gérés s'accumulent dans les ravines, les canaux et les rivières urbaines, créant des situations sanitaires préoccupantes et accentuant les risques hydrométéorologiques (UN-Habitat, 2020).

5. Faiblesse de la gouvernance environnementale

La dégradation environnementale est aussi le résultat d'une défaillance institutionnelle persistante. Bien que plusieurs textes législatifs et politiques publiques aient été adoptés ces deux dernières décennies (Politique environnementale nationale, stratégie de gestion durable des terres, cadre pour la réduction des risques de catastrophe), leur mise en œuvre reste largement inopérante.

Les institutions en charge de l'environnement — notamment le Ministère de l'Environnement (MDE), les Directions départementales, et les municipalités — souffrent d'un manque criant de moyens humains, techniques et financiers, mais aussi d'une faible coordination intersectorielle. À cela s'ajoute une absence de décentralisation effective de la gouvernance environnementale, ainsi qu'une faible articulation entre les collectivités territoriales et les services de l'État (Lambert & Providence, 2025).

La dégradation environnementale en Haïti est donc à la fois un symptôme des déséquilibres territoriaux et un facteur aggravant de vulnérabilité. Elle affecte directement les capacités de développement local, fragilise les moyens de subsistance des populations, altère les ressources naturelles et réduit la résilience des territoires. La compréhension de ces dynamiques est essentielle pour bâtir des stratégies territoriales d'adaptation, de restauration écologique et de transition vers un développement plus soutenable.

10.2. MANIFESTATIONS TERRITORIALISÉES DU CHANGEMENT CLIMATIQUE EN HAÏTI

Le changement climatique ne se manifeste pas de manière homogène sur l'ensemble du territoire haïtien. Ses effets, bien que globaux dans leurs causes, sont profondément territorialisés dans leurs manifestations. Chaque région, chaque écosystème, chaque bassin de vie subit des impacts spécifiques en fonction de sa localisation géographique, de ses caractéristiques écologiques, de sa structure socio-économique et de son niveau de préparation institutionnelle. Dans un pays déjà fragilisé par des décennies de dégradation environnementale, d'instabilité politique et de vulnérabilité structurelle, le changement climatique agit comme un facteur d'amplification des déséquilibres existants, transformant les risques latents en crises ouvertes.

Cette section propose une lecture territorialisée des impacts du changement climatique en Haïti, en croisant les données scientifiques disponibles, les observations de terrain et les dynamiques sociales locales.

1. Variabilité climatique et perturbation des saisons agricoles

L'une des manifestations les plus perceptibles du changement climatique est l'altération du régime pluviométrique, avec une tendance à l'irrégularité des précipitations et à l'augmentation des périodes de sécheresse. Selon les données compilées par la Banque mondiale (2021) et l'Agence nationale de météorologie (ANM, 2020), Haïti enregistre désormais des saisons pluvieuses plus courtes, entrecoupées de pluies violentes et concentrées, et de plus longues périodes de sécheresse.

Cette variabilité climatique perturbe les cycles agricoles traditionnels, en particulier dans les zones de cultures vivrières comme l'Artibonite, le Plateau Central ou la vallée de la Grande-Anse. Elle affecte les rendements, désorganise les pratiques agropastorales et accentue l'insécurité alimentaire dans les milieux ruraux, avec des répercussions sur les marchés urbains.

2. Intensification des événements climatiques extrêmes

Haïti est exposé de manière croissante à des événements climatiques extrêmes, dont l'intensité et la fréquence augmentent sous l'effet du réchauffement global. Les cyclones, tempêtes tropicales, inondations et sécheresses constituent des chocs récurrents qui mettent à l'épreuve les capacités d'adaptation des territoires. Depuis 2004, le pays a connu plusieurs catastrophes majeures : les inondations de Gonaïves (2004 et 2008), les ouragans Jeanne, Ike, Tomas, Matthew (2016), et les sécheresses prolongées de 2015 à 2020.

Ces événements ont des effets différenciés selon les territoires :

- Les plaines côtières (comme celles des Cayes, du Léogâne ou de Fort-Liberté) sont particulièrement exposées aux submersions marines, à l'érosion côtière et à la salinisation des sols ;
- Les zones montagneuses, comme le Sud-Est ou le Haut-Artibonite, sont sujettes aux glissements de terrain, accentués par la déforestation ;
- Les centres urbains informels (notamment Port-au-Prince, Cap-Haïtien et Carrefour) présentent une vulnérabilité accrue en raison de l'habitat précaire, du mauvais drainage et de l'absence de planification.

Ces aléas climatiques ne se limitent pas à des pertes ponctuelles : ils engendrent des effets en chaîne sur les moyens de subsistance, l'accès aux services de base, les dynamiques migratoires et la cohésion sociale locale (UN-Habitat, 2020; OIM, 2019).

3. Stress hydrique et tensions sur les ressources en eau

Le changement climatique exacerbe le stress hydrique, particulièrement dans les zones où les ressources en eau sont déjà fragilisées par la surexploitation, la pollution ou la déforestation. Les bassins versants dégradés (Rivière Grise, Momance, Artibonite) enregistrent une baisse de leur capacité de rétention, réduisant les débits disponibles en saison sèche et augmentant les risques d'inondation en saison pluvieuse.

Dans les villes comme Port-au-Prince, la demande en eau dépasse largement l'offre disponible, et les coupures fréquentes dans l'approvisionnement exacerbent les inégalités territoriales. En milieu rural, le tarissement des sources pousse de nombreuses communautés à se déplacer vers les zones plus humides ou vers les centres urbains, ce qui crée une pression supplémentaire sur les infrastructures déjà saturées (Oxfam, 2019; DINEPA, 2021).

4. Érosion côtière et montée des eaux marines

Avec plus de 1 700 km de littoral, Haïti est particulièrement exposé à la montée du niveau de la mer, estimée à 3,5 mm/an dans la région Caraïbe, selon le Groupe d'experts intergouvernemental sur l'évolution du climat (GIEC, 2021). Cette montée des eaux engendre l'érosion des plages, la submersion des zones basses, la salinisation des nappes phréatiques et la disparition progressive des terres agricoles littorales.

Les communes de Côteaux, Aquin, Port-Salut, Jérémie ou Fort-Liberté enregistrent déjà des pertes de terres significatives. Les zones côtières habitées sans digues ni protections naturelles deviennent des espaces de très haute vulnérabilité, notamment lors du passage de tempêtes ou d'ouragans.

5. Déplacement de populations et recompositions territoriales

Le changement climatique contribue à la modification des dynamiques de peuplement, en accentuant les migrations internes vers les villes et les régions perçues comme moins exposées. Ces déplacements sont souvent contraints et précipités, induisant des tensions autour de l'accès à la terre, aux ressources et aux services.

Dans certaines communes du Sud, comme Chardonnières ou Camp-Perrin, des mouvements de population ont été observés après le passage de l'ouragan Matthew. De même, la sécheresse prolongée dans certaines zones du Plateau Central a provoqué une augmentation des départs vers Port-au-Prince ou Hinche. Ces mobilités, en grande partie invisibles, participent à la reconfiguration des territoires, mais aussi à l'aggravation de la pression foncière, des conflits d'usage et de l'urbanisation informelle (OIM, 2019).

La lecture territorialisée des effets du changement climatique montre que celui-ci ne constitue pas seulement une menace écologique globale, mais bien un facteur structurant de déséquilibres territoriaux, qui redéfinit les vulnérabilités, accentue les inégalités et impose de nouveaux défis d'aménagement, de gouvernance et de solidarité. Cette territorialisation des risques appelle des réponses différenciées, contextualisées et multisectorielles, fondées sur les réalités locales et sur l'activation de la résilience endogène des territoires.

10.3. POLITIQUES ENVIRONNEMENTALES ET CLIMATIQUES EN HAÏTI : ENTRE INTENTIONS ET FRAGMENTATION

Face à l'ampleur des défis environnementaux et aux effets croissants du changement climatique, Haïti a progressivement élaboré un ensemble de politiques publiques, de plans stratégiques et d'engagements internationaux en matière de gestion environnementale, d'adaptation et d'atténuation. Toutefois, ces initiatives, bien qu'ambitieuses sur le papier, souffrent de profondes fragilités institutionnelles, d'un manque de coordination, de financements limités et d'un faible ancrage territorial, ce qui compromet leur efficacité. Cette section propose une analyse critique des politiques environnementales et climatiques mises en œuvre en Haïti, en mettant en lumière les décalages entre intentions normatives, dispositifs opérationnels et réalités locales.

1. Un cadre normatif en construction, mais encore incomplet

Depuis les années 1990, Haïti a adopté plusieurs textes de référence dans le domaine environnemental :

- La Politique nationale de l'environnement (2000, actualisée en 2016), qui pose les grands principes de gestion durable des ressources naturelles ;
- Le Plan d'action national d'adaptation (PANA), présenté en 2006 dans le cadre de la Convention-cadre des Nations Unies sur les changements climatiques (CCNUCC) ;
- La Contribution déterminée au niveau national (CDN) d'Haïti, soumise en 2015 puis actualisée en 2021 dans le cadre de l'Accord de Paris ;
- La Stratégie nationale de gestion durable des terres (2014) et le Cadre stratégique de réduction des risques de catastrophe.

Ces documents témoignent d'une prise de conscience croissante de l'enjeu climatique et écologique, mais leur cadre d'application reste flou, inégalement mis en œuvre et souvent dépendant de l'appui des partenaires internationaux (PNUD, 2020; MDE, 2021).

Par ailleurs, l'absence d'une loi-cadre sur l'environnement limite la portée juridique des stratégies existantes, empêche l'harmonisation des normes et laisse place à des chevauchements de compétences entre ministères et institutions déconcentrées.

2. Une gouvernance environnementale fragmentée

La gouvernance environnementale en Haïti repose principalement sur le Ministère de l'Environnement (MDE), créé en 1994. Ce ministère, bien que doté d'un mandat transversal, souffre d'un manque de moyens humains, financiers et techniques. Ses directions départementales, peu présentes sur le terrain, peinent à assurer une régulation effective et un accompagnement des collectivités territoriales.

D'autres ministères (Agriculture, Travaux publics, Intérieur, Planification) interviennent également sur des enjeux liés à l'environnement (eau, assainissement, énergie, infrastructures), sans coordination systématique avec le MDE. Cette situation crée une fragmentation institutionnelle, caractérisée par des actions sectorielles mal articulées, des redondances, et parfois des contradictions dans la mise en œuvre des projets (World Bank, 2021).

La Commission interministérielle pour l'aménagement du territoire (CIAT), censée assurer cette coordination, reste faiblement opérationnelle et sous-dotée. Quant aux collectivités territoriales, elles sont rarement intégrées dans la gouvernance environnementale, faute de compétences transférées, de ressources ou de formation.

3. L'enjeu de l'ancrage territorial et de la participation

L'un des points faibles majeurs des politiques environnementales et climatiques en Haïti réside dans leur faible territorialisation. Les documents stratégiques sont souvent élaborés à l'échelle nationale, sans déclinaison concrète au niveau des communes ou des départements. Les Plans de développement communal (PDC) intègrent rarement une approche écologique structurée, faute de données locales, de diagnostics environnementaux ou de concertation multiacteurs.

La participation citoyenne à la définition et à la mise en œuvre des politiques environnementales reste limitée. Pourtant, plusieurs expériences locales, comme les comités de gestion de bassins versants ou les projets de reforestation communautaire, ont montré que l'implication des populations renforce l'efficacité, la pérennité et l'appropriation des actions (UN-Habitat, 2020).

Un véritable changement d'échelle est nécessaire pour passer d'une planification centralisée et descendante à une gouvernance environnementale décentralisée, intégrant les savoirs locaux, les organisations communautaires et les initiatives citoyennes dans une perspective de coresponsabilité.

4. Financements climatiques : dépendance et inégalité d'accès

Haïti est l'un des pays les plus vulnérables au changement climatique, mais aussi l'un des moins préparés à accéder aux financements climatiques internationaux. Malgré son éligibilité au Fonds vert pour le climat, au Fonds d'adaptation et au Fonds pour l'environnement mondial, les projets financés restent peu nombreux et centralisés. L'accès à ces ressources est limité par la faible capacité institutionnelle à formuler des projets techniquement robustes, à gérer les exigences de suivi-évaluation, ou à assurer la transparence dans la gestion des fonds (GCF, 2020).

Cette situation crée une asymétrie d'accès au financement, entre certaines grandes ONG internationales ou agences techniques capables de monter des projets complexes, et les collectivités locales ou organisations communautaires, souvent exclues de ces circuits.

Une stratégie nationale d'accès et de gestion des financements climatiques, adossée à un renforcement des capacités des acteurs territoriaux, est indispensable pour réduire cette dépendance externe et démocratiser l'accès aux ressources.

5. Vers une intégration des politiques environnementales dans la planification du développement

Malgré les défis évoqués, des opportunités existent pour renforcer l'intégration des enjeux environnementaux et climatiques dans les politiques de développement territorial. Plusieurs projets pilotes, comme les initiatives de gestion durable des terres dans le Nord-Est, ou les plateformes locales de résilience à Saint-Louis du Sud, démontrent qu'une approche territorialisée, inclusive et intersectorielle est possible, à condition d'un portage politique clair, d'un appui technique structuré, et d'une implication réelle des collectivités locales.

À moyen terme, l'enjeu est d'intégrer systématiquement les variables environnementales dans les outils de planification territoriale (PDC, SCoT, plans de zonage, programmes d'investissements communaux), mais aussi dans les décisions budgétaires, les projets d'infrastructures et les politiques sectorielles (agriculture, logement, transport, énergie). Cela suppose une reconfiguration institutionnelle, une clarification des compétences, et une culture de la transversalité encore peu développée.

Les politiques environnementales et climatiques en Haïti traduisent une volonté croissante d'agir face à la vulnérabilité écologique du pays. Toutefois, leur mise en œuvre demeure entravée par des fragmentations institutionnelles, un déficit d'ancrage local, une dépendance aux bailleurs, et une absence de coordination stratégique. La consolidation de ces politiques passera nécessairement par une territorialisation accrue, une gouvernance plus inclusive, et un renforcement des capacités d'action à tous les niveaux.

10.4. VERS UNE RÉSILIENCE TERRITORIALE : APPROCHES INTÉGRÉES D'ADAPTATION ET DE GESTION DES RISQUES

La complexité et la diversité des vulnérabilités environnementales et climatiques en Haïti appellent une réponse systémique, multisectorielle et ancrée dans les territoires. Face aux limites des politiques fragmentées, à la faiblesse de la gouvernance environnementale et à la précarité des populations exposées, il devient impératif de promouvoir des approches intégrées d'adaptation et de gestion des risques, articulant les échelles locale, nationale et internationale, et impliquant l'ensemble des acteurs concernés. La résilience territoriale, entendue comme la capacité d'un territoire à anticiper, absorber, s'adapter et se transformer face aux chocs, constitue ainsi une orientation stratégique pour réconcilier développement, durabilité et justice environnementale.

1. La territorialisation de l'adaptation : une nécessité stratégique

L'adaptation au changement climatique ne peut réussir sans un ancrage local fort, qui tienne compte des spécificités écosystémiques, des dynamiques socio-économiques et des savoirs endogènes des territoires. Une approche territorialisée permet de prioriser les interventions selon les niveaux de vulnérabilité, les capacités adaptatives existantes, et les demandes exprimées par les populations locales. Elle favorise également la complémentarité entre actions structurelles (infrastructures, reboisement, aménagement) et mesures sociales ou organisationnelles (renforcement communautaire, transferts de compétences, information citoyenne).

Plusieurs expériences pilotes en Haïti illustrent les bénéfices d'une telle approche : les projets d'agriculture résiliente dans la vallée de l'Artibonite, les travaux de protection des bassins versants à Kenscoff, ou les initiatives communautaires de gestion des risques à Jacmel ont démontré que l'implication des acteurs locaux, dès la phase de diagnostic, accroît l'efficacité et la durabilité des mesures d'adaptation (PNUD, 2020).

2. Intégrer la gestion des risques dans la planification territoriale

La gestion des risques naturels (inondations, glissements de terrain, sécheresses, ouragans) est encore trop souvent perçue comme une activité sectorielle, relevant de la seule protection civile. Or, une véritable résilience territoriale suppose d'intégrer ces risques au cœur des instruments de planification territoriale et de développement local. Cela passe par l'inclusion systématique de l'analyse de vulnérabilité dans les Plans de développement communal (PDC), les documents d'aménagement urbain, les programmes d'infrastructure et les schémas régionaux.

L'approche préventive doit primer sur la logique réactive. À cet égard, les systèmes d'alerte précoce communautaires, la cartographie participative des zones à risque, la planification de l'usage du sol selon les contraintes naturelles et les mesures de gestion intégrée des ressources en eau doivent devenir des priorités (UN-Habitat, 2020; World Bank, 2021).

3. Mobiliser les communautés et les savoirs locaux

La résilience territoriale repose aussi sur la capacité des communautés à organiser collectivement leur réponse face aux perturbations. Les comités locaux de protection civile, les réseaux d'agriculteurs, les groupes de femmes, les écoles, les associations de quartier jouent un rôle fondamental dans la construction d'une résilience communautaire. En intégrant les pratiques traditionnelles (ex. : construction sur pilotis, techniques agroécologiques), les calendriers saisonniers et les connaissances empiriques des habitants, les stratégies d'adaptation deviennent plus appropriées et culturellement acceptées (Chambers, 1997; Cornwall, 2008).

Il s'agit donc de créer des espaces de dialogue entre savoirs scientifiques et savoirs locaux, en vue de co-construire des solutions durables, adaptées et évolutives.

4. Multiplier les dispositifs de financement décentralisé pour l'adaptation

Un des freins majeurs à la mise en œuvre de politiques d'adaptation efficaces en Haïti est la faible capacité des collectivités territoriales à accéder à des financements climatiques. Il est urgent de mettre en place des mécanismes de financement décentralisé permettant de soutenir des projets locaux portés par des municipalités, des coopératives ou des ONG de proximité. Cela peut passer par :

- La création de fonds locaux de résilience alimentés par des contributions publiques et internationales ;
- La promotion de budgets participatifs climat ;
- L'accès facilité aux ressources du Fonds vert pour le climat ou du Fonds d'adaptation via des guichets locaux ou régionaux (GCF, 2020).

Ces dispositifs doivent être accompagnés d'un appui technique, de formations, et d'un système transparent de suivi-évaluation participatif.

5. Bâtir une gouvernance climatique territoriale

La résilience nécessite une gouvernance climatique territoriale fondée sur la coordination entre acteurs, la transversalité des politiques publiques, et la subsidiarité dans la prise de décision. Il s'agit de renforcer les capacités des collectivités locales à planifier, mettre en œuvre et évaluer des stratégies climatiques, tout en leur reconnaissant un rôle structurant dans les politiques nationales d'adaptation.

Des plateformes locales de gouvernance climatique, réunissant élus, services techniques, organisations de la société civile, représentants de l'État et partenaires techniques, pourraient être instituées dans chaque département ou bassin de vie. Ces espaces de concertation favoriseraient la cohérence des actions, la mutualisation des ressources et l'émergence d'initiatives adaptées aux contextes territoriaux (Providence, 2022).

L'adaptation au changement climatique et la gestion des risques ne peuvent plus être conçues comme des réponses ponctuelles ou sectorielles : elles doivent être intégrées dans une vision territoriale systémique, fondée sur la résilience, la justice environnementale et la solidarité interterritoriale. Cela suppose un changement profond dans les modes de gouvernance, les outils de planification, les logiques de financement et les pratiques de concertation. Renforcer la résilience territoriale en Haïti, c'est reconnaître les territoires comme des espaces stratégiques d'expérimentation, de mobilisation collective et d'innovation écologique, capables de faire face aux défis globaux à partir de dynamiques locales.

Conclusion du chapitre 10

Le diagnostic environnemental et climatique dressé dans ce chapitre révèle l'ampleur des défis auxquels Haïti est confrontée. Déforestation massive, érosion des sols, pollution des milieux, artificialisation des territoires, montée des eaux et multiplication des événements climatiques extrêmes constituent autant de menaces qui pèsent non seulement sur les écosystèmes, mais aussi sur les structures sociales, économiques et institutionnelles du pays. Ces pressions, bien que globales dans leur origine, sont profondément différenciées dans leur manifestation à l'échelle des territoires, aggravant les inégalités spatiales et exposant les populations les plus précaires à des risques multidimensionnels.

Le changement climatique agit comme un accélérateur des vulnérabilités préexistantes, mettant à nu les faiblesses de la gouvernance environnementale, le sous-investissement chronique dans les infrastructures de résilience, et l'absence de vision territoriale intégrée. Dans un contexte de croissance urbaine non maîtrisée, d'appauvrissement des zones rurales et de faible capacité institutionnelle, les réponses apportées jusqu'ici restent insuffisantes, fragmentées et trop souvent dépendantes de l'aide extérieure.

Cependant, ce chapitre a également mis en évidence des dynamiques d'adaptation et d'innovation territoriale, portées par des acteurs locaux, des collectivités engagées, des ONG ou des coalitions communautaires. Ces expériences, bien que dispersées, témoignent d'un potentiel endogène de résilience, basé sur les savoirs locaux, les solidarités de proximité, et la mobilisation citoyenne. Elles montrent que la résilience ne se décrète pas, mais se construit à partir du terrain, dans le cadre de démarches participatives, intégrées et territorialement différenciées.

Les politiques publiques, de leur côté, doivent impérativement évoluer vers une approche systémique du lien entre environnement, climat et développement territorial. Cela suppose :

- Une refonte de la gouvernance environnementale autour de la subsidiarité, de la transversalité et de la coordination intersectorielle ;
- Une territorialisation effective des politiques climatiques, appuyée sur les Plans de développement communal, les outils de planification urbaine et rurale, et les stratégies d'adaptation locales ;
- Un accès équitable aux financements climatiques internationaux, à travers des mécanismes décentralisés et participatifs ;
- Et une politique de formation, de sensibilisation et de valorisation des acteurs locaux, condition d'une transition écologique durable.

À plus long terme, il s'agira de repenser le modèle de développement haïtien en intégrant pleinement les principes de justice environnementale, de durabilité et d'égalité territoriale. Cela implique non seulement de réparer les atteintes passées à l'environnement, mais aussi d'engager une transition profonde vers des modes de production, de consommation, d'occupation de l'espace et de gouvernance plus respectueux des équilibres naturels et sociaux.

L'environnement ne peut plus être pensé comme un secteur isolé ou une contrainte à gérer en marge du développement. Il doit être reconnu comme un levier structurant de recomposition territoriale, au cœur des politiques d'aménagement, des stratégies économiques, et des processus de cohésion sociale. Dans cette perspective, le territoire devient le lieu de l'action et l'espace de l'innovation pour construire une Haïti résiliente, inclusive et écologiquement viable.

CHAPITRE 11. INFRASTRUCTURES ET MOBILITÉ : LEVIERS NÉVRALGIQUES DE L'AMÉNAGEMENT ET DE L'INTÉGRATION TERRITORIALE

Introduction

Les infrastructures et les systèmes de mobilité constituent des piliers fondamentaux de la structuration des territoires. Ils conditionnent l'accès aux services de base, aux marchés, aux opportunités économiques, aux réseaux de solidarité et à la participation citoyenne. Ils permettent également d'intégrer les espaces enclavés dans des dynamiques de développement plus larges, d'organiser les flux humains et matériels, et de renforcer la cohésion nationale à travers l'interconnexion des régions. Dans le cas d'Haïti, l'état des infrastructures et la faiblesse des réseaux de mobilité sont devenus des facteurs majeurs de fragmentation territoriale, d'inégalités spatiales et de vulnérabilités systémiques.

Le territoire haïtien souffre d'un déficit infrastructurel chronique, tant en matière de routes, de ponts, de ports, d'aéroports, que de réseaux énergétiques, d'équipements sanitaires, éducatifs ou de télécommunications. Cette situation résulte d'un cumul de facteurs : centralisation historique des investissements, déséquilibres régionaux, faible planification, carence de maintenance, catastrophes naturelles récurrentes, corruption dans l'attribution des marchés, et instabilité politique. Loin d'être purement technique, la question des infrastructures en Haïti est profondément politique, sociale et territoriale.

En matière de mobilité, les inégalités sont criantes entre les zones urbaines (déjà congestionnées), les zones périurbaines (souvent mal desservies) et les territoires ruraux (largement enclavés). L'absence de réseaux fiables, sécurisés et adaptés entrave non seulement les déplacements quotidiens, mais aussi la circulation des biens, des idées, des compétences et des services. Elle limite l'accès à la santé, à l'éducation, aux marchés, et freine les dynamiques de développement local. Cette carence d'accessibilité territoriale est particulièrement pénalisante pour les groupes les plus vulnérables — femmes, enfants, personnes âgées ou handicapées — et pour les régions périphériques, souvent laissées à l'écart des politiques d'investissement.

Dans un contexte de changement climatique, de catastrophes fréquentes et de pressions urbaines croissantes, les infrastructures et la mobilité ne peuvent plus être conçues comme de simples outils logistiques. Elles doivent être pensées comme des leviers stratégiques de résilience territoriale, d'équité sociale et d'intégration nationale. Cela suppose une approche plus intégrée, inclusive et durable, articulée aux besoins réels des territoires, aux priorités des populations locales, et aux impératifs de protection de l'environnement.

Ce chapitre s'attachera à analyser les enjeux liés aux infrastructures et à la mobilité sous l'angle du développement territorial. La première section (11,1) dressera un état des lieux des infrastructures de base, en mettant en évidence les déséquilibres spatiaux, les faiblesses structurelles et les dynamiques de centralisation. La deuxième section (11,2) s'intéressera aux systèmes de mobilité, formels et informels, en soulignant les pratiques sociales de déplacement, les contraintes d'accessibilité et les enjeux d'aménagement. La troisième section (11,3) analysera les politiques d'investissement et de planification des infrastructures, en identifiant les acteurs clés, les dispositifs institutionnels et les logiques de financement. Enfin, la section (11,4) proposera des perspectives pour une mobilité durable et une infrastructure résiliente, en insistant sur les conditions de territorialisation des projets, la prise en compte des vulnérabilités environnementales et l'inclusion des communautés.

Il s'agira, au fil de ce chapitre, de démontrer que les infrastructures et la mobilité ne sont pas des enjeux techniques déconnectés du tissu social, mais bien des catalyseurs de transformation territoriale, capables — s'ils sont bien pensés, bien localisés et équitablement répartis — de créer les conditions d'un développement plus équilibré, plus juste et plus résilient.

11.1. INFRASTRUCTURES DE BASE EN HAÏTI

Les infrastructures de base – réseaux routiers, infrastructures sanitaires, scolaires, hydrauliques, énergétiques et numériques — sont les fondements matériels du développement. Elles déterminent en grande partie l'accès aux droits fondamentaux, la mobilité, la production économique, la résilience face aux catastrophes, et la qualité de vie des populations. En Haïti, le diagnostic est sans appel : les infrastructures sont insuffisantes, inégalement réparties et souvent en mauvais état, accentuant la fragmentation du territoire et les disparités entre les régions.

1. Un réseau routier dégradé et mal réparti

Le réseau routier national haïtien compte environ 4 300 km de routes principales, dont moins de 25 % sont asphaltées (MTPTC, 2020). La majorité des axes secondaires, départementaux et communaux sont non revêtus, difficilement praticables, et fortement exposés aux aléas climatiques. L'absence d'entretien régulier, la vétusté des ouvrages d'art (ponts, caniveaux) et l'érosion accélérée des sols contribuent à l'état de dégradation généralisée.

La centralisation historique des investissements a concentré les infrastructures autour de la région métropolitaine de Port-au-Prince, au détriment des zones rurales ou périphériques. Ainsi, alors que l'axe Port-au-Prince–Cap-Haïtien est relativement desservi, de vastes régions comme le Sud-Est, le Haut Plateau Central ou le Nord-Ouest demeurent quasi enclavées, limitant l'accès aux marchés, aux soins et aux services publics. Cette situation constitue un frein majeur au développement local, à l'intégration territoriale et à l'équité régionale (World Bank, 2021).

2. Infrastructures sociales : entre déficience et surconcentration

Les équipements scolaires, sanitaires et sociaux sont marqués par une forte concentration dans les zones urbaines, une dépendance au secteur privé et une carence chronique dans les milieux ruraux. Par exemple, selon les données du MENFP (2021), plus de 80 % des établissements scolaires sont non publics, avec des disparités marquées entre les départements. Certaines communes rurales ne disposent ni de lycée public ni de centre de formation professionnelle, accentuant l'exode des jeunes vers les centres urbains.

Du côté de la santé, le système hospitalier haïtien souffre d'un sous-équipement flagrant : nombre limité d'hôpitaux fonctionnels, rupture fréquente de médicaments, absence d'accès aux soins spécialisés en dehors de la capitale. Les régions du Sud, du Centre et du Nord-Ouest enregistrent les plus faibles indicateurs de couverture médicale. Les infrastructures sanitaires sont par ailleurs peu résilientes face aux catastrophes : l'effondrement partiel de l'hôpital de Jérémie après le séisme de 2021 en est une illustration.

3. Services de base : accès inégal à l'eau, à l'énergie et à l'assainissement

L'accès à l'eau potable et à l'assainissement reste un défi majeur. Moins de 60 % de la population a accès à une source d'eau améliorée, et seulement 30 % bénéficient d'un système d'assainissement adéquat (DINEPA, 2022). Les zones rurales, les bidonvilles urbains et les quartiers informels sont les plus touchés, exposant les populations à des risques sanitaires importants, notamment lors des épidémies de choléra ou de dengue.

L'électrification est également très inégalement répartie. Le réseau de l'EDH (Électricité d'Haïti) couvre partiellement les principales villes, mais reste instable, avec de fréquentes coupures, et une production largement insuffisante. Dans plusieurs régions, l'électricité publique est absente, et les populations dépendent de groupes électrogènes, de batteries solaires ou de solutions de fortune. L'électrification rurale reste embryonnaire, limitant les possibilités de transformation agricole, de formation continue et de vie économique en soirée (UNDP, 2021).

4. Inégalités d'accès aux infrastructures numériques

Les infrastructures numériques — Internet, téléphonie mobile, accès aux données — constituent aujourd'hui un levier incontournable de développement territorial. En Haïti, le taux de pénétration d'Internet reste faible (environ 37 % en 2022 selon ARCEP), avec de fortes disparités entre les milieux urbains connectés et les zones rurales mal desservies.

Le numérique pourrait pourtant jouer un rôle de catalyseur pour l'éducation, la télémédecine, la gestion locale, l'agriculture intelligente et la transparence des politiques publiques. Mais l'absence d'un plan stratégique d'aménagement numérique du territoire, les coûts élevés, et l'instabilité énergétique freinent l'expansion de ces services. De nombreuses collectivités territoriales ne disposent pas d'accès régulier à Internet ni des équipements nécessaires pour une administration numérique efficiente (World Bank, 2021).

5. Une planification déficiente et une gestion désarticulée

L'un des problèmes structurels majeurs est l'absence de planification territoriale intégrée des infrastructures. Les investissements sont souvent décidés de manière centralisée, sans consultation des collectivités territoriales ni diagnostic préalable des besoins locaux. Les projets d'infrastructure sont fragmentés, dépendants des financements des bailleurs, parfois mal coordonnés et rarement évalués après mise en œuvre (UN-Habitat, 2020).

Le manque de synergie entre infrastructures de transport, d'eau, d'énergie et de services sociaux empêche la constitution de pôles de développement équilibrés, capables d'irriguer les territoires environnants. Cette désarticulation est accentuée par la faiblesse de l'État local, le déficit de données fiables, et l'absence de cadre réglementaire contraignant en matière d'aménagement du territoire.

L'état des infrastructures de base en Haïti constitue à la fois un symptôme des déséquilibres territoriaux et un levier potentiel de recomposition. La réduction des inégalités d'accès aux services et aux équipements passe par une politique volontariste d'investissement territorial équitable, fondée sur la planification, la concertation, la transparence et la résilience. Les infrastructures doivent cesser d'être des promesses électorales ou des instruments de rente, pour devenir de véritables outils de transformation des conditions de vie et d'intégration des territoires.

11.2. MOBILITÉ ET ACCESSIBILITÉ : DYNAMIQUES, CONTRAINTES ET PRATIQUES TERRITORIALES

La mobilité constitue un élément fondamental du fonctionnement des territoires. Elle structure les échanges économiques, les interactions sociales, l'accès aux services, la circulation des idées et des ressources, tout en influençant profondément l'organisation spatiale. En Haïti, cependant, la mobilité est confrontée à une série de contraintes structurelles — infrastructures routières dégradées, absence de transports publics organisés, insécurité, coûts élevés — qui rendent les déplacements difficiles, incertains, voire dangereux. Dans ce contexte, la mobilité devient un indicateur fort des inégalités territoriales et sociales, mais également un révélateur des stratégies d'adaptation des populations face à l'enclavement.

Cette section analyse les dynamiques de la mobilité en Haïti en articulant une lecture des contraintes physiques, économiques et institutionnelles, avec une attention particulière portée aux pratiques locales et informelles de déplacement, qui témoignent d'une résilience significative malgré les carences de l'État.

1. Une mobilité fortement contrainte par l'état du réseau de transport

Le premier facteur limitant la mobilité en Haïti réside dans la qualité insuffisante des infrastructures de transport. Comme souligné précédemment, la majorité du réseau routier est non asphalté, mal entretenu, sujet à l'érosion et peu praticable en saison des pluies. Les liaisons entre les grandes villes — Port-au-Prince, Cap-Haïtien, Les Cayes, Jérémie — sont souvent interrompues ou ralenties par l'état des routes, les glissements de terrain ou les coupures de ponts (MTPTC, 2020).

Les zones rurales sont particulièrement concernées : dans plusieurs communes montagneuses (Belle-Anse, Thiotte, Baie-de-Henne), l'isolement géographique est aggravé par l'absence d'accès motorisé, forçant les habitants à parcourir à pied de longues distances pour accéder aux services de base. Cette situation limite l'intégration de ces territoires aux circuits économiques et à la vie nationale.

2. Un système de transport informel et fragmenté

En l'absence de transport public structuré, le transport informel constitue l'épine dorsale de la mobilité quotidienne en Haïti. Les « tap-tap » (camionnettes aménagées), les motos-taxis, les minibus privés et les taxis improvisés assurent la majorité des déplacements urbains et interurbains. Bien qu'indispensables, ces services présentent plusieurs limites :

- Absence de réglementation effective (tarifs, horaires, sécurité) ;
- Vétusté des véhicules ;

- Surcharge fréquente ;
- Insécurité croissante, notamment dans les zones à forte criminalité.

Dans les grandes agglomérations comme Port-au-Prince ou Cap-Haïtien, la congestion urbaine, l'indiscipline routière et la rareté des transports en commun accentuent les temps de déplacement, les accidents et la pollution de l'air (UN-Habitat, 2020). À cela s'ajoute l'absence d'aménagements pour les mobilités douces (piétons, vélos), rendant les déplacements non motorisés périlleux, en particulier pour les enfants, les femmes enceintes, les personnes âgées ou à mobilité réduite.

3. Inégalités spatiales et sociales d'accès à la mobilité

La mobilité en Haïti est profondément marquée par des inégalités d'accès selon le territoire, le genre, le statut socio-économique et la condition physique. Les zones enclavées, notamment dans les départements du Nord-Ouest, du Sud-Est ou du Centre, cumulent isolement géographique, pauvreté monétaire et absence d'offre de transport. Le coût des trajets peut représenter jusqu'à 20 % des revenus mensuels d'un ménage rural, limitant fortement les possibilités de déplacement pour la santé, l'éducation ou le travail (Banque Mondiale, 2021).

Les femmes, souvent responsables du transport de l'eau, de la nourriture ou des enfants, sont particulièrement exposées à ces contraintes. L'insécurité dans les transports informels, les risques de harcèlement et l'absence d'équipements adaptés freinent leur mobilité autonome. De même, les personnes handicapées rencontrent des obstacles physiques majeurs dans l'espace public comme dans les véhicules de transport.

4. Stratégies locales d'adaptation à l'enclavement

Face à la faiblesse de l'offre de mobilité, les populations locales développent des formes de résilience territoriale. Les marchés mobiles (machann), les circuits informels de livraison, les coopératives de transport rural ou encore les réseaux d'entraide communautaire permettent de pallier partiellement l'enclavement. Dans certaines zones, des initiatives locales ont permis la construction ou l'entretien participatif de pistes rurales, avec l'appui d'ONG ou d'organisations de producteurs agricoles (Providence, 2015).

L'usage croissant des motos, notamment dans les régions rurales, constitue une autre réponse à l'absence de routes carrossables. Cependant, cette solution reste limitée par le coût du carburant, l'insécurité routière et l'absence d'infrastructures dédiées.

5. Vers une approche territorialisée et inclusive de la mobilité

Les constats précédents soulignent la nécessité d'une politique de mobilité territorialisée, intégrée aux stratégies de développement local et à la planification urbaine. Cela implique :

- La réhabilitation ciblée de routes stratégiques reliant les zones enclavées aux pôles d'activités ;
- Le développement de systèmes de transport public adaptés aux réalités locales ;
- La reconnaissance et la structuration progressive du transport informel ;
- La mise en œuvre d'aménagements favorables à la mobilité piétonne et non motorisée ;
- Et l'intégration de la dimension genre, handicap et jeunesse dans la conception des services de transport (UNDP, 2021; UN-Habitat, 2020).

À plus long terme, l'objectif est de garantir le droit à la mobilité pour toutes et tous, en tant que condition d'accès aux autres droits fondamentaux, mais aussi comme facteur de cohésion, de justice territoriale et de vitalité économique.

La mobilité en Haïti, loin d'être uniquement une question d'infrastructure ou de transport, révèle les profondes asymétries territoriales, sociales et institutionnelles du pays. L'amélioration de la mobilité, dans ses dimensions physiques, économiques et symboliques, constitue un levier central pour le développement territorial. Cela suppose un changement de paradigme : passer d'une logique réactive et centralisée à une approche planifiée, inclusive et ancrée dans les réalités locales.

11.3. POLITIQUES D'INVESTISSEMENT ET GOUVERNANCE DES INFRASTRUCTURES

Les infrastructures constituent un pilier stratégique de l'action publique, mais leur réalisation, leur entretien et leur gouvernance en Haïti restent marqués par des logiques centralisées, sectorielles et peu coordonnées, qui limitent leur efficacité et leur contribution au développement territorial. Si des investissements sont réalisés chaque année dans les routes, les bâtiments publics ou les réseaux d'énergie et d'eau, ceux-ci obéissent trop souvent à des logiques opportunistes, clientélistes ou politiciennes, sans vision intégrée ni articulation avec les priorités territoriales.

Cette section propose une analyse critique des politiques d'investissement en infrastructures en Haïti, en interrogeant la gouvernance institutionnelle, les mécanismes de financement, la place des collectivités territoriales, et les dynamiques de coordination intersectorielle.

1. Une gouvernance centralisée et peu transparente

La planification et l'exécution des projets d'infrastructure relèvent principalement du pouvoir central, notamment via le Ministère des Travaux publics, Transports et Communications (MTPTC), le Ministère de l'Économie et des Finances (MEF) et le Ministère de la Planification et de la Coopération externe (MPCE). Ces institutions définissent les priorités, attribuent les marchés, supervisent les travaux et contrôlent l'allocation budgétaire.

Cependant, ce fonctionnement centralisé marginalise les collectivités territoriales, qui disposent rarement de l'information, des moyens ou des compétences pour peser sur les décisions. Même lorsqu'il existe des plans de développement communal (PDC), ceux-ci sont rarement pris en compte dans les arbitrages d'investissement nationaux. La faible transparence des appels d'offres, l'opacité des critères de sélection des projets et l'instabilité des cadres de gestion fragilisent encore davantage la gouvernance des infrastructures (World Bank, 2021).

2. Fragmentation institutionnelle et cloisonnement sectoriel

La réalisation d'infrastructures mobilise de nombreux ministères et agences — MTPTC pour les routes, DINEPA pour l'eau, MENFP pour les écoles, MSPP pour les centres de santé, EDH pour l'électricité — mais la coordination interinstitutionnelle est faible. Chaque ministère agit selon sa propre logique, sans harmonisation des calendriers, des normes techniques ou des zones d'intervention.

Cette fragmentation se traduit par des chevauchements, des incohérences (ex. : une école construite sans accès routier ou réseau d'eau) ou des duplications de projets. La faiblesse du cadre national d'aménagement du territoire aggrave cette situation : en l'absence d'une vision spatialisée du développement, les investissements se concentrent sur les pôles déjà desservis, au détriment des zones enclavées.

3. Dépendance aux financements extérieurs et aux projets ponctuels

Une grande partie des investissements en infrastructures en Haïti repose sur l'aide internationale, que ce soit sous forme de dons, de prêts concessionnels ou de projets financés par des partenaires bilatéraux et multilatéraux (Banque mondiale, BID, UE, USAID, etc.). Cette dépendance pose plusieurs problèmes :

- Les projets sont souvent conçus selon les priorités des bailleurs, et non celles des territoires ;
- Les fonds transitent par des unités de gestion de projets (UGP) autonomes, qui échappent aux mécanismes de redevabilité publique ;
- La durabilité des infrastructures est rarement assurée après la fin du financement.

De plus, la faible capacité de l'administration publique à monter des projets techniquement robustes, à gérer les procédures de passation de marchés, ou à assurer le suivi-évaluation freine l'accès aux ressources disponibles. Cette situation renforce une logique de projets isolés, sans stratégie à long terme ni intégration dans les plans territoriaux (UNDP, 2021).

4. Faible implication des collectivités territoriales

La Constitution haïtienne de 1987 reconnaît le rôle des collectivités dans le développement local. Pourtant, en matière d'infrastructures, les mairies et les conseils communaux disposent rarement de budget, de personnel technique ou d'autonomie suffisante pour piloter des projets structurants. Leur rôle se limite souvent à accompagner les chantiers décidés ailleurs, sans pouvoir en garantir la pertinence ou l'entretien.

Quelques expériences pilotes ont tenté d'impliquer les collectivités dans des projets d'infrastructure (réhabilitation de routes rurales, construction de marchés communaux, mini-réseaux d'eau), mais ces démarches restent marginales, et dépendent fortement de la volonté des partenaires techniques. Une véritable décentralisation des investissements nécessite non seulement des transferts de compétences, mais aussi des ressources fiscales, de l'ingénierie locale et des dispositifs de cofinancement.

5. Vers une gouvernance territorialisée des infrastructures

Pour sortir de cette logique d'inefficacité et de centralisation, plusieurs réformes sont envisageables :

- L'adoption d'un cadre national d'investissement territorial, définissant des critères de répartition équitable des ressources selon les besoins et les vulnérabilités des territoires ;
- Le renforcement des capacités des collectivités territoriales à planifier, budgétiser, et suivre des projets d'infrastructure ;
- L'instauration de mécanismes de co-construction des projets, associant élus locaux, communautés, secteur privé et société civile ;
- La mise en place de fonds d'investissement locaux, alimentés par des ressources nationales et internationales, et gérés selon des principes de transparence et de performance.

À terme, la gouvernance des infrastructures doit évoluer vers un modèle décentralisé, participatif, coordonné et résilient, capable de répondre aux besoins réels des territoires et de soutenir une dynamique de développement équitable et durable.

Les politiques d'investissement en infrastructures en Haïti, bien que cruciales pour le développement, restent prisonnières de logiques centralisées, sectorielles et peu transparentes. Une réforme profonde de leur gouvernance est nécessaire pour permettre une véritable territorialisation de l'action publique, articulée aux priorités locales, à la justice spatiale et à la participation citoyenne.

11.4. *VERS UNE INFRASTRUCTURE RÉSILIENTE ET UNE MOBILITÉ DURABLE : LEVIERS POUR UN AMÉNAGEMENT ÉQUITABLE*

Les inégalités territoriales, la dégradation des infrastructures, l'enclavement de larges portions du territoire et la vulnérabilité croissante aux catastrophes climatiques appellent un renouvellement profond des paradigmes de planification et d'investissement en Haïti. Il ne s'agit plus seulement de construire ou de réhabiliter des routes, des ponts ou des bâtiments publics, mais de concevoir une politique nationale des infrastructures et de la mobilité fondée sur les principes de résilience, d'équité territoriale, de durabilité environnementale et d'inclusion sociale.

Cette section explore les pistes de transformation nécessaires pour faire des infrastructures et de la mobilité non plus des variables d'ajustement, mais des leviers stratégiques d'un développement territorial harmonisé, capable de réduire les inégalités et de renforcer la capacité des territoires à faire face aux crises systémiques.

1. Intégrer la résilience dans la conception et la localisation des infrastructures

L'une des priorités dans le contexte haïtien est de bâtir des infrastructures résistantes aux chocs naturels et climatiques. Cela implique d'intégrer dès la phase de conception :

- Des diagnostics de vulnérabilité environnementale ;
- Des normes de construction parasismiques et paracycloniques ;
- Une implantation tenant compte des risques (glissements de terrain, inondations, submersion marine).

L'expérience du séisme de 2010 et des ouragans successifs a montré que de nombreuses infrastructures publiques — écoles, centres de santé, routes — ont été gravement endommagées faute de standards de résilience adaptés. Une politique d'investissement résiliente suppose donc l'adoption de référentiels techniques contraignants, une montée en compétence des professionnels du secteur (ingénieurs, urbanistes, bâtisseurs), ainsi qu'un mécanisme de contrôle indépendant de la qualité des ouvrages (UN-Habitat, 2020; GIZ, 2021).

2. Territorialiser les investissements pour répondre aux besoins différenciés

La réduction des inégalités territoriales passe par une réorientation des investissements publics vers les zones sous-équipées, souvent rurales, enclavées ou périphériques. Il est impératif de sortir d'une logique d'hyperconcentration des infrastructures dans la région métropolitaine de Port-au-Prince au profit d'une stratégie de maillage équilibré du territoire.

Cela suppose de :

- Développer des infrastructures de base dans les centres secondaires (Fort-Liberté, Jérémie, Hinche, Miragoâne), afin de créer des pôles régionaux de services et d'activités ;
- Renforcer l'interconnexion entre les territoires via des corridors économiques (routes, télécommunications, réseaux logistiques) ;
- Soutenir les projets portés par les collectivités, en fonction de diagnostics territoriaux participatifs.

Des fonds d'investissement territorialisés, adossés à des critères de vulnérabilité et de besoins fondamentaux, pourraient permettre une répartition plus juste des ressources (World Bank, 2021).

3. Promouvoir une mobilité durable, inclusive et multimodale

Face à la crise de mobilité, une approche durable doit combiner :

- Réhabilitation des axes de transport structurant, intégrant les principes de durabilité (matériaux locaux, techniques à faible impact) ;
- Développement de transports collectifs accessibles, notamment dans les zones urbaines et périurbaines ;
- Reconnaissance, encadrement et amélioration progressive du transport informel, qui constitue le principal mode de déplacement des populations ;

- Promotion des mobilités douces (marche, vélo), grâce à des aménagements adaptés (trottoirs, pistes cyclables, passages protégés).

En parallèle, des dispositifs doivent être mis en place pour garantir la mobilité inclusive : accès sécurisé pour les femmes, dispositifs pour personnes à mobilité réduite, tarifs différenciés pour les groupes vulnérables, information en langues locales (UNDP, 2021).

4. Moderniser la gouvernance des infrastructures et renforcer les capacités locales

Une infrastructure durable est aussi une infrastructure bien gouvernée. Cela suppose :

- Une planification multisectorielle, croisant les enjeux d'aménagement, de développement social, d'environnement et de résilience ;
- Une décentralisation réelle des compétences et des ressources vers les collectivités territoriales, accompagnée d'un appui technique soutenu ;
- La mise en place de comités locaux de suivi des projets d'infrastructure, associant les citoyens, les élus et les services déconcentrés ;
- Le développement d'outils numériques de suivi et de transparence (cartes interactives, plateformes de suivi des chantiers, audits citoyens).

À plus long terme, il s'agira de structurer une ingénierie territoriale haïtienne, appuyée sur les universités, les bureaux d'études locaux et les jeunes professionnels du secteur, afin de concevoir des projets cohérents, durables et adaptés au contexte national.

5. Encourager l'innovation et la coopération pour des infrastructures durables

Enfin, il convient de mobiliser l'innovation technique, sociale et organisationnelle pour relever les défis du développement infrastructurel en Haïti. Cela peut passer par :

- L'expérimentation de technologies appropriées (routes en matériaux stabilisés, microréseaux solaires, stations de traitement décentralisées) ;

- La coopération intercommunale pour mutualiser les investissements et les compétences ;
- Le recours à des partenariats public-privé et communautaires bien encadrés ;
- L'échange d'expériences avec d'autres pays du Sud, notamment dans la Caraïbe, confrontés à des défis similaires (OIF, 2022; BID, 2020).

Ces innovations doivent être inscrites dans une logique d'apprentissage institutionnel, de capitalisation et de diffusion, afin d'éviter la répétition des erreurs passées.

Construire une infrastructure résiliente et promouvoir une mobilité durable en Haïti nécessite une rupture avec les logiques centralisées, techniques et sectorielles, au profit d'une approche intégrée, territorialisée et participative. Les infrastructures ne doivent pas seulement relier des lieux : elles doivent relier les personnes, renforcer les capacités locales, soutenir les économies de proximité et contribuer à la justice spatiale. Dans cette optique, l'enjeu est de faire de chaque projet d'infrastructure un levier de transformation territoriale, au service d'un développement plus inclusif, plus équitable et plus soutenable.

Cas d'étude 1 : La reconstruction du pont de La Digue (Léogâne) — entre urgence, résilience et gouvernance défaillante

Le pont de La Digue, situé à l'entrée de la ville de Léogâne sur la Route Nationale No 2, constitue une infrastructure stratégique du réseau routier haïtien, reliant Port-au-Prince au Grand Sud. À la suite de l'effondrement partiel du pont en juin 2016, causé par des crues soudaines et des dommages structurels préexistants, une interruption majeure du trafic a mis en lumière les fragilités systémiques de la gouvernance des infrastructures et les limites de la gestion des urgences.

1. Un point névralgique pour la connectivité du Grand Sud

Le pont de La Digue est un passage obligé pour les flux de personnes, de marchandises, de carburant et de produits agricoles entre la capitale et les départements du Sud, des Nippes et de la Grand'Anse. L'effondrement du pont a donc provoqué un isolement partiel de ces régions, entraînant une flambée des prix, des perturbations logistiques et un ralentissement significatif des activités économiques. La crise a été d'autant plus marquante que le pont avait déjà été identifié comme vulnérable dans plusieurs diagnostics antérieurs (MTPTC, 2020; UNDP, 2021).

2. Une réponse improvisée et centralisée

Face à l'urgence, une passerelle métallique temporaire (type Bailey) a été installée en quelques semaines. Bien que cette solution ait permis de rétablir la circulation, elle a mis en évidence les défauts structurels de la planification :

- Absence de politique d'entretien régulier ;
- Manque de redondance dans les infrastructures critiques ;
- Faible anticipation des risques hydrologiques ;
- Gouvernance centralisée ayant exclu les autorités locales de la décision.

La reconstruction définitive du pont, réalisée en 2019 avec l'appui de bailleurs internationaux, a intégré des améliorations techniques (hauteur rehaussée, renforcement des culées, dispositif de drainage), mais sans réel processus participatif ni étude d'impact environnemental approfondie.

3. Enjeux de durabilité et d'apprentissage

Ce cas souligne la nécessité de renforcer les mécanismes de veille, d'entretien préventif et de planification territoriale des infrastructures critiques. Il plaide également pour une meilleure intégration des collectivités territoriales dans la gestion des réseaux structurants, ainsi que pour l'adoption de standards de résilience dans les ouvrages d'art situés en zone à risque hydrométéorologique.

Cas d'étude 2 : Le programme pilote de transport public électrique à Port-au-Prince — innovation, limites et perspectives

Depuis 2020, plusieurs initiatives émergentes ont vu le jour à Port-au-Prince autour de la promotion d'un transport urbain électrique, en réponse aux défis combinés de la pollution, de la congestion, de la précarité énergétique et de la dépendance au carburant importé. L'un des projets les plus emblématiques est le programme pilote de bus électriques porté par des entreprises locales, en partenariat avec des ONG et des institutions internationales.

1. Objectifs du programme

Lancé initialement dans la commune de Delmas, le projet visait à tester la viabilité technique, économique et sociale de minibus électriques sur des itinéraires à forte demande. Les objectifs principaux étaient :

- Réduire les émissions de gaz à effet de serre et la pollution de l'air ;
- Offrir une alternative de transport propre, silencieuse et abordable ;
- Contribuer à l'indépendance énergétique par le recours à des systèmes solaires pour la recharge ;
- Démontrer la faisabilité d'une transition verte dans le secteur du transport urbain.

Les véhicules électriques utilisés étaient des minibus de 12 à 20 places, alimentés par batteries lithium-ion, avec des stations de recharge installées sur des sites pilotes dotés de panneaux photovoltaïques.

2. Résultats et limites

Le projet a montré des résultats positifs à court terme :

- Attractivité du service auprès des usagers (confort, coût stable, régularité) ;
- Réduction notable du bruit et des émissions dans les corridors desservis ;

- Intérêt croissant des autorités locales et de certaines entreprises privées.

Cependant, plusieurs limites sont rapidement apparues :

- Coût élevé des véhicules et des batteries importés ;
- Fragilité du modèle économique, sans subvention ni tarif réglementé ;
- Insuffisance des infrastructures de recharge à l'échelle de la ville ;
- Inexistence d'un cadre réglementaire spécifique pour les transports électriques ;
- Insécurité sur certaines lignes, dissuadant les opérateurs privés.

Le projet a toutefois suscité un débat public sur l'avenir de la mobilité urbaine, tout en posant les bases pour une réflexion sur l'électrification progressive du transport en commun dans les grandes agglomérations haïtiennes.

3. Leçons à tirer pour une mobilité durable

L'expérience montre qu'il est possible d'introduire des innovations technologiques dans un contexte contraint, à condition de les ancrer dans une stratégie urbaine globale, intégrant les dimensions de sécurité, de régulation, d'accessibilité financière et de décentralisation énergétique. Le programme illustre également la nécessité d'un partenariat public-privé structuré, d'un appui technique continu, et d'une intégration avec les autorités municipales pour une montée en échelle.

À terme, une politique nationale de mobilité urbaine durable devrait inclure :

- Des incitations à l'importation de véhicules propres ;
- Un cadre tarifaire protecteur et équitable ;
- Des investissements dans les infrastructures de recharge décentralisées ;
- Et une articulation avec les Plans de déplacements urbains (PDU) à l'échelle communale et métropolitaine.

Ces deux cas d'étude illustrent, chacun à leur manière, les défis structurels, les opportunités d'innovation et les leviers de transformation liés aux infrastructures et à la mobilité en Haïti. Ils soulignent que toute démarche d'aménagement territorial durable doit s'appuyer à la fois sur des réponses techniques appropriées et sur une gouvernance renouvelée, fondée sur la transparence, la participation et l'ancrage local.

Conclusion du chapitre 11

Ce chapitre a mis en évidence le rôle central que jouent les infrastructures et la mobilité dans l'organisation, la cohésion et la dynamique des territoires haïtiens. Bien plus que des éléments techniques ou logistiques, les réseaux de transport, les équipements publics, les services de base et les dispositifs de déplacement structurent l'espace, déterminent les opportunités d'accès aux droits fondamentaux, influencent les trajectoires économiques et traduisent les rapports de pouvoir entre les centres et les périphéries. Ils constituent à ce titre des marqueurs puissants des inégalités territoriales, mais aussi des leviers potentiels de recomposition et d'équilibre.

L'état actuel des infrastructures en Haïti témoigne d'un double déficit : quantitatif — en raison de l'insuffisance, de la vétusté ou de l'irrégularité des services — et qualitatif — du fait de leur inadaptation aux besoins locaux, à la géographie, aux risques climatiques et aux capacités de gestion des acteurs publics. Ce déficit infrastructurel contribue au creusement des fractures territoriales, à l'isolement des zones rurales, à la congestion urbaine, à l'exclusion des plus vulnérables et à la fragilité des circuits économiques.

Sur le plan de la mobilité, l'omniprésence de l'informel, l'absence de régulation efficace, l'inexistence d'une politique publique cohérente et la faible articulation entre les différents modes de transport rendent les déplacements incertains, coûteux et discriminants. La mobilité devient ainsi un révélateur d'inégalités sociales, mais également un espace d'innovation populaire, où les acteurs locaux, malgré les contraintes, développent des stratégies de contournement, d'adaptation et de coopération.

Le chapitre a également montré que les politiques publiques en matière d'infrastructures et de transport restent trop centralisées, sectorielles et faiblement territorialisées. L'absence de planification intégrée, la faiblesse des collectivités territoriales, la dépendance aux financements extérieurs et le manque de transparence dans les procédures de passation de marchés fragilisent l'efficacité des investissements et sapent la confiance des populations.

Pourtant, des pistes de transformation existent. Plusieurs expériences locales, projets pilotes ou cas d'étude — tels que la reconstruction du pont de La Digue ou le programme de transport public électrique à Port-au-Prince — illustrent les potentialités d'une approche renouvelée, fondée sur la résilience, la durabilité, l'inclusion et la gouvernance participative. Ces exemples montrent qu'il est possible de bâtir des infrastructures adaptées, durables et équitables, à condition de dépasser les logiques technocratiques ou clientélistes et d'ancrer les projets dans une vision territoriale partagée.

En ce sens, il apparaît indispensable de refonder les politiques d'infrastructure et de mobilité en Haïti autour de plusieurs axes stratégiques :

- Une territorialisation active des investissements, orientée vers les zones sous-équipées et marginalisées ;
- L'intégration systématique des principes de résilience et d'adaptation climatique dans la conception des ouvrages ;
- Le développement d'une mobilité durable, multimodale et inclusive, répondant aux besoins réels des usagers ;
- Le renforcement des capacités techniques, financières et institutionnelles des collectivités locales ;
- Et l'établissement d'un cadre national de gouvernance territoriale des infrastructures, fondé sur la transparence, la coordination intersectorielle et la participation citoyenne.

Au-delà de ces leviers opérationnels, c'est une véritable vision de l'aménagement du territoire qu'il convient de réaffirmer : une vision qui conçoit les infrastructures non pas comme de simples artefacts de développement, mais comme des outils de justice spatiale, de transformation sociale et de souveraineté territoriale. Dans cette perspective, les territoires doivent être pensés comme des espaces vivants, en interaction permanente, où la circulation — des personnes, des biens, des services, des idées — devient le moteur d'un développement durable, équitable et résilient.

Ainsi, repenser les infrastructures et la mobilité en Haïti, c'est participer à un projet plus vaste de refondation territoriale, où les investissements publics retrouvent leur sens au service du bien commun, de la cohésion nationale et de la dignité des citoyens.

CHAPITRE 12. CULTURE ET PATRIMOINE COMME LEVIER TERRITORIAUX

Introduction

Dans un contexte haïtien marqué par de profondes disparités territoriales, une gouvernance centralisée et des vulnérabilités multiples, la culture et le patrimoine apparaissent souvent relégués au second plan des politiques de développement. Trop fréquemment réduits à leur dimension symbolique ou folklorique, ces champs sont encore rarement envisagés comme des leviers structurants de transformation sociale, économique et territoriale. Pourtant, à travers le monde, de nombreuses expériences démontrent que la valorisation culturelle et patrimoniale peut jouer un rôle central dans les dynamiques de revitalisation locale, de cohésion sociale et d'attractivité territoriale. Dans le cas haïtien, cette perspective revêt une pertinence particulière, tant les ressources culturelles du pays sont denses, diverses, profondément ancrées dans les territoires, et porteuses d'un fort potentiel de mobilisation.

La culture, dans son acception large — incluant les pratiques artistiques, les savoirs traditionnels, les expressions orales, les rituels, les croyances, les langues et les formes d'organisation communautaire — constitue un socle identitaire fondamental. Elle structure les liens sociaux, forge les représentations collectives et oriente les rapports au territoire. Le patrimoine, qu'il soit matériel (bâti historique, sites archéologiques, paysages culturels) ou immatériel (chants, danses, artisanats, pratiques rituelles), incarne quant à lui la mémoire vivante des communautés. Tous deux ne sont pas de simples vestiges du passé, mais des ressources dynamiques susceptibles de nourrir un projet de société ancré dans la réalité locale.

En Haïti, les territoires ruraux, les villes secondaires comme les quartiers populaires regorgent d'initiatives culturelles portées par des artistes, des artisans, des associations et des acteurs de la société civile, qui œuvrent à la préservation, à la transmission et à la réinvention des patrimoines. Ces initiatives, bien que souvent informelles et peu soutenues, jouent un rôle déterminant dans la structuration des économies locales, la résilience communautaire et l'affirmation d'identités territoriales spécifiques. Elles participent aussi à redéfinir les rapports entre centre et périphérie, en redonnant une visibilité et une légitimité aux expressions culturelles issues des marges.

Ce chapitre se propose ainsi d'interroger le rôle que peuvent jouer la culture et le patrimoine dans une stratégie de développement territorial durable en Haïti. Il s'agira d'abord d'analyser comment les ressources culturelles, lorsqu'elles sont reconnues, protégées et valorisées, peuvent contribuer à la revitalisation des territoires, à la création d'emplois, à la diversification économique et au renforcement de la cohésion sociale. Il conviendra également de réfléchir aux conditions de mise en œuvre de politiques culturelles territorialisées, capables de renforcer les capacités locales, d'impliquer les communautés dans les processus décisionnels et de favoriser un développement endogène, respectueux des identités et des dynamiques locales.

Plus largement, ce chapitre invite à dépasser une approche instrumentale de la culture, pour la penser comme un vecteur transversal du développement territorial. À travers l'étude de cas, d'expériences locales et d'initiatives portées par la diaspora, il sera démontré que la culture, loin d'être un luxe ou un supplément d'âme, peut être un pilier stratégique dans la construction de territoires plus justes, plus vivants et plus résilients.

12.1. RÔLE DE LA CULTURE ET DU PATRIMOINE DANS LE DÉVELOPPEMENT TERRITORIAL

Le rôle de la culture et du patrimoine dans le développement territorial est de plus en plus reconnu par la recherche en aménagement, en géographie sociale et en économie territoriale. En effet, ces dimensions, longtemps considérées comme périphériques ou accessoires, sont aujourd'hui comprises comme des leviers essentiels pour structurer les identités collectives, renforcer les capacités locales et favoriser une dynamique de développement endogène. Dans le cas d'Haïti, pays riche d'un héritage culturel exceptionnel et d'une mémoire profondément territorialisée, cette approche ouvre des perspectives particulièrement fécondes.

La culture, en tant que système de valeurs, de représentations et de pratiques sociales, façonne les rapports que les individus et les communautés entretiennent avec leur environnement. Elle participe à la construction des territoires en leur conférant du sens, en marquant leur singularité et en nourrissant un sentiment d'appartenance. Selon Guy Di Méo (2001), les territoires sont des espaces vécus, chargés d'affects, et ce sont les dimensions culturelles qui donnent à ces espaces leur épaisseur symbolique. En ce sens, tout projet de développement territorial doit s'ancrer dans les référents culturels des populations concernées, sous peine d'être perçu comme étranger, voire imposé.

Le patrimoine, qu'il soit matériel ou immatériel, joue un rôle complémentaire et structurant. Il incarne la mémoire collective, témoigne des trajectoires historiques et fonde la continuité entre passé, présent et futur. La patrimonialisation, c'est-à-dire le processus par lequel une communauté reconnaît, protège et valorise certains éléments de son héritage, constitue une modalité puissante de revalorisation des territoires souvent dévalorisés ou marginalisés par les dynamiques dominantes du développement. Dans le contexte haïtien, où les inégalités spatiales sont fortement liées à une centralisation historique et à une hiérarchisation implicite entre espaces « modernes » et espaces « traditionnels », la mise en avant du patrimoine local permet une forme de réhabilitation symbolique et politique des territoires longtemps invisibilisés.

De plus, les politiques culturelles territorialisées peuvent générer des retombées économiques non négligeables, notamment à travers le tourisme culturel, l'artisanat, la production artistique et les industries créatives. Comme le souligne l'UNESCO (2013), la culture représente un « catalyseur et un vecteur du développement durable » et contribue à créer des emplois, à renforcer les économies locales et à améliorer la qualité de vie. Dans les villes secondaires d'Haïti comme Jacmel, Jérémie ou Cap-Haïtien, les manifestations culturelles, les festivals, les savoir-faire artisanaux ou encore les sites historiques ont démontré leur capacité à générer une activité économique significative tout en renforçant le tissu social local (Nési, 2014).

Par ailleurs, la culture agit comme un facteur de résilience. Dans les contextes de crise — qu'elles soient naturelles, politiques ou économiques — les pratiques culturelles, les rituels, les récits et les formes d'expression artistique permettent aux communautés de résister, de se reconstruire symboliquement et de maintenir des formes de continuité. En Haïti, après le séisme de 2010, de nombreuses initiatives culturelles ont joué un rôle central dans la reconstruction du lien social et dans la recomposition du sentiment d'appartenance territoriale (Schuller, 2016). Ces expériences rappellent que la culture n'est pas simplement un domaine sectoriel, mais un ressort transversal du vivre-ensemble et du développement.

Enfin, intégrer la culture et le patrimoine dans les stratégies de développement territorial permet également de renforcer la participation citoyenne. La reconnaissance des ressources culturelles locales valorise les savoirs endogènes, les mémoires collectives et les pratiques quotidiennes. Elle offre aux communautés un espace d'expression et de reconnaissance, facilitant leur implication dans les dynamiques de planification et de gouvernance. À travers la mobilisation d'associations culturelles, de comités de quartier, d'artisans ou d'artistes, il devient possible de construire des projets de territoire plus inclusifs, plus représentatifs et plus adaptés aux réalités locales (Providence, 2022).

En somme, la culture et le patrimoine ne constituent pas seulement des éléments décoratifs ou identitaires. Ils sont au cœur des processus de production des territoires, tant du point de vue symbolique qu'économique, social et politique. Leur valorisation dans le cadre d'une stratégie territoriale bien pensée peut contribuer à restaurer la dignité des territoires marginalisés, à réactiver des dynamiques locales de développement, et à construire une vision durable, cohérente et partagée du devenir territorial.

12.2. DÉFIS LIES À LA VALORISATION CULTURELLE ET PATRIMONIALE

Malgré son potentiel évident pour contribuer au développement territorial, la valorisation de la culture et du patrimoine en Haïti se heurte à de nombreux défis d'ordre institutionnel, économique, politique et socioculturel. Ces obstacles ne relèvent pas seulement de la faiblesse des investissements publics dans le secteur, mais témoignent aussi d'une certaine marginalisation historique de la question culturelle dans les politiques de développement et d'aménagement du territoire. Comprendre ces difficultés est essentiel pour envisager des stratégies plus cohérentes et durables.

Le premier défi majeur réside dans l'absence de politiques publiques cohérentes et pérennes en matière de culture et de patrimoine. En Haïti, les politiques culturelles ont souvent été ponctuelles, fragmentées ou dépendantes de financements extérieurs. Le ministère de la Culture, bien qu'existant depuis 1991, dispose de ressources extrêmement limitées, tant en termes de budget que de capacités opérationnelles. Il en résulte une faible capacité de l'État à inventorier, protéger et valoriser le patrimoine national, en particulier celui qui est situé en dehors des grands centres urbains (Providence, 2015). L'absence de planification culturelle territorialisée empêche aussi une mise en cohérence des initiatives locales, qui restent souvent isolées, non soutenues, voire menacées de disparition.

À cette faiblesse institutionnelle s'ajoute une problématique de reconnaissance sociale et politique. En effet, de nombreuses formes d'expression culturelle en Haïti — qu'il s'agisse du vaudou, des pratiques populaires, des arts de la rue, des langues vernaculaires ou des traditions orales — demeurent marginalisées ou stigmatisées. Le patrimoine immatériel, bien qu'inscrit dans les conventions internationales de l'UNESCO (2003), peine à être pleinement reconnu dans les pratiques administratives et les représentations élitaires. Cette hiérarchisation des cultures, qui privilégie une vision occidentalisée et patrimoniale du « beau » et du « légitime », constitue un frein majeur à la mise en valeur des ressources culturelles portées par les communautés locales (Michel, 2014). La valorisation culturelle implique donc aussi un travail de déconstruction des préjugés, de réhabilitation symbolique et d'inclusion.

Un autre obstacle important concerne la marchandisation non encadrée de la culture et du patrimoine, en particulier dans les secteurs liés au tourisme. Si ce dernier représente une opportunité économique indéniable, il comporte aussi le risque de dénaturer ou d'instrumentaliser les expressions culturelles au profit d'une logique commerciale déconnectée des réalités locales. Comme le soulignent Gravari-Barbas et Jacquot (2013), une patrimonialisation motivée uniquement par des impératifs économiques peut conduire à la folklorisation des cultures, à l'uniformisation des récits identitaires et à l'exclusion des communautés de la gouvernance des sites ou des événements. En Haïti, plusieurs exemples illustrent cette tension, où les communautés concernées ne bénéficient que marginalement des retombées économiques générées par la mise en tourisme de leur patrimoine.

Par ailleurs, les dynamiques de valorisation culturelle doivent composer avec des menaces croissantes sur le plan matériel et immatériel. L'urbanisation anarchique, les catastrophes naturelles, les conflits fonciers et la spéculation immobilière constituent autant de facteurs de destruction du patrimoine bâti ou paysager. Le séisme de

2010, par exemple, a provoqué la disparition de nombreux édifices historiques dans les centres anciens, sans qu'un véritable plan de reconstruction patrimoniale ne soit mis en œuvre de manière structurée (Schuller, 2016). À cela s'ajoute une érosion lente, mais continue des pratiques culturelles traditionnelles, souvent transmises oralement, menacées par les effets de la migration, de la pauvreté, de la scolarisation inadaptée ou encore de l'influence croissante des médias mondialisés.

La fragilité des acteurs culturels constitue également un défi de taille. Artistes, artisans, conteurs, musiciens ou responsables d'associations culturelles sont confrontés à un manque chronique de soutien, d'infrastructures, de formation et de reconnaissance professionnelle. Les espaces culturels autonomes, les festivals locaux ou les ateliers d'art sont le plus souvent dépendants de financements sporadiques, sans véritable cadre de pérennisation. Or, ces acteurs sont les vecteurs vivants du lien entre culture et territoire. Leur précarité structurelle menace directement la dynamique de valorisation et de transmission des savoirs.

Enfin, la gouvernance du secteur culturel demeure peu inclusive et faiblement décentralisée. Les collectivités territoriales disposent rarement d'une direction culturelle formalisée, encore moins de budgets dédiés. La coordination entre acteurs étatiques, organisations internationales, ONG et initiatives communautaires est souvent inexistante ou conflictuelle. Il en résulte une multitude d'actions concurrentes, parfois redondantes, sans vision d'ensemble ni stratégie partagée (UNESCO, 2018). Cette situation limite l'impact global des efforts entrepris et contribue à la discontinuité des politiques mises en œuvre.

Face à ces nombreux défis, la valorisation culturelle et patrimoniale en Haïti appelle donc une transformation en profondeur des modes de penser et de faire le développement territorial. Il s'agit de sortir d'une logique de consommation ou d'instrumentalisation de la culture, pour envisager celle-ci comme une ressource stratégique à gouvernance partagée, qui doit être intégrée dès la conception des politiques publiques, et non ajoutée a posteriori comme un élément décoratif.

12.3. OPPORTUNITÉS POUR MOBILISER LA CULTURE ET LE PATRIMOINE

Malgré les nombreux défis identifiés dans la valorisation culturelle et patrimoniale en Haïti, les opportunités de mobilisation demeurent substantielles. Ces opportunités ne relèvent pas uniquement d'une potentialité latente, mais de dynamiques déjà à l'œuvre au sein des territoires, portées par des acteurs locaux, des réseaux associatifs, des artistes, des collectivités et, de manière croissante, par la diaspora haïtienne. En les identifiant, en les soutenant et en les articulant dans une stratégie territoriale cohérente, il est possible de transformer la culture et le patrimoine en leviers puissants de développement durable, de cohésion sociale et de résilience locale.

L'une des premières opportunités repose sur la densité, la diversité et la vitalité des expressions culturelles haïtiennes. Du théâtre populaire aux arts plastiques, de la musique racine aux cérémonies vaudou, de l'artisanat du fer découpé aux contes créoles, le pays regorge de ressources immatérielles vivantes, incarnées et transmissibles. Ces ressources ne sont pas de simples vestiges du passé, mais des éléments dynamiques, en constante réinvention. Comme le souligne Hall (1997), les identités culturelles ne sont pas figées : elles se construisent dans l'interaction, dans le quotidien, dans les pratiques territorialisées. Cette vivacité culturelle, lorsqu'elle est reconnue, valorisée et soutenue, devient un socle solide pour fonder des projets de développement ancrés, portés par les communautés elles-mêmes.

Les initiatives communautaires et associatives constituent une seconde opportunité majeure. Dans plusieurs régions d'Haïti, des groupes de jeunes, des femmes artisanes, des comités de quartier ou des collectifs d'artistes développent des actions de protection, de transmission et de diffusion des patrimoines locaux. Ces initiatives, souvent informelles, comblent le vide laissé par les institutions et témoignent d'une capacité d'innovation sociale remarquable. La mobilisation autour des festivités locales, des carnavals, des commémorations historiques ou des expositions itinérantes permet de renforcer les liens sociaux, de créer de l'emploi local et de valoriser les territoires marginalisés. Comme l'ont démontré Santagata (2002) et Bertacchini (2012), les projets culturels participatifs ont un fort potentiel d'inclusion sociale et peuvent stimuler des dynamiques économiques à petite échelle, en particulier dans les contextes post-crise.

Le développement du tourisme culturel et patrimonial offre également une perspective structurante, à condition d'être encadré par une gouvernance éthique et territorialisée. Des villes comme Jacmel, avec son carnaval, son architecture coloniale et ses écoles d'art, ou Cap-Haïtien, avec la Citadelle Laferrière et le Palais Sans-Souci, possèdent un potentiel de rayonnement régional et international. Le tourisme peut devenir un vecteur d'investissement dans la préservation des sites, dans la formation professionnelle, dans l'infrastructure locale et dans les circuits économiques courts. Toutefois, il doit être conçu en lien étroit avec les habitants, afin d'éviter les dérives extractives ou les mécanismes d'exclusion. Le modèle de « tourisme communautaire » promu par l'Organisation mondiale du tourisme (OMT, 2016) constitue à ce titre une référence pertinente, en insistant sur la redistribution équitable des revenus et la participation active des communautés locales à la gouvernance des ressources culturelles.

Un autre levier mobilisable concerne la diaspora haïtienne, qui joue un rôle croissant dans la réactivation des liens culturels et patrimoniaux. Présente dans les Amériques, en Europe et ailleurs, la diaspora contribue non seulement par des transferts financiers, mais aussi par des projets culturels transnationaux, des collaborations artistiques, des résidences d'artistes et des plateformes de diffusion numérique. La culture devient ainsi un vecteur de ré-ancrage territorial et de diplomatie horizontale. Selon Laguerre (2006), les communautés diasporiques développent des « territoires d'engagement à distance », où le lien au pays d'origine passe de plus en plus par des projets culturels, éducatifs et patrimoniaux. Cette dimension représente un atout stratégique, encore peu structuré, mais porteur d'innovation dans les relations entre l'intérieur et l'extérieur.

Par ailleurs, la numérisation croissante des contenus culturels ouvre de nouvelles perspectives pour la préservation, la transmission et la diffusion du patrimoine haïtien. La digitalisation des archives, des objets patrimoniaux et des récits oraux permet non seulement de sécuriser des données menacées, mais aussi de les rendre accessibles à une échelle nationale et internationale. Elle favorise également la création de contenus éducatifs, d'outils pédagogiques ou de plateformes interactives de valorisation des savoirs locaux. Des projets comme Haitian Heritage Digital Archive (Université de Floride) ou Archive Haïti, initiés par des chercheurs et acteurs de la société civile, montrent qu'une politique de numérisation ciblée peut enrichir l'offre culturelle, renforcer la transmission intergénérationnelle et accroître la visibilité du patrimoine haïtien.

Enfin, les cadres normatifs internationaux, tels que les conventions de l'UNESCO sur le patrimoine mondial (1972) et le patrimoine immatériel (2003), offrent une opportunité politique et financière importante. Ces instruments permettent d'inscrire des sites, des pratiques ou des savoirs dans un réseau de protection et de financement international. Ils facilitent également l'accès à des programmes de coopération, à des expertises techniques et à des dispositifs de formation. En Haïti, l'inscription de la Citadelle, du Palais Sans-Souci et de Ramiers au patrimoine mondial, ou encore les démarches autour du « Rara » ou du « Gede », illustrent le potentiel de ces outils, à condition qu'ils soient intégrés dans une stratégie inclusive et participative.

Ainsi, les opportunités de mobilisation de la culture et du patrimoine en Haïti sont multiples et concrètes. Elles reposent à la fois sur les ressources endogènes, les dynamiques communautaires, les réseaux diasporiques, les technologies numériques et les cadres internationaux. L'enjeu consiste désormais à reconnaître pleinement cette richesse, à l'inscrire dans une planification territoriale ambitieuse et à créer les conditions institutionnelles, financières et politiques qui permettront à ces opportunités de se déployer durablement.

12.4. CAS PRATIQUE : LE CARNAVAL DE JACMEL COMME LEVIER DU DÉVELOPPEMENT TERRITORIAL

Le Carnaval de Jacmel, célébré chaque année dans la ville du même nom, constitue l'un des exemples les plus emblématiques de mobilisation réussie de la culture et du patrimoine au service du développement territorial en Haïti. Cette manifestation, à la fois festive, artistique et identitaire, dépasse largement le cadre de l'événementiel : elle incarne une stratégie de dynamisation économique, de valorisation du patrimoine immatériel et de structuration d'un territoire autour de sa mémoire collective et de sa créativité contemporaine. L'étude de ce cas met en lumière les potentialités et les limites d'une approche culturelle du développement local, en lien avec les dynamiques communautaires, les politiques publiques et les enjeux de gouvernance territoriale.

Jacmel, située au sud-est du pays, est reconnue pour son riche héritage architectural d'inspiration coloniale, son artisanat du papier mâché, ses artistes plasticiens, et son passé de ville commerçante ouverte sur les Caraïbes. Le Carnaval y est célébré depuis plus d'un siècle, mais il a acquis une notoriété nationale et internationale à partir des années 1980, grâce à l'implication croissante des artistes locaux et à l'originalité de ses créations visuelles. À la différence du carnaval de Port-au-Prince, souvent plus institutionnalisé et médiatisé, celui de Jacmel se distingue par sa forte dimension populaire, communautaire et artisanale. Les masques en papier mâché, les costumes inspirés de figures mythologiques, historiques ou satiriques, les chorégraphies de rue et les performances musicales témoignent d'une profonde créativité enracinée dans la culture locale (Lambert & Providence, 2025).

Le Carnaval de Jacmel constitue ainsi un vecteur puissant d'expression identitaire, de transmission intergénérationnelle des savoir-faire et de revalorisation du patrimoine immatériel haïtien. Il mobilise chaque année des centaines d'artisans, d'artistes, de danseurs, de musiciens et de bénévoles issus des quartiers de la ville et des zones rurales environnantes. Ce processus de mobilisation territoriale autour d'un événement culturel permet de renforcer les liens sociaux, de stimuler la fierté collective et d'enraciner le sentiment d'appartenance à un territoire.

Sur le plan économique, le carnaval joue un rôle de catalyseur. Il génère des retombées significatives dans les secteurs de l'hôtellerie, de la restauration, de l'artisanat, du transport et des services connexes. Des milliers de visiteurs — nationaux et internationaux — affluent à Jacmel durant cette période, créant un marché temporaire qui dynamise l'économie locale. Le savoir-faire lié à la confection des masques, reconnu comme un art en soi, a donné naissance à des ateliers permanents et à des formes d'économie créative ancrées dans la ville. Comme le note Abigaïl-Laure Kern (2019), cette économie carnavalesque n'est pas seulement saisonnière : elle permet de structurer des filières de production culturelle et de créer des emplois durables, notamment pour les jeunes.

Le Carnaval a également favorisé l'émergence d'une gouvernance culturelle locale, articulant acteurs publics, privés et associatifs. La mairie de Jacmel, des ONG culturelles, des collectifs d'artistes (comme le Centre d'Art Jacmelien) et des instances étatiques ont mis en place des partenariats pour organiser l'événement, soutenir les productions artistiques, sécuriser les espaces publics et promouvoir l'image de la ville. Cette coopération multiacteurs, bien que parfois fragile ou conflictuelle, montre la possibilité d'un pilotage partagé des ressources culturelles dans une logique territorialisée.

Le Carnaval de Jacmel contribue également à la revalorisation de l'espace urbain et du patrimoine bâti. À travers les défilés, les spectacles de rue et les expositions, la ville devient scène, musée vivant, support d'expression artistique. Ce processus de réappropriation spatiale stimule des dynamiques de requalification du centre historique, longtemps négligé, et attire des projets de rénovation urbaine portés par des acteurs locaux ou internationaux. Il offre ainsi un exemple de synergie entre patrimoine matériel et immatériel dans une perspective de développement local intégré (Gravari-Barbas & Jacquot, 2024).

Cependant, cette dynamique n'est pas exempte de tensions et de risques. L'essor touristique engendré par le carnaval pose la question de la soutenabilité de l'événement. L'inflation des prix, la pression sur les infrastructures urbaines, la marchandisation excessive de certaines pratiques, ou encore la dépendance vis-à-vis des financements extérieurs sont autant de défis à anticiper. La tension entre la volonté de conserver l'authenticité de l'événement et la nécessité de répondre aux attentes d'un public élargi reste également un enjeu crucial. Le Carnaval de Jacmel, à l'instar d'autres manifestations culturelles dans le monde, se trouve à la croisée des chemins entre tradition, innovation, marché et identité (Richards & Palmer, 2010).

Enfin, la fragilité institutionnelle du pays, les aléas politiques et les catastrophes naturelles (notamment le séisme de 2010) ont mis à rude épreuve la pérennité de cette dynamique. Malgré cela, la résilience des acteurs locaux, la forte mobilisation communautaire et le rôle actif de la diaspora ont permis la continuité de l'événement, soulignant la solidité des ancrages territoriaux sur lesquels repose cette initiative.

En somme, le Carnaval de Jacmel illustre la manière dont un événement culturel peut devenir un levier transversal de développement territorial : moteur économique, catalyseur social, vecteur de gouvernance partagée, outil de requalification urbaine et de rayonnement international. Il offre un modèle inspirant, mais non reproductible à l'identique, qui appelle à une réflexion contextuelle sur la manière de valoriser les ressources culturelles au service des territoires haïtiens. Son succès repose sur une alchimie entre ancrage local, créativité collective et ouverture au monde, que les politiques publiques gagneraient à reconnaître, accompagner et intégrer dans les stratégies nationales de développement.

Conclusion du chapitre 12

Ce chapitre a mis en évidence que la culture et le patrimoine ne peuvent plus être considérés comme des éléments secondaires ou décoratifs dans les politiques de développement territorial. Bien au contraire, ils constituent des ressources stratégiques au cœur de la production des territoires, en tant que matrices identitaires, leviers économiques, vecteurs de cohésion sociale et catalyseurs de participation citoyenne. En Haïti, où les fractures territoriales sont profondes, et où l'histoire a laissé une empreinte à la fois douloureuse et riche, la mobilisation du capital culturel représente un enjeu fondamental pour penser un avenir durable et inclusif.

L'analyse du rôle de la culture et du patrimoine a permis de dégager plusieurs dimensions complémentaires : d'une part, la fonction structurante qu'ils exercent sur le sentiment d'appartenance et la reconnaissance des territoires par leurs habitants ; d'autre part, leur capacité à générer des dynamiques économiques locales à travers les industries culturelles, le tourisme ou l'artisanat ; enfin, leur potentiel à renforcer la résilience communautaire, notamment dans des contextes marqués par la fragilité institutionnelle et la répétition des crises.

Cependant, les défis identifiés sont loin d'être marginaux. Ils touchent aussi bien à l'absence de politiques publiques cohérentes et territorialisées qu'à la sous-estimation des formes de culture populaires, souvent marginalisées par une vision élitiste ou exotisante du patrimoine. La marchandisation non régulée, la fragilité des acteurs culturels locaux et l'absence de coordination entre les échelles d'intervention fragilisent considérablement les initiatives, malgré l'énorme vivacité du tissu culturel haïtien.

Face à cela, des opportunités notables existent, et doivent être saisies. La richesse et la diversité des expressions culturelles, la mobilisation des communautés, l'implication croissante de la diaspora, le recours aux technologies numériques, ainsi que les instruments internationaux de protection et de valorisation du patrimoine constituent autant de leviers pour structurer une stratégie culturelle territoriale ambitieuse. Encore faut-il que cette dernière repose sur une approche intégrée, participative et équitable, en rupture avec les logiques descendantes et centralisées qui ont longtemps prévalu.

L'exemple du Carnaval de Jacmel illustre avec force cette capacité des territoires à s'auto-organiser autour d'un événement culturel, à créer une économie créative, à renforcer les solidarités locales et à affirmer une identité collective. Ce cas emblématique montre que lorsque la culture est pensée comme un bien commun, et non comme un produit à exploiter, elle devient un socle pour la transformation territoriale, un moteur de développement endogène et un vecteur de rayonnement national et international.

En définitive, intégrer pleinement la culture et le patrimoine dans les stratégies de développement territorial en Haïti suppose une redéfinition des priorités publiques, une reconnaissance institutionnelle des acteurs locaux, et un effort de formation, de structuration et de financement à la hauteur des enjeux. Cela nécessite également de reconnaître les savoirs locaux, de déconstruire les hiérarchies culturelles héritées du passé, et de promouvoir une approche interculturelle, horizontale et émancipatrice du développement. C'est à ce prix que la culture et le patrimoine pourront jouer, non pas un rôle marginal, mais une fonction cardinale dans la refondation des territoires haïtiens.

CONCLUSION DE LA PARTIE 4

Les enjeux sectoriels et transversaux analysés dans cette partie mettent en lumière l'interdépendance des différents domaines stratégiques du développement territorial en Haïti. En croisant les problématiques liées à l'environnement, aux infrastructures, à la mobilité, à la culture et à la résilience face aux risques, il apparaît clairement que la transformation durable du pays ne saurait être envisagée de manière cloisonnée. L'approche intégrée et systémique s'impose non seulement comme une exigence analytique, mais aussi comme une condition essentielle de l'efficacité des politiques publiques.

L'environnement, longtemps considéré comme un simple décor du développement, se révèle être un acteur central, à la fois vulnérable et stratégique. La dégradation accélérée des ressources naturelles, qu'elle soit due à la déforestation, à l'érosion des sols, à la pollution des cours d'eau ou à la surpêche, compromet directement les capacités productives du pays, tout en accentuant sa vulnérabilité face aux catastrophes naturelles. La question environnementale ne peut donc être dissociée des autres dynamiques territoriales, notamment celles liées à la gestion des risques, à l'agriculture, à la santé publique ou encore à l'accès aux services de base.

Les infrastructures, quant à elles, incarnent à la fois un levier et un révélateur des inégalités territoriales. Leur inégale répartition alimente les dynamiques de concentration urbaine, marginalise certaines régions et freine les échanges économiques à l'échelle nationale. L'état des routes, la qualité des réseaux d'eau potable et d'assainissement, ou encore l'accès à l'électricité constituent autant d'indicateurs qui témoignent du retard accumulé en matière d'aménagement du territoire. Une modernisation ciblée et équitable des infrastructures représente donc un impératif, non seulement pour améliorer les conditions de vie des populations, mais également pour soutenir une dynamique de développement équilibrée entre les espaces urbains et ruraux.

La mobilité constitue un autre facteur structurant, tant sur le plan spatial que social. L'enclavement de nombreuses localités renforce l'isolement économique et institutionnel de vastes zones du pays. L'amélioration des transports, notamment routiers, mais aussi fluviaux et côtiers, devient alors un enjeu de désenclavement, de connectivité sociale et d'intégration économique. Or, ces améliorations doivent être pensées dans une logique de durabilité, en tenant compte des impacts environnementaux et des risques naturels.

Parallèlement, la valorisation du patrimoine culturel et des expressions identitaires locales s'affirme comme un vecteur essentiel d'affirmation territoriale. Le développement ne saurait se réduire à des aspects techniques ou économiques. Il repose également sur la capacité des communautés à valoriser leurs ressources immatérielles, à renforcer leur sentiment d'appartenance, à mobiliser leur histoire et leur créativité pour façonner un avenir partagé. Dans ce contexte, la culture doit être intégrée aux politiques territoriales non pas comme un supplément d'âme, mais comme une composante centrale de la cohésion sociale, de l'attractivité touristique et de l'innovation territoriale.

Enfin, les enjeux transversaux, notamment ceux liés à la résilience face aux crises — qu'elles soient climatiques, sanitaires, politiques ou sociales — traversent l'ensemble des secteurs et interrogent la capacité du pays à anticiper, à s'adapter et à rebondir. La gestion des risques, l'inclusion sociale, la participation citoyenne et la gouvernance locale doivent être articulées dans une perspective systémique. La résilience territoriale ne réside pas uniquement dans des infrastructures techniques ou des dispositifs institutionnels, mais dans la capacité collective à construire des systèmes d'interdépendance positifs, à renforcer les solidarités locales et à créer des marges d'action à partir des ressources existantes.

En somme, cette partie a mis en évidence que les défis sectoriels rencontrés en Haïti sont profondément entremêlés. Ils appellent une lecture croisée, une planification intersectorielle et une gouvernance décentralisée, fondée sur les spécificités territoriales et l'intelligence collective. Seule une approche transversale, mobilisant les différents niveaux d'acteurs et intégrant les dimensions sociales, environnementales, économiques et culturelles, permettra de faire émerger des territoires résilients, inclusifs et porteurs d'un développement équitable à long terme.

PARTIE 5 : PERSPECTIVES ET STRATÉGIES POUR UN DÉVELOPPEMENT TERRITORIAL DURABLE

INTRODUCTION DE LA PARTIE 5

Face aux constats dressés dans les parties précédentes, cette dernière section de l'ouvrage entend ouvrir le champ des possibles. Elle vise à esquisser des pistes de transformation concrètes, adaptées aux réalités haïtiennes, pour engager le pays sur la voie d'un développement territorial durable, inclusif et résilient. Si les héritages historiques, les dynamiques contemporaines et les défis sectoriels décrits jusqu'ici révèlent la profondeur des déséquilibres territoriaux et la complexité des blocages structurels, ils n'annulent pas pour autant les potentialités d'action. Au contraire, ils en soulignent l'urgence et la nécessité. Car c'est précisément en partant d'un diagnostic lucide et rigoureux que l'on peut envisager des stratégies capables de rompre avec les logiques de reproduction des inégalités et d'inertie institutionnelle.

La notion de développement territorial durable implique une réorientation profonde des priorités politiques, des méthodes de planification, et des modalités de gouvernance. Elle ne se limite pas à une addition de projets techniques ou à une meilleure répartition spatiale des infrastructures. Elle engage une vision de long terme, reposant sur une articulation étroite entre les dimensions économiques, sociales, environnementales et culturelles du développement, en tenant compte de la diversité des territoires haïtiens, de leurs ressources propres, de leurs vulnérabilités spécifiques, mais aussi de leurs dynamiques internes de mobilisation et de résilience.

Cette partie propose ainsi une réflexion stratégique, structurée autour de plusieurs axes majeurs. Il s'agit d'abord de repenser les modèles d'aménagement du territoire, en intégrant les principes de durabilité, d'équité et de justice spatiale. La décentralisation effective, le renforcement des collectivités locales et la participation citoyenne apparaissent comme des leviers essentiels pour adapter les politiques publiques aux besoins réels des territoires. Par ailleurs, la valorisation des ressources naturelles, humaines et culturelles constitue un pilier incontournable pour bâtir une économie territorialisée, créatrice d'emplois et respectueuse de l'environnement.

L'un des enjeux centraux de cette réflexion prospective réside dans la capacité à faire dialoguer les échelles — du local au national — et à créer des synergies entre les acteurs : pouvoirs publics, société civile, secteur privé, communautés locales, diaspora et partenaires internationaux. L'avenir du développement territorial en Haïti ne pourra se construire sans une vision partagée, des mécanismes de coordination robustes et une culture de la responsabilité collective.

À travers les chapitres qui suivent, cette dernière partie explore donc les conditions de faisabilité des changements attendus. Elle identifie des leviers d'action concrets, inspire des orientations stratégiques à partir d'exemples réussis, et propose une grille de lecture prospective des mutations territoriales à opérer. Ce faisant, elle invite à un renversement de perspective : considérer les territoires non plus comme des espaces passifs ou périphériques, mais comme des foyers d'innovation, de participation et de régénération, capables de porter un projet national renouvelé, fondé sur la cohésion sociale, la solidarité interrégionale et la durabilité.

CHAPITRE 13. AXES STRATÉGIQUES POUR LA RÉHABILITATION DES TERRITOIRES

Introduction

La réhabilitation des territoires haïtiens s'impose aujourd'hui comme une nécessité politique, sociale, économique et écologique. Enracinée dans une histoire longue de centralisation, de marginalisation de vastes portions du pays et d'accumulation de vulnérabilités, la dynamique territoriale actuelle est marquée par de fortes asymétries : entre villes et campagnes, entre zones côtières et espaces de l'intérieur, entre capitales régionales et territoires enclavés. Ces déséquilibres, loin d'être conjoncturels, sont profondément structurels. Ils traduisent les effets cumulatifs d'un développement non planifié, souvent concentré sur quelques pôles, et d'une absence persistante de politiques publiques coordonnées en matière d'aménagement du territoire. Dans ce contexte, la réhabilitation territoriale ne peut être entendue comme une simple opération technique ou une réponse ponctuelle à des crises locales ; elle doit au contraire être pensée comme un processus stratégique, multiscalaire et transformateur.

Ce chapitre se propose d'identifier et d'analyser les principaux axes autour desquels pourrait s'articuler une véritable stratégie de réhabilitation territoriale pour Haïti. Il s'agit d'envisager cette réhabilitation non seulement en termes d'infrastructures ou de reconstruction physique, mais également comme une refondation du lien entre l'État, les citoyens et les espaces. La réhabilitation territoriale suppose en effet de rétablir la continuité et la cohérence du territoire national, de revaloriser les zones délaissées, de restaurer les capacités locales d'initiative, et de redonner un sens au projet national à partir des réalités vécues par les populations.

Plusieurs principes guident cette réflexion. D'abord, celui de la justice spatiale, qui exige une redistribution équitable des ressources, des investissements et des opportunités entre les différentes régions du pays. Ensuite, celui de la durabilité, qui impose de penser les interventions dans une perspective de long terme, en intégrant les contraintes écologiques, les risques naturels et la préservation des ressources. Enfin, celui de la participation, qui suppose l'implication active des habitants, des collectivités locales, des organisations communautaires et des acteurs économiques dans la définition, la mise en œuvre et le suivi des projets.

La réhabilitation des territoires ne saurait donc se résumer à une action descendante dictée depuis le centre ; elle doit reposer sur une logique d'écoute, de co-construction et d'empowerment des acteurs locaux. Elle appelle aussi à une meilleure articulation entre les politiques sectorielles (logement, santé, éducation, environnement, agriculture, culture) et les dynamiques territoriales, afin de produire des effets durables et intégrés. Dans cette optique, le présent chapitre explore les conditions de faisabilité de cette réhabilitation, en mettant en lumière les leviers institutionnels, économiques et sociaux qui peuvent être mobilisés.

À travers l'analyse d'axes stratégiques concrets — allant de la revalorisation des centralités intermédiaires à la réhabilitation des infrastructures de base, en passant par le renforcement des capacités locales, la transition écologique ou encore la redynamisation des économies territoriales — ce chapitre vise à alimenter une réflexion prospective sur les modalités d'un rééquilibrage territorial en Haïti. Il propose également des pistes d'action adaptées aux réalités du pays, en croisant des expériences locales, des enseignements internationaux et des cadres de référence théoriques, afin d'ouvrir la voie à une transformation structurelle et inclusive du territoire national.

13.1. RENFORCEMENT DES INFRASTRUCTURES DE BASE

Le renforcement des infrastructures de base constitue l'un des piliers fondamentaux de toute stratégie de réhabilitation territoriale. En Haïti, l'état dégradé, inégalement réparti et largement insuffisant des infrastructures constitue à la fois un symptôme et un facteur aggravant des déséquilibres territoriaux. Routes délabrées, systèmes d'approvisionnement en eau précaires, absence d'assainissement, instabilité énergétique, faible connectivité numérique : autant de carences qui compromettent les conditions de vie des populations, entravent les dynamiques économiques locales et alimentent les logiques de marginalisation et d'exode.

Les infrastructures de base, loin de relever uniquement de la technique ou de l'ingénierie, sont au cœur des enjeux de développement durable et de justice territoriale. Elles représentent les conditions matérielles d'accès aux droits fondamentaux (éducation, santé, sécurité alimentaire, mobilité), mais aussi des catalyseurs de structuration territoriale, de circulation des biens et des personnes, et de stimulation des économies locales. Dans une perspective de réhabilitation des territoires, leur renforcement constitue donc une priorité absolue.

1. Un déficit massif et asymétrique

Haïti se caractérise par un déficit massif en infrastructures de base, qui affecte l'ensemble du territoire, mais de manière particulièrement marquée dans les zones rurales et les périphéries urbaines. Selon la Banque mondiale (2021), seulement 36 % de la population haïtienne a accès à un réseau d'eau potable amélioré, et moins de 28 % à un système d'assainissement adéquat. L'accès à l'électricité demeure l'un des plus faibles de la région : environ 45 % au niveau national, avec de fortes disparités entre Port-au-Prince et les provinces. Le réseau routier, quant à lui, est peu développé et souvent en mauvais état : sur les 4 000 kilomètres de routes nationales et départementales répertoriées, moins d'un tiers est pavé et praticable toute l'année (CNIGS, 2020).

Ces insuffisances contribuent à l'isolement de nombreuses zones, freinent l'essor des marchés locaux, compromettent l'accès aux services sociaux de base et limitent considérablement les capacités de réponse aux crises (sanitaires, climatiques, sécuritaires). Elles alimentent également des sentiments d'abandon et de relégation, qui nourrissent une défiance généralisée à l'égard des institutions centrales et affaiblissent le lien territorial entre l'État et les citoyens.

2. Une priorité pour la résilience territoriale

Dans un pays exposé à de multiples risques — séismes, cyclones, inondations, glissements de terrain —, le renforcement des infrastructures de base n'est pas seulement une exigence de développement ; il est aussi un enjeu de résilience. Des systèmes d'adduction d'eau sécurisés, des routes praticables en cas d'urgence, des centres de santé accessibles, des réseaux électriques fiables et des systèmes de drainage bien conçus sont autant de conditions nécessaires pour atténuer les effets des catastrophes et faciliter les capacités d'adaptation des communautés.

Comme le souligne le Programme des Nations Unies pour le Développement (PNUD, 2022), les investissements dans les infrastructures résilientes produisent des bénéfices multiples à moyen et long terme : ils réduisent les pertes économiques en cas de catastrophe, favorisent la stabilité sociale, stimulent l'activité économique locale et améliorent la gouvernance territoriale en renforçant les capacités d'intervention des collectivités.

3. Des infrastructures adaptées aux contextes locaux

Toutefois, le renforcement des infrastructures ne peut suivre une logique uniforme ou centralisée. Il doit être pensé à partir des réalités et des besoins spécifiques des territoires. Cela suppose une planification différenciée, fondée sur des diagnostics territoriaux précis, une concertation avec les populations concernées et une intégration des savoirs locaux. Par exemple, dans les zones montagneuses, la construction de micro-barrages ou de pistes rurales adaptées peut être plus pertinente qu'un réseau routier lourd. Dans les zones côtières, la réhabilitation de quais de pêche ou la consolidation des digues joue un rôle structurant pour les économies locales.

Par ailleurs, le recours à des technologies appropriées, sobres et modulables, peut favoriser la durabilité des investissements. Les expériences de microcentrales solaires, de systèmes d'assainissement écologique ou de construction en matériaux locaux ont montré leur efficacité, notamment lorsqu'elles sont accompagnées de dispositifs de formation, de maintenance et de gestion communautaire (GRET, 2018). Cette approche encourage une appropriation locale des infrastructures et renforce leur pérennité.

4. Le rôle stratégique des collectivités territoriales

Le renforcement des infrastructures de base suppose une clarification et un renforcement du rôle des collectivités territoriales. Celles-ci, en tant qu'acteurs de proximité, sont les mieux placées pour identifier les priorités, coordonner les interventions et entretenir les équipements. Or, leur faible autonomie financière, le manque de personnel qualifié et l'absence de mécanismes de financement pluriannuel freinent leur capacité à jouer ce rôle. Une stratégie de réhabilitation territoriale doit donc impérativement intégrer un volet de renforcement institutionnel des collectivités, notamment à travers la décentralisation budgétaire, la formation technique et la mise en réseau des expériences locales.

5. Financements et partenariats

Enfin, le développement des infrastructures nécessite des ressources financières considérables, que l'État haïtien ne peut assumer seul. Cela implique de mobiliser des financements extérieurs — bailleurs bilatéraux, banques de développement, diaspora — mais aussi d'explorer des partenariats public-privé et des modèles hybrides de gestion (gestion déléguée, coopératives d'usagers, fonds d'entretien participatif). Il est toutefois essentiel que ces partenariats respectent les principes d'équité territoriale, de transparence et de redevabilité, afin d'éviter les dérives de privatisation sauvage ou de captation des ressources par des élites locales.

Le renforcement des infrastructures de base apparaît donc comme un axe structurant pour la réhabilitation des territoires haïtiens. Il s'agit d'un enjeu de dignité humaine, de justice spatiale et de cohésion nationale. En mettant en œuvre des interventions adaptées, résilientes et participatives, il est possible de rétablir les conditions minimales du vivre-ensemble, de stimuler les dynamiques locales et de reconnecter les territoires à un projet collectif de développement durable. Cette transformation nécessite un changement de paradigme : passer d'une logique d'urgence à une planification de long terme, centrée sur les territoires et fondée sur une vision intégrée du développement.

13.2. DÉVELOPPEMENT ÉCONOMIQUE LOCAL

Le développement économique local (DEL) constitue un levier central de toute politique de réhabilitation territoriale, notamment dans des contextes marqués par des déséquilibres structurels, une forte centralisation des richesses et une faiblesse des investissements productifs hors des capitales régionales. En Haïti, où l'économie demeure largement informelle, polarisée autour de Port-au-Prince et vulnérable aux chocs externes, il est impératif de repenser les bases du développement à partir des dynamiques territoriales, des ressources locales disponibles et des capacités d'action des communautés. Le développement économique local n'est pas seulement une approche alternative ; il est une réponse stratégique à la fragmentation du territoire, à la précarité des emplois et à la dépendance aux flux exogènes.

1. Un changement de paradigme

Le DEL repose sur une philosophie de développement « par le bas », ancrée dans les territoires et pilotée par les acteurs locaux. Contrairement aux politiques macroéconomiques centralisées, qui privilégient des secteurs structurants (infrastructures lourdes, investissements étrangers, grands projets), le développement économique local part des ressources endogènes — humaines, naturelles, culturelles, institutionnelles — et vise à créer des économies territoriales résilientes, diversifiées et inclusives. Il s'appuie sur une meilleure articulation entre les échelles (locale, nationale, internationale) et sur des logiques de coopération plutôt que de compétition entre territoires (Rodríguez-Pose, 2001).

Ce changement de paradigme suppose de reconnaître que chaque territoire possède des potentiels spécifiques : des savoir-faire artisanaux, des traditions agricoles, des niches culturelles, des paysages attractifs, des pratiques d'innovation sociale. En Haïti, ces ressources sont souvent sous-exploitées ou invisibilisées dans les politiques publiques, faute de reconnaissance institutionnelle, d'accompagnement technique ou de structuration des filières. Le DEL vise précisément à mobiliser ces ressources de manière collective, en les inscrivant dans des stratégies économiques durables.

2. Des leviers économiques locaux à activer

Plusieurs leviers peuvent être activés pour stimuler une économie territorialisée et inclusive :

a. L'agriculture familiale et les circuits courts, qui représentent une base majeure de subsistance dans les zones rurales haïtiennes. Le soutien à la production locale, la structuration de filières agroécologiques, la mise en place de marchés de proximité, et l'amélioration de l'accès aux intrants et aux infrastructures de stockage permettent de créer de la valeur ajoutée tout en renforçant la souveraineté alimentaire. Selon le FAO (2020), l'agriculture représente environ 20 % du PIB et emploie plus de la moitié de la population active, mais reste sous-capitalisée et vulnérable. Investir dans ce secteur à l'échelle locale peut générer des effets multiplicateurs importants.

b. Les économies culturelles et créatives, telles que l'artisanat, les arts de la scène, le design ou les festivals, sont également des vecteurs dynamiques de développement local. Ces secteurs, bien que souvent informels, reposent sur des compétences spécifiques, ancrées dans les territoires, et sont peu délocalisables. Le cas du carnaval de Jacmel, analysé au chapitre précédent, illustre la capacité de ces activités à générer des emplois, à dynamiser l'espace public et à construire une image positive du territoire (UNESCO, 2013).

c. Le tourisme local et communautaire, s'il est bien encadré, représente un autre levier de diversification économique. En valorisant les patrimoines naturels et culturels, en associant les communautés à la gestion des flux touristiques, et en développant des infrastructures légères, il est possible de créer une économie d'accueil décentralisée, respectueuse des territoires et porteuse de retombées locales. Des expériences réussies dans les zones de montagne (par exemple à Fonds-Verrettes ou Kenscoff) montrent que ce modèle est adaptable aux réalités haïtiennes, à condition de garantir la formation, la sécurité et la coordination des acteurs (OMT, 2016).

d. L'économie sociale et solidaire (ESS) offre un cadre structurant pour valoriser les initiatives économiques ancrées dans des logiques de coopération, de réciprocité et de solidarité. Coopératives agricoles, mutuelles de production, associations d'artisans ou groupements de femmes sont autant d'expressions d'une économie locale déjà vivante, mais encore peu reconnue et faiblement soutenue par les dispositifs publics. Promouvoir l'ESS, c'est aussi renforcer le tissu associatif et démocratique des territoires.

3. Conditions de réussite du DEL

La mise en œuvre d'un développement économique local efficace suppose plusieurs conditions interdépendantes :

- La formation et l'accompagnement technique des porteurs de projets, qui permet de renforcer leurs capacités entrepreneuriales et organisationnelles ;
- L'accès au financement, à travers des fonds d'appui décentralisés, des microcrédits, ou des dispositifs de co-investissement avec les collectivités ;

- La structuration des chaînes de valeur locales, incluant la transformation, le stockage, la logistique, la commercialisation et le marketing territorial ;
- La gouvernance économique territoriale, qui repose sur la coordination des acteurs publics, privés et associatifs à l'échelle locale. Cela implique la mise en place de plateformes multiacteurs, de diagnostics partagés, de chartes de développement ou encore de conventions de coopération territoriale (Leclerc, 2017).

Enfin, une approche DEL ne peut se concevoir sans un cadre national favorable. Elle doit être soutenue par une politique publique de décentralisation économique, un accompagnement technique par les ministères sectoriels, et un accès équitable aux marchés publics pour les entreprises et structures locales.

Le développement économique local représente un axe stratégique majeur pour rompre avec les logiques de dépendance, de concentration et d'extraversion économique qui freinent la réhabilitation territoriale en Haïti. En s'appuyant sur les ressources existantes, les dynamiques communautaires et les innovations sociales, il est possible de construire des économies locales résilientes, inclusives et adaptées aux contextes. Encore faut-il que les pouvoirs publics, les partenaires techniques et financiers, ainsi que les acteurs territoriaux, s'engagent collectivement dans cette voie, en dotant les territoires des moyens institutionnels, financiers et humains nécessaires à l'émergence de projets économiques viables et durables.

13.3. RENFORCEMENT DE LA GOUVERNANCE LOCALE

Le renforcement de la gouvernance locale constitue un axe transversal et déterminant pour toute stratégie de réhabilitation des territoires. Dans le contexte haïtien, marqué par une centralisation historique du pouvoir, une faible capacité des administrations locales et une méfiance généralisée envers les institutions publiques, la question de la gouvernance ne peut être réduite à des considérations techniques ou administratives. Elle engage des dimensions politiques, sociales, culturelles et symboliques fondamentales pour la cohésion territoriale, la légitimité de l'action publique et la mobilisation des ressources locales. Sans une gouvernance locale forte, inclusive et efficace, les autres axes stratégiques — infrastructures, développement économique, valorisation culturelle — risquent de rester limités dans leur portée ou de produire des effets inégaux.

1. Gouvernance locale : de la délégation à la capacité d'action

La gouvernance locale peut être définie comme l'ensemble des processus de décision, de coordination et de mise en œuvre de l'action publique à l'échelle d'un territoire donné, en impliquant les acteurs institutionnels (communes, CASEC, ASEC), la société civile, les organisations communautaires, le secteur privé et, idéalement, les citoyens. Il ne s'agit donc pas simplement de décentraliser des compétences ou des services, mais de construire une capacité collective à piloter le développement territorial.

En Haïti, malgré l'adoption du décret de décentralisation de 2006 et la mise en place des collectivités territoriales (communes, départements, sections communales), les dynamiques de centralisation restent dominantes. Les collectivités manquent cruellement de moyens financiers, humains et techniques. Elles dépendent largement de l'État central pour leurs budgets, leurs orientations stratégiques, et même leurs décisions opérationnelles. Selon une étude de l'IFDD (2021), plus de 80 % des communes haïtiennes disposent d'un budget annuel inférieur à 20 millions de gourdes (environ 150 000 USD), ce qui limite considérablement leur capacité à investir dans les services de base ou dans le développement local.

De plus, les relations entre les différentes échelles territoriales sont souvent floues ou conflictuelles. Les doublons administratifs, les chevauchements de compétences et l'absence de coordination entre institutions (communes, CASEC, DDE, etc.) entravent la fluidité de l'action publique. Le manque de formation des élus locaux, l'instabilité politique et la faiblesse des mécanismes de reddition de comptes affaiblissent encore davantage la gouvernance locale.

2. Gouvernance territoriale et participation citoyenne

Renforcer la gouvernance locale signifie d'abord élargir la participation des populations aux décisions qui concernent leur territoire. Une gouvernance efficace ne se limite pas à l'autorité des élus ou des techniciens : elle repose sur l'implication des habitants, des organisations locales, des associations de base et des leaders communautaires dans la définition des priorités, le suivi des projets, et l'évaluation des politiques mises en œuvre. Cette approche participative permet non seulement d'améliorer la pertinence des actions publiques, mais aussi de renforcer la légitimité des institutions locales et de consolider le tissu social.

Des expériences pilotes, comme les budgets participatifs dans certaines communes de la Caraïbe ou les forums locaux de planification en Amérique latine, montrent que la participation citoyenne peut produire des effets structurants sur la gouvernance locale (Cabannes, 2006). En Haïti, bien que peu formalisée, cette participation existe souvent de manière informelle, à travers les comités de quartier, les réseaux communautaires ou les pratiques coutumières de décision collective. Il s'agit donc de structurer et de renforcer ces dynamiques, en créant des espaces de dialogue, en outillant les acteurs et en valorisant les formes de savoirs locaux.

3. Autonomie, coordination et redevabilité

Le renforcement de la gouvernance locale implique également une meilleure articulation entre autonomie, coordination et redevabilité. L'autonomie des collectivités est indispensable pour permettre une gestion adaptée des ressources, la conduite de projets de développement endogène, et la réactivité face aux urgences territoriales. Cette autonomie doit être accompagnée d'un transfert effectif de compétences, de moyens financiers (recettes propres, subventions d'État, fonds d'investissement territorial) et de capacités humaines. Cela suppose une réforme en profondeur du système de fiscalité locale, souvent obsolète ou inopérant, ainsi que la création de mécanismes de péréquation pour éviter l'aggravation des inégalités entre communes riches et pauvres (Lambert & Providence, 2025).

La coordination interinstitutionnelle, quant à elle, est cruciale pour assurer la cohérence des actions menées à différentes échelles. La création de plateformes territoriales de concertation, associant collectivités, services déconcentrés de l'État, ONG et partenaires techniques, peut favoriser la planification conjointe, éviter les redondances et optimiser l'utilisation des ressources. La mise en place de plans de développement communaux (PDC) ou de schémas d'aménagement du territoire devrait s'appuyer sur ces mécanismes de coordination multiacteurs.

Enfin, la redevabilité — entendue comme l'obligation pour les responsables publics de rendre compte de leurs actions et d'être évalués — est un pilier de la gouvernance démocratique. Elle implique la transparence budgétaire, l'accès à l'information, la mise en place de mécanismes d'évaluation participative, et la lutte contre la corruption. Des outils tels que les audits citoyens, les comités de suivi de projets ou les plateformes numériques de veille citoyenne peuvent être mobilisés pour renforcer cette dimension.

Le renforcement de la gouvernance locale est une condition sine qua non pour que les stratégies de réhabilitation territoriale puissent produire des effets durables, équitables et légitimes. Il ne s'agit pas simplement de déléguer des responsabilités aux communes, mais de construire des capacités collectives de gestion, de planification et de participation, fondées sur la reconnaissance des spécificités locales et sur la confiance entre les institutions et les citoyens. Ce chantier exige un engagement fort de l'État, des partenaires internationaux et des acteurs territoriaux, autour d'un projet partagé de développement démocratique des territoires haïtiens.

13.4. PROTECTION ENVIRONNEMENTALE ET GESTION DES RISQUES

Dans le contexte haïtien, où les catastrophes naturelles se superposent à des vulnérabilités sociales, économiques et institutionnelles profondes, la protection de l'environnement et la gestion des risques ne peuvent être considérées comme des enjeux sectoriels isolés. Elles doivent être intégrées de manière transversale à toute stratégie de réhabilitation territoriale. Les territoires haïtiens, qu'ils soient urbains, périurbains ou ruraux, sont confrontés à une dégradation rapide de leurs écosystèmes : déforestation massive, érosion des sols, pollution des eaux, perte de biodiversité, artificialisation des terres, etc. À cela s'ajoute une exposition extrême aux aléas naturels — séismes, cyclones, inondations, glissements de terrain — aggravée par l'urbanisation anarchique, l'absence d'aménagement planifié et la faible résilience des infrastructures.

Face à cette double vulnérabilité — environnementale et anthropique —, la réhabilitation des territoires haïtiens ne peut se concevoir sans une profonde transformation des modes d'occupation de l'espace, des pratiques agricoles, des modèles de construction, et plus largement, des rapports que les sociétés locales entretiennent avec leur environnement.

1. La dégradation environnementale comme facteur d'aggravation des déséquilibres territoriaux

La dégradation de l'environnement en Haïti est à la fois cause et conséquence des déséquilibres territoriaux. Les zones rurales, historiquement négligées dans les politiques de développement, sont soumises à une surexploitation des ressources naturelles en raison de la pauvreté, du manque d'alternatives économiques et de la pression démographique. La déforestation, estimée à plus de 98 % du couvert forestier d'origine (FAO, 2020), a entraîné une fragilisation des sols, une réduction de la productivité agricole et une augmentation des risques d'inondation et d'éboulement.

Les espaces urbains, quant à eux, souffrent d'une expansion désordonnée, souvent dans des zones à risques : fonds de ravine, versants instables, littoraux exposés. L'absence de planification urbaine, combinée à une forte pression foncière, conduit à une artificialisation rapide des terres et à une vulnérabilité accrue des populations, en particulier les plus pauvres. Les inondations récurrentes à Port-au-Prince ou les éboulements dans les quartiers de flanc de montagne à Pétion-Ville sont les manifestations les plus visibles de cette situation.

2. Une approche intégrée : environnement, résilience et développement territorial

Pour rompre avec cette spirale de vulnérabilité, il est nécessaire d'intégrer pleinement la question environnementale dans les politiques territoriales. Cela suppose de penser l'environnement non comme une contrainte, mais comme une composante structurante du développement. La gestion durable des ressources naturelles, la protection des écosystèmes critiques (mangroves, bassins versants, zones humides), la régulation de l'occupation du sol et la restauration des fonctions écologiques doivent être au cœur des stratégies de réhabilitation.

Parallèlement, la résilience territoriale — entendue comme la capacité des territoires à absorber les chocs, à s'adapter et à se transformer — doit devenir un objectif transversal de l'action publique. Selon la Banque mondiale (2017), investir dans des infrastructures résilientes (drainage, ponts, bâtiments parasismiques), dans l'alerte précoce, dans la préparation communautaire aux risques et dans des mécanismes de relogement durable est non seulement économiquement rentable, mais indispensable pour briser le cycle des pertes récurrentes.

L'approche écosystémique du développement, promue par l'UNEP (2016), invite à repenser l'aménagement du territoire à partir des capacités de régénération de l'environnement : cela inclut la reforestation, la stabilisation des versants, la gestion intégrée des bassins versants et la valorisation des services écosystémiques (protection contre les crues, pollinisation, régulation climatique, etc.).

3. Mobilisation des acteurs et des savoirs locaux

La protection de l'environnement et la gestion des risques ne peuvent être imposées de manière technocratique ou descendante. Elles doivent mobiliser les savoirs locaux, les pratiques coutumières de gestion des ressources et les capacités des communautés à surveiller, alerter, intervenir et reconstruire. De nombreuses initiatives locales en Haïti témoignent d'une forte capacité d'adaptation : reboisement communautaire, systèmes d'alerte villageois, techniques agricoles de conservation des sols, diguettes traditionnelles, etc. Il s'agit de reconnaître, d'appuyer et d'articuler ces initiatives dans des dispositifs plus larges de planification territoriale et de gouvernance environnementale (Lavell, et al., 2012).

Le rôle des collectivités territoriales est ici central. En tant qu'acteurs de proximité, elles doivent être dotées de moyens pour planifier l'occupation de l'espace, réglementer les constructions, mettre en œuvre des programmes de reforestation, de prévention des risques ou de gestion des déchets. Mais elles doivent également être accompagnées par les services techniques déconcentrés de l'État, les ONG spécialisées et les universités, afin de croiser expertise technique et connaissance du terrain.

4. Outils et mécanismes à renforcer

Plusieurs outils peuvent contribuer à une meilleure intégration environnementale dans la réhabilitation territoriale :

- Les plans de gestion des risques et des catastrophes (PGRD) à l'échelle communale, qui permettent d'identifier les zones à risques, de définir des protocoles d'urgence et de structurer la réponse institutionnelle ;
- Les évaluations environnementales stratégiques (EES), qui intègrent les enjeux écologiques dès la phase de planification territoriale ;
- Les zonages écologiques et économiques (ZEE), permettant d'affecter les usages du sol en fonction des capacités des milieux ;
- Les systèmes d'information géographique (SIG), pour cartographier les vulnérabilités et simuler les scénarios d'aménagement.

Ces outils doivent être accessibles, adaptés aux contextes locaux, et utilisés dans une logique de transparence et de participation.

Intégrer la protection environnementale et la gestion des risques dans les politiques de réhabilitation territoriale en Haïti est une nécessité vitale. Cela ne peut se résumer à des actions ponctuelles de réparation ou de réaction post-catastrophe. Il s'agit d'une transformation en profondeur des modèles de développement, des modes de gouvernance et des rapports à l'espace. Cette transformation suppose une alliance forte entre État, collectivités, société civile, communauté scientifique et bailleurs internationaux, pour faire de l'environnement non pas une variable d'ajustement, mais une matrice du projet territorial.

13.5. IMPLICATION DES ACTEURS ET MOBILISATION DES RESSOURCES

La réhabilitation des territoires haïtiens ne peut être envisagée sans une implication active, coordonnée et durable des acteurs multiples qui composent le paysage institutionnel, économique, social et communautaire du pays. Il ne s'agit pas simplement d'une exigence procédurale, mais d'une condition fondamentale pour assurer la légitimité, la faisabilité et la durabilité des projets de développement territorial. Parallèlement, la mobilisation des ressources — qu'elles soient financières, humaines, techniques ou symboliques — est essentielle pour garantir la mise en œuvre effective des stratégies territoriales, au-delà des intentions politiques ou des cadres programmatiques.

Dans un contexte marqué par la fragmentation institutionnelle, la dépendance à l'aide internationale et la faible confiance des citoyens dans les institutions publiques, ces deux dimensions — implication des acteurs et mobilisation des ressources — doivent être repensées dans une logique de gouvernance collaborative, d'innovation territoriale et de solidarité intersectorielle.

1. Une pluralité d'acteurs, des rôles à clarifier

Les dynamiques territoriales impliquent une diversité d'acteurs aux logiques d'action et aux capacités variables : l'État central et ses démembrements déconcentrés, les collectivités territoriales, les organisations de la société civile, les acteurs économiques (entrepreneurs, coopératives, chambres de commerce), les universités, les bailleurs internationaux, les ONG, ainsi que la diaspora. Cette pluralité, loin d'être un obstacle, constitue une richesse pour peu qu'elle soit organisée autour d'objectifs partagés, de mécanismes de coordination solides et d'un principe de subsidiarité.

En Haïti, l'un des obstacles majeurs à l'efficacité de l'action territoriale réside dans l'absence de clarification des rôles et des compétences entre ces différents acteurs. Les chevauchements de responsabilités entre collectivités, services déconcentrés de l'État et agences internationales entraînent confusion, inefficacité, et parfois rivalité. Comme le souligne Boisvert (2016), cette situation reflète un déficit de régulation institutionnelle et de gouvernance stratégique à l'échelle locale.

Clarifier les mandats, formaliser les partenariats et instaurer des espaces de dialogue territorial — tels que les conseils de développement local, les plateformes intercommunales ou les forums multiacteurs — apparaît indispensable pour garantir la cohérence des actions, éviter les doublons et renforcer la transparence.

2. Une mobilisation ascendante et transversale

L'implication des acteurs ne peut se limiter à la consultation ponctuelle ou à l'adhésion symbolique à des projets conçus ailleurs. Elle doit s'inscrire dans une logique de co-construction, où les collectivités, les organisations de base, les jeunes, les femmes et les groupes marginalisés sont associés dès les premières étapes de définition des priorités territoriales. Cette participation ascendante est un facteur essentiel de pertinence, d'appropriation et de durabilité des initiatives (Ostrom, 1990).

Des études de cas menées dans différents pays du Sud ont montré que les projets les plus résilients sont ceux qui s'appuient sur les dynamiques locales, qui reconnaissent les savoirs vernaculaires, et qui valorisent les formes d'organisation communautaire existantes (Cornwall & Gaventa, 2001). En Haïti, des exemples comme les comités de développement local (CODEL), les réseaux paysans ou les collectifs d'artisans démontrent cette capacité à structurer des réponses collectives à des défis territoriaux, à condition qu'ils soient soutenus institutionnellement et financièrement.

3. Diversifier et sécuriser les ressources

La mobilisation des ressources constitue l'autre pilier indispensable de la réhabilitation territoriale. Trop souvent, les politiques de développement en Haïti ont été définies dans une logique de dépendance à l'aide internationale, avec des financements peu pérennes, conditionnés à des cycles de projets courts, et faiblement alignés sur les priorités locales. Cette dépendance financière chronique affaiblit les marges d'action des collectivités et limite leur capacité de planification à moyen et long terme (Pierre-Louis, 2011).

Pour y remédier, plusieurs pistes doivent être envisagées :

- Renforcer les capacités fiscales locales, notamment à travers une réforme de la fiscalité foncière, l'élargissement de l'assiette fiscale, la modernisation des outils de recouvrement, et l'instauration de mécanismes incitatifs pour les investissements productifs locaux ;
- Instituer des fonds territoriaux de péréquation, alimentés par le budget national et conçus pour compenser les inégalités de ressources entre territoires riches et pauvres ;

- Mobiliser les ressources issues de la diaspora, à travers des fonds de co-développement, des obligations diasporiques, ou des projets d'investissement solidaire. La diaspora haïtienne représente un acteur économique majeur : en 2021, les transferts de fonds représentaient plus de 20 % du PIB national (Banque Mondiale, 2022) ;
- Favoriser les partenariats public-privé territorialisés, permettant de mutualiser les risques, de renforcer l'investissement productif local, et de faire émerger des projets portés conjointement par les collectivités et les entreprises locales ;
- Valoriser les ressources non monétaires, notamment les compétences locales, les réseaux sociaux, les savoirs communautaires et les formes d'engagement bénévole.

La diversification des ressources ne dispense pas d'une rigoureuse gestion financière locale. Il est indispensable d'associer cette mobilisation à des mécanismes de transparence, de contrôle citoyen et de reddition de comptes, afin de consolider la confiance et la légitimité des institutions locales.

La réhabilitation des territoires haïtiens ne sera possible qu'à travers une implication cohérente, équitable et durable des différents acteurs concernés, et une mobilisation stratégique, diversifiée et transparente des ressources disponibles. Il ne s'agit pas seulement de faire plus, mais de faire autrement : en favorisant la coopération plutôt que la concurrence, en renforçant les capacités locales plutôt qu'en les contournant, et en inscrivant l'action publique dans une logique de co-production avec les sociétés locales. Cette transformation requiert un engagement collectif, un cadre institutionnel stable, et une vision de long terme, centrée sur la justice spatiale et la durabilité territoriale.

Conclusion du chapitre 13

La réhabilitation des territoires haïtiens constitue l'un des défis les plus structurants de la refondation du projet national. Loin d'être une simple opération de reconstruction physique ou de rattrapage technique, elle suppose une transformation profonde des logiques de développement, une rupture avec les pratiques centralisées, et une revalorisation des potentialités territoriales souvent négligées ou marginalisées. Ce chapitre a permis d'identifier plusieurs axes stratégiques autour desquels pourrait s'articuler cette réhabilitation, dans une approche systémique, intégrée et durable.

Le renforcement des infrastructures de base est apparu comme un préalable indispensable pour rétablir les conditions minimales d'accès aux services essentiels, de mobilité et de dignité humaine. Il ne s'agit pas seulement de construire, mais d'adapter, d'entretenir et de planifier les infrastructures dans une logique de résilience, d'équité et de proximité. Ce socle matériel doit permettre à la fois d'améliorer les conditions de vie des populations et de soutenir l'émergence de dynamiques économiques locales.

Le développement économique local, quant à lui, repose sur la valorisation des ressources endogènes, la stimulation des initiatives communautaires, la diversification des activités productives et la création d'emplois durables. En redonnant à chaque territoire les moyens de son autonomie économique, il est possible de réduire les inégalités spatiales, d'enrayer les dynamiques d'exode et de renforcer la cohésion sociale. Cette stratégie implique de reconnaître les économies populaires, les filières locales, les savoir-faire culturels et les formes d'innovation sociale comme de véritables leviers de transformation.

Mais ces efforts ne peuvent être efficaces sans un renforcement significatif de la gouvernance locale. Les collectivités territoriales doivent disposer de compétences claires, de ressources adaptées et de marges de manœuvre réelles pour planifier, coordonner et mettre en œuvre des projets de développement. La gouvernance ne se décrète pas : elle se construit, par l'apprentissage, la participation, la transparence et la reddition de comptes. Elle suppose également une meilleure articulation entre les échelles territoriales, une coopération entre acteurs, et un cadre juridique et institutionnel cohérent.

La protection de l'environnement et la gestion des risques apparaissent comme des conditions transversales et incontournables de la réhabilitation territoriale. Dans un pays aussi vulnérable qu'Haïti, il n'est plus possible de penser le développement en opposition à l'environnement. Au contraire, les territoires les plus résilients sont ceux qui parviennent à concilier développement économique, inclusion sociale et durabilité écologique. Cela passe par une planification sensible aux risques, par la restauration des écosystèmes et par l'intégration des savoirs locaux dans la gestion des ressources naturelles.

Enfin, la mobilisation des acteurs et des ressources constitue un facteur clé de succès. Aucun projet territorial ne peut aboutir sans une alliance stratégique entre l'État, les collectivités, les communautés, la société civile, les acteurs économiques, la diaspora et les partenaires internationaux. Cette mobilisation doit être fondée sur la co-construction, la reconnaissance des rôles de chacun, la transparence et la redevabilité. La diversification des sources de financement, la sécurisation des ressources locales et la création de cadres de coopération pérennes sont autant de conditions nécessaires pour sortir d'une dépendance chronique à l'aide internationale et construire une souveraineté territoriale partagée.

En somme, la réhabilitation des territoires haïtiens n'est ni une utopie ni un chantier hors de portée. Elle exige une volonté politique claire, une vision territoriale à long terme, une mobilisation collective et une approche fondée sur les réalités du terrain. Elle invite à repenser le développement à partir des territoires eux-mêmes, dans leur diversité, leur complexité et leur richesse. C'est à cette condition que Haïti pourra amorcer un véritable tournant vers un avenir plus équitable, plus durable et plus enraciné dans la justice spatiale et sociale.

CHAPITRE 14. L'INNOVATION COMME MOTEUR DE TRANSFORMATION

Introduction

Dans un contexte haïtien confronté à des défis multidimensionnels — crises institutionnelles chroniques, vulnérabilités environnementales, inégalités territoriales et fragilité économique — l'innovation s'impose comme un levier incontournable pour repenser les modalités du développement territorial. Trop souvent perçue à tort comme un apanage des pays du Nord ou comme un processus technologique déconnecté des réalités locales, l'innovation est ici envisagée dans une acception élargie, sociale, territoriale, institutionnelle et culturelle. Elle désigne la capacité des acteurs à produire de nouvelles réponses à des problèmes anciens, à adapter des ressources disponibles à des contextes contraints, à expérimenter des formes alternatives de coopération, de production et de gouvernance.

Loin de se limiter à la seule introduction de technologies modernes, l'innovation, dans sa dimension territoriale, englobe les pratiques d'organisation communautaire, les modèles économiques solidaires, les démarches participatives de planification, les dynamiques de revalorisation des savoirs locaux, ainsi que l'invention de nouveaux partenariats entre secteurs public, privé et société civile. Elle peut émerger dans les marges, s'auto-organiser en dehors des cadres institutionnels formels, et offrir des solutions inédites face aux limites de l'action publique classique. En cela, elle devient un véritable moteur de transformation des territoires.

Haïti regorge de formes d'innovation « silencieuses », souvent invisibilisées, mais porteuses de résilience et d'inventivité sociale. Des coopératives paysannes aux ateliers d'artisans urbains, des systèmes d'alerte communautaires aux circuits courts de distribution alimentaire, des initiatives de reforestation locale aux laboratoires citoyens d'urbanisme participatif, ces expériences témoignent d'une vitalité créatrice sur laquelle il est possible de bâtir une nouvelle approche du développement. Elles traduisent une intelligence territoriale collective, capable de produire des réponses situées, adaptatives et durables.

Dans un pays marqué par une faible institutionnalisation de l'innovation, par l'absence de politiques publiques cohérentes dans ce domaine et par des financements limités, il est d'autant plus crucial de penser l'innovation non comme un produit du hasard, mais comme un processus stratégique à encourager, à reconnaître et à accompagner. Cela suppose de créer un écosystème propice à l'expérimentation, de repenser les cadres réglementaires et financiers, de valoriser les apprentissages issus des pratiques locales, et de favoriser la mise en réseau des porteurs d'innovation.

Ce chapitre se propose ainsi d'explorer le rôle central que peut jouer l'innovation dans la transformation des territoires haïtiens. Il examinera d'abord les différentes formes que peut prendre l'innovation territoriale, en mettant en évidence les dimensions technologique, sociale, organisationnelle et culturelle. Il analysera ensuite les conditions de son émergence et de sa diffusion, à travers l'étude d'écosystèmes d'innovation, de dispositifs de soutien, de pratiques collaboratives et de politiques d'incubation adaptées. Enfin, il proposera des pistes pour institutionnaliser l'innovation au cœur des politiques publiques de développement territorial, en la reliant aux enjeux de durabilité, d'inclusion et de souveraineté.

À l'heure où les anciens modèles montrent leurs limites et où les urgences s'accumulent, l'innovation ne doit plus être pensée comme un luxe ou un supplément d'âme, mais comme une nécessité. Elle constitue une chance pour réinventer les modalités de l'action publique, revitaliser les territoires marginalisés, et offrir aux communautés les outils pour co-construire leur avenir.

14.1. L'INNOVATION TECHNOLOGIQUE ET NUMÉRIQUE

L'innovation technologique et numérique représente aujourd'hui un levier central de transformation économique, sociale et institutionnelle à l'échelle mondiale. Dans les pays du Sud, et en particulier en Haïti, elle peut jouer un rôle stratégique pour compenser certaines fragilités structurelles, contourner les dysfonctionnements institutionnels, et améliorer l'accès des populations aux services essentiels. Toutefois, cette innovation ne saurait se réduire à l'importation de technologies étrangères ou à l'implantation d'outils numériques déconnectés des réalités locales. Elle doit être pensée comme un processus d'appropriation, d'adaptation et de création à partir des besoins, des contraintes et des ressources des territoires haïtiens.

1. Des usages différenciés, mais en expansion rapide

Bien que la fracture numérique demeure une réalité, notamment entre les milieux urbains et ruraux, les dernières années ont été marquées par une progression rapide de la connectivité en Haïti. Selon l'Union internationale des télécommunications (UIT, 2022), près de 45 % des Haïtiens ont désormais accès à Internet, principalement via les téléphones mobiles, qui constituent le premier outil d'accès au numérique. Cette dynamique est particulièrement visible chez les jeunes générations, qui développent des usages variés : accès à l'information, commerce en ligne, mobilisation citoyenne, apprentissage, création de contenu, etc.

Cette pénétration croissante des technologies numériques ouvre la voie à des innovations multiples : plateformes de services dématérialisés, applications mobiles d'éducation ou de santé, outils de géolocalisation pour l'agriculture, logiciels de gestion coopérative, ou encore services de transfert d'argent mobiles comme MonCash, devenu un outil clé d'inclusion financière dans un pays où l'accès aux services bancaires traditionnels reste très limité.

2. Un levier pour l'accès aux services de base

L'un des domaines où l'innovation numérique peut avoir le plus grand impact est l'amélioration de l'accès aux services de base. Des expériences pilotes ont montré que l'utilisation d'outils numériques peut contribuer à désenclaver les territoires, à faciliter le suivi des projets de santé publique, à améliorer la qualité de l'éducation ou à optimiser la gestion des risques. Par exemple, le projet « mSanté » soutenu par le Ministère de la Santé Publique et l'UNICEF permet à des agents communautaires de santé d'utiliser des tablettes et des smartphones pour collecter des données, suivre des patients à distance et coordonner les interventions dans des zones reculées.

Dans le domaine de l'agriculture, plusieurs applications expérimentales comme AgriShare Haïti ou Kore Pwodiktè ont été développées pour offrir aux petits producteurs des services de météo, de conseil agricole, de géolocalisation des marchés ou de suivi des stocks. Ces outils contribuent à améliorer les rendements, à réduire les pertes post-récolte, et à renforcer l'autonomie des exploitations familiales.

De même, les plateformes de formation en ligne ou d'apprentissage à distance peuvent constituer une réponse partielle à l'inégalité d'accès à l'éducation, notamment dans les zones rurales. Des initiatives comme Classroom sans Frontières, qui diffusent des contenus pédagogiques en créole via SMS ou WhatsApp, ont permis à des milliers d'élèves de poursuivre leur scolarité malgré les interruptions liées à l'instabilité politique ou aux catastrophes naturelles.

3. Innovation technologique et entrepreneuriat local

L'essor de l'innovation technologique en Haïti est également porté par un tissu croissant d'acteurs entrepreneuriaux. Des incubateurs comme Banj, Alpha Haïti ou Impact Hub Port-au-Prince accompagnent l'émergence de jeunes entreprises dans les domaines de la tech, de l'éducation, de l'agroalimentaire ou de la finance inclusive. Ces structures offrent des espaces de travail collaboratif, des formations, des opportunités de réseautage et parfois des dispositifs de financement ou d'accélération.

Le profil des innovateurs haïtiens est varié : jeunes diplômés, autodidactes, ingénieurs de retour de la diaspora, artistes numériques ou développeurs formés localement. Leurs initiatives montrent que l'innovation technologique peut émerger à partir d'un ancrage territorial fort, en réponse à des besoins concrets. C'est le cas par exemple de Surtab, entreprise haïtienne de fabrication de tablettes électroniques, qui combine production locale, inclusion sociale et innovation technologique adaptée.

Ces expériences montrent que l'innovation technologique peut devenir un vecteur d'emplois qualifiés, de valeur ajoutée locale et de transformation des modèles économiques, à condition qu'elle soit soutenue par des politiques publiques cohérentes et des écosystèmes d'innovation territorialisés.

4. Défis et limites à surmonter

Malgré ces avancées, plusieurs obstacles limitent encore le déploiement d'une innovation technologique véritablement inclusive en Haïti. Parmi eux, on peut citer :

- La faiblesse des infrastructures de base (électricité, accès à Internet haut débit, couverture téléphonique en zones rurales) ;

- L'instabilité politique et les ruptures de service qui fragilisent les initiatives entrepreneuriales ;
- L'absence de politiques publiques structurées pour soutenir la recherche, le développement et l'innovation (RDI) ;
- Le déficit de compétences techniques et numériques chez une large part de la population, qui appelle un effort massif en formation et en éducation ;
- Enfin, la méfiance envers certaines technologies perçues comme imposées de l'extérieur, soulignant l'importance de l'appropriation locale.

Comme le rappelle le Global Innovation Index (OMPI, 2022), Haïti se classe parmi les pays les moins innovants du continent américain, en raison notamment de ses faibles investissements publics et privés dans l'innovation, de l'absence de stratégie nationale dans ce domaine, et du manque de coordination entre acteurs.

L'innovation technologique et numérique représente une opportunité majeure pour repenser les dynamiques de développement en Haïti à partir des territoires. Elle permet d'inventer des solutions nouvelles, adaptées aux contextes locaux, et d'accélérer l'accès aux services, à l'éducation, à l'information et à l'emploi. Mais pour que cette innovation soit réellement transformatrice, elle doit être accompagnée, régulée et intégrée dans une vision territoriale inclusive. Cela suppose d'investir dans les infrastructures numériques, de soutenir les initiatives locales, de renforcer les compétences et de créer un cadre de confiance propice à l'émergence d'un écosystème national de l'innovation, fondé sur l'intelligence collective et l'enracinement territorial.

14.2. INNOVATION SOCIALE ET COMMUNAUTAIRE

Si l'innovation technologique attire souvent l'attention en tant que moteur de transformation, l'innovation sociale et communautaire constitue une dimension tout aussi essentielle — voire plus stratégique encore — pour la réhabilitation des territoires et la consolidation des capacités d'action collective. En Haïti, où l'État central est historiquement fragile, et où les mécanismes formels d'intervention publique demeurent limités, les sociétés locales ont développé une remarquable inventivité sociale pour faire face aux carences institutionnelles, répondre aux besoins collectifs et maintenir des formes de cohésion et de solidarité.

L'innovation sociale désigne ici l'ensemble des initiatives, des pratiques et des dispositifs qui apportent des réponses nouvelles à des besoins sociaux non satisfaits, en mobilisant les ressources locales, en favorisant la coopération entre acteurs, et en s'inscrivant dans une logique de transformation structurelle des rapports sociaux. Elle dépasse donc la simple adaptation : elle vise à modifier les règles du jeu, à reconfigurer les relations entre individus, institutions et territoires, et à promouvoir des formes plus équitables, plus inclusives et plus durables d'organisation sociale (Mulgan, 2006).

1. Une innovation « par le bas », enracinée dans les dynamiques locales

L'une des caractéristiques fondamentales de l'innovation sociale en Haïti est qu'elle émerge souvent « par le bas », dans des contextes de contrainte, de pénurie ou de crise. Elle ne découle pas d'un pilotage institutionnel centralisé, mais d'une dynamique communautaire, souvent impulsée par des leaders locaux, des associations de quartier, des groupes de femmes, des jeunes organisés ou des coopératives paysannes. Ces initiatives s'inscrivent dans une culture historique d'auto-organisation — celle des konbit, des sòl, des lakou ou encore des fanm vanyan — qui incarne une forme de résilience collective face à l'adversité.

À titre d'exemple, dans plusieurs communes rurales du Sud et du Plateau Central, des réseaux paysans se sont structurés autour de pratiques agroécologiques, de systèmes de partage des semences, de banques communautaires de semences, ou encore de reboisement participatif. Ces innovations répondent à des enjeux écologiques et économiques, mais elles ont aussi des effets sociaux forts : renforcement des solidarités, relocalisation des échanges, autonomisation des familles.

En milieu urbain, les comités de quartier ou les plateformes citoyennes jouent un rôle clé dans la gestion des ressources collectives (eau, sécurité, déchets), l'organisation de services sociaux de proximité (cours d'alphabétisation, soutien scolaire, aide aux personnes âgées), ou la médiation des conflits. Ces dispositifs, bien que souvent informels, participent à la fabrique de la ville et à la production du bien commun.

2. Des formes multiples d'innovation sociale

L'innovation sociale en Haïti revêt des formes très diverses, qui se déploient à différents niveaux d'échelle et dans de nombreux secteurs :

- Dans le champ de l'économie solidaire, on observe l'émergence de coopératives de production, de consommation ou de crédit, qui permettent de mutualiser les risques, d'améliorer l'accès au financement, et de renforcer le pouvoir d'achat des communautés. Ces structures sont souvent à l'origine de microprojets générateurs de revenus et d'emplois, en particulier pour les femmes et les jeunes.
- Dans le domaine de la gouvernance, certaines communes expérimentent des dispositifs de budget participatif, de conseil citoyen ou de concertation inter-associative. Ces innovations institutionnelles favorisent une plus grande transparence, une redevabilité accrue, et un renforcement de la démocratie locale (Sintomer, Röcke, & Herzberg, 2016).
- Dans le champ de l'éducation et de la santé, des associations communautaires développent des approches alternatives d'apprentissage, des écoles populaires, des cliniques mobiles, ou encore des programmes de sensibilisation adaptés aux réalités culturelles et linguistiques locales. Ces dispositifs compensent, dans une certaine mesure, l'insuffisance de l'offre publique.
- Dans la gestion des risques et des catastrophes, des communautés mettent en place des systèmes d'alerte communautaires, des plans d'évacuation, des stockages de vivres ou des cartographies participatives des zones à risques, souvent avec l'appui d'ONG ou d'experts solidaires. Ces innovations ont démontré leur efficacité, notamment lors du passage de l'ouragan Matthew en 2016 (IFRC, 2017).

3. Une reconnaissance institutionnelle encore limitée

Malgré leur pertinence, leur efficacité et leur caractère profondément ancré dans les territoires, les innovations sociales et communautaires en Haïti souffrent d'un déficit de reconnaissance, de visibilité et de soutien. Elles sont rarement intégrées aux politiques publiques, peu documentées, et souvent perçues comme « informelles » ou « temporaires ». Ce manque de reconnaissance limite leur capacité à changer d'échelle, à être reproduites ailleurs, ou à être soutenues durablement par les institutions.

Pourtant, comme le souligne la Commission européenne (BEPA, 2011), l'innovation sociale constitue un vecteur clé de développement territorial inclusif, à condition qu'elle soit accompagnée, outillée, financée et connectée à des écosystèmes favorables. Il est donc essentiel de créer des cadres institutionnels permettant d'identifier, de valoriser et de renforcer ces initiatives : fonds de soutien à l'innovation sociale, plateformes de mise en réseau, dispositifs de capitalisation, formations à l'animation territoriale, etc.

4. Capitaliser, mutualiser, essaimer

L'un des enjeux majeurs est aujourd'hui celui de la capitalisation des expériences. Il s'agit non seulement de documenter les innovations existantes, mais aussi de produire des savoirs transférables, de mutualiser les apprentissages et de faciliter leur diffusion. Des outils comme les monographies locales, les banques de pratiques, les récits d'expérience ou les plateformes numériques collaboratives peuvent jouer un rôle essentiel dans ce processus.

L'essaimage, c'est-à-dire la capacité à reproduire ou à adapter une innovation sociale dans un autre contexte territorial, dépend en grande partie de cette capacité à formaliser les processus, à identifier les facteurs de réussite, et à créer des communautés de pratique. En Haïti, des initiatives comme celles du Fondasyon Kole Zepòl (Fonkoze) dans la microfinance communautaire, ou des centres de ressources éducatives de Lakou Lapè en milieu urbain défavorisé, offrent des modèles inspirants de pratiques transférables.

L'innovation sociale et communautaire constitue un pilier essentiel du développement territorial en Haïti. Elle est le reflet d'une intelligence collective territoriale, capable de répondre aux besoins concrets, de transformer les rapports sociaux et de renforcer la résilience des communautés. Pour qu'elle déploie tout son potentiel, il est nécessaire de dépasser sa marginalisation institutionnelle, de créer des dispositifs de soutien adaptés, et de l'inscrire pleinement dans les stratégies nationales de développement durable. En revalorisant l'innovation qui vient « d'en bas », Haïti peut construire un modèle territorial plus inclusif, plus participatif et plus en phase avec les aspirations des populations locales.

14.3. EXEMPLE D'APPLICATION : PLATEFORME NUMÉRIQUE POUR LA GESTION COMMUNAUTAIRE A JACMEL

Dans une ville comme Jacmel, déjà reconnue pour sa richesse culturelle et sa dynamique communautaire, l'articulation entre innovation technologique et mobilisation sociale a permis l'émergence d'initiatives pionnières de gestion territoriale participative. L'exemple de la Plateforme Numérique de Gestion Communautaire de Jacmel (PNG-CJ), développée à partir de 2019 avec l'appui d'un consortium local réunissant la mairie, des organisations de quartier, une université régionale et un incubateur numérique (Impact Hub Jacmel), illustre comment les outils numériques peuvent renforcer les capacités locales, stimuler la transparence et appuyer la coordination territoriale.

1. Origine et objectifs de l'initiative

La création de la plateforme PNG-CJ est née d'un double constat. D'une part, les quartiers périphériques de Jacmel souffraient d'un déficit chronique d'accès aux services urbains de base (collecte des déchets, éclairage public, maintenance des voiries secondaires). D'autre part, les initiatives communautaires de gestion, bien que dynamiques, manquaient de structuration, de coordination et de visibilité aux yeux des autorités municipales. Le projet a donc visé à mettre en place un outil numérique collaboratif, capable d'agréger les données communautaires, de cartographier les besoins, de suivre les projets en temps réel, et de renforcer le dialogue entre citoyens, autorités locales et partenaires techniques.

La plateforme repose sur une architecture open source, avec une application mobile accessible hors ligne pour les usagers, et un portail web pour les administrateurs et les partenaires. Elle permet notamment :

- De signaler en temps réel des incidents ou des besoins (amas d'ordures, panne d'éclairage, problème de voirie) ;
- De suivre l'avancement des réponses apportées par la mairie ou les comités de quartier ;
- De cartographier les équipements existants et les zones prioritaires d'intervention ;

- De faciliter la planification communautaire, via des enquêtes numériques, des forums thématiques ou des tableaux de bord dynamiques ;
- D'archiver les initiatives locales, dans une base de données participative permettant la capitalisation et la mutualisation.

2. Acteurs impliqués et gouvernance du projet

Le succès de cette initiative repose sur une gouvernance multiacteurs articulée autour de trois pôles :

a. Le pôle communautaire, composé de 15 comités de quartier (CASEC, ASEC, associations locales), qui assurent l'identification des besoins, la collecte de données via des animateurs locaux formés, et la gestion d'une partie des réponses de proximité ;
b. Le pôle municipal, qui supervise le traitement des alertes, priorise les actions en lien avec les services techniques et met à disposition des ressources (engins, personnel, petites subventions locales) ;
c. Le pôle technique, assuré par l'Impact Hub Jacmel en lien avec des étudiants de l'Institut Universitaire des Sciences (IUS) et de l'Université Publique du Sud-Est (UPSEJ), qui maintiennent la plateforme, accompagnent les utilisateurs, et assurent le transfert de compétences numériques.

La plateforme fonctionne sur un principe de co-responsabilité, chaque acteur étant identifié dans ses rôles et ses engagements. Ce mode de gouvernance a renforcé la confiance mutuelle et permis une amélioration progressive des interactions entre citoyens et autorités.

3. Résultats observés et impacts territoriaux

Trois ans après sa mise en place, plusieurs effets concrets ont été observés :

- Une réduction moyenne de 40 % des délais de réponse municipale aux demandes signalées via la plateforme, en particulier dans les domaines de la collecte des ordures et de la maintenance des infrastructures légères ;
- Une augmentation significative de la participation citoyenne aux réunions de quartier et aux plans de développement local, grâce

à l'appui numérique (envoi de rappels, diffusion des comptes rendus, visualisation des projets en ligne) ;

- Un renforcement des capacités locales : plus de 60 animateurs ont été formés à l'usage de la plateforme, et des modules d'alphabétisation numérique ont été mis en place pour des adultes non familiers avec la technologie ;
- Une valorisation des savoirs communautaires : plusieurs innovations locales (systèmes de compostage, microprojets d'éclairage solaire, récupération d'eau de pluie) ont été documentées via la plateforme et diffusées dans d'autres quartiers.

Ce cas illustre la manière dont le numérique peut soutenir l'innovation sociale, lorsqu'il est intégré dans une dynamique territoriale, co-construit avec les acteurs locaux, et adapté aux réalités d'un environnement souvent instable sur le plan technologique et politique.

4. Limites et perspectives d'essaimage

Malgré ces succès, plusieurs limites subsistent. L'intermittence de l'électricité et la faiblesse du réseau dans certains quartiers compliquent l'utilisation continue de la plateforme. De plus, son financement repose encore sur des subventions extérieures ponctuelles, ce qui menace sa pérennité. Enfin, son essaimage dans d'autres communes se heurte à l'absence de dispositifs similaires de coordination multiacteurs.

Pour surmonter ces obstacles, les porteurs du projet travaillent actuellement à :

- Intégrer la plateforme dans les outils de planification municipale (Plan de développement communal) ;
- Négocier des conventions avec l'État et les bailleurs pour un financement sur plusieurs années ;
- Étendre le projet à d'autres communes via un processus de jumelage technique, en priorité avec les villes de Jérémie, Hinche et Ouanaminthe.

Ce cas souligne l'intérêt de penser l'innovation comme une démarche systémique, mobilisant simultanément les dimensions technologique, sociale, institutionnelle et territoriale.

14.4. INNOVATION ENTREPRENEURIALE ET ÉCONOMIQUE

L'innovation entrepreneuriale et économique constitue un pilier essentiel du développement territorial durable, en particulier dans les contextes de faible industrialisation et de forte informalité comme celui d'Haïti. Elle ne se limite pas à la création d'entreprises à forte intensité technologique, mais recouvre un large éventail de pratiques : nouvelles formes d'organisation de la production, réinvention des circuits économiques locaux, transformation des modèles d'affaires pour mieux répondre aux besoins sociaux, intégration des principes d'économie circulaire ou encore hybridation entre les logiques marchandes, sociales et environnementales.

En Haïti, l'innovation entrepreneuriale s'inscrit souvent dans une dynamique de nécessité autant que de créativité. Elle émerge dans les interstices laissés par l'absence de services publics, les carences des marchés formels et la rareté des financements classiques. Ce contexte, bien que contraignant, a donné naissance à des formes d'innovation particulièrement adaptées, résilientes et ancrées dans les réalités territoriales.

1. Un tissu entrepreneurial en transformation

Haïti connaît depuis une dizaine d'années un regain d'intérêt pour l'entrepreneuriat, notamment chez les jeunes urbains et les membres de la diaspora. Plusieurs structures d'appui à l'entrepreneuriat ont vu le jour, telles que Banj, Alpha Haïti, Impact Hub Port-au-Prince ou encore Centre Haïtien du Leadership et de l'Excellence (CLE). Ces structures jouent un rôle clé dans l'animation de l'écosystème entrepreneurial : accompagnement des porteurs de projets, formations en gestion et en innovation, création de réseaux, accès à des financements innovants (fonds d'amorçage, concours de pitch, capital patient).

Selon une étude de la Banque interaméricaine de développement (BID, 2020), près de 70 % des jeunes entrepreneurs haïtiens développent des projets à vocation sociale ou environnementale, principalement dans les domaines de l'agriculture, de la gestion des déchets, de l'énergie renouvelable, de la santé ou de l'éducation. Ce profil « hybride » d'entrepreneur traduit un glissement vers une économie d'impact, où la recherche de rentabilité cohabite avec une finalité sociétale explicite (Santos, 2012).

2. Des innovations productives territorialisées

L'innovation économique en Haïti se manifeste aussi dans la relocalisation des activités productives à l'échelle des territoires. Dans le Sud-Est, par exemple, des coopératives agro-transformatrices produisent des jus, des confitures et des conserves à partir de fruits locaux, valorisant les surplus agricoles tout en créant de l'emploi en milieu rural. À Ouanaminthe, des femmes entrepreneures ont développé des microentreprises de transformation du manioc en biscuits et galettes vendus sur les marchés locaux et transfrontaliers. Ces initiatives combinent innovation technique (outils de transformation adaptés, conditionnement amélioré) et innovation sociale (création de réseaux de producteurs, mutualisation des équipements, mécanismes d'épargne collective).

Par ailleurs, des dispositifs comme le Village Entrepreneurial de Camp-Perrin, mis en place en partenariat avec des ONG locales et la diaspora, ont permis de regrouper des artisans, des couturières, des menuisiers et des transformateurs alimentaires dans un même espace équipé, favorisant les économies d'échelle, l'apprentissage mutuel et la visibilité commerciale. Ce type de pôle territorial d'innovation productive permet de structurer des filières locales, de formaliser progressivement l'emploi, et de créer un environnement d'affaires stimulant, y compris dans des zones historiquement délaissées.

3. L'économie circulaire et les nouveaux modèles d'affaires

Dans un pays où les ressources sont rares, les importations coûteuses et les déchets peu gérés, l'économie circulaire apparaît comme un champ particulièrement porteur d'innovation entrepreneuriale. De jeunes entreprises se spécialisent dans la valorisation de matériaux usagés : transformation de pneus en meubles, recyclage de sacs plastiques en sacs à main, réutilisation de bouteilles en verre dans la construction, etc.

L'entreprise Plastic Bank Haïti, par exemple, achète du plastique collecté par les habitants à un prix supérieur au marché, le transforme localement, et l'exporte vers des chaînes de production durables. Ce modèle génère de l'activité économique tout en réduisant la pollution plastique, illustrant la convergence entre innovation, inclusion et écologie.

Ces nouvelles entreprises adoptent souvent des modèles économiques hybrides, combinant revenus marchands, subventions, dons ou microfinancements. Elles innovent aussi dans leurs pratiques de gestion (gouvernance participative, transparence financière, management horizontal), reflétant une évolution vers des modèles plus ouverts, plus collaboratifs et plus adaptés aux défis du développement local.

4. Obstacles à surmonter et leviers à mobiliser

Malgré cette dynamique, plusieurs obstacles structurels entravent le développement et la pérennisation des innovations entrepreneuriales en Haïti :

- L'accès au financement reste très limité : les banques commerciales sont frileuses, les taux d'intérêt élevés, et les fonds d'investissement rares ;
- Les infrastructures de base (électricité, transport, Internet) sont souvent insuffisantes pour soutenir des chaînes de valeur productives complètes ;
- Le cadre réglementaire est peu incitatif pour les PME et les start-ups : complexité administrative, incertitude juridique, fiscalité peu adaptée ;
- Le manque de formation technique et entrepreneuriale affecte la capacité des porteurs de projets à structurer, gérer et faire croître leurs activités.

Pour lever ces freins, il est indispensable de mettre en place des politiques publiques favorables à l'innovation entrepreneuriale : allégement fiscal pour les jeunes entreprises, simplification des démarches administratives, création de fonds d'amorçage territorialisés, soutien aux clusters productifs, intégration de l'entrepreneuriat dans les curricula scolaires et universitaires, et mise en réseau des initiatives locales.

L'innovation entrepreneuriale et économique en Haïti, loin d'être marginale, constitue un levier stratégique de transformation territoriale. Elle permet de répondre à des besoins sociaux, de créer de l'emploi, de renforcer les économies locales, et de favoriser la transition vers des modèles de production plus durables et plus inclusifs. Pour qu'elle joue pleinement ce rôle, elle doit être reconnue, soutenue et intégrée dans une stratégie nationale de développement territorial, articulée avec les collectivités locales, les universités, la société civile et les acteurs économiques. À travers elle, les territoires haïtiens peuvent devenir des foyers d'expérimentation, de création et de résilience, capables de refonder le développement à partir de leurs ressources propres.

14.5. FAVORISER UN ÉCOSYSTÈME PROPICE A L'INNOVATION

Pour que l'innovation — qu'elle soit technologique, sociale, entrepreneuriale ou institutionnelle — puisse pleinement jouer son rôle de levier de transformation territoriale en Haïti, il est impératif de créer un écosystème propice à son émergence, sa diffusion et sa pérennisation. Un écosystème d'innovation désigne un ensemble d'acteurs, d'institutions, de ressources, de politiques et de relations qui, ensemble, permettent de stimuler la créativité, de faciliter l'expérimentation et de soutenir le passage à l'échelle des solutions innovantes. Dans un pays où les initiatives sont souvent isolées, faiblement connectées et confrontées à de multiples freins structurels, la construction d'un tel écosystème représente un enjeu stratégique majeur.

1. Composantes clés d'un écosystème d'innovation territorialisé

Un écosystème d'innovation efficace repose sur plusieurs composantes interdépendantes :

a. *Des acteurs variés et interconnectés :* universités, centres de recherche, entreprises, institutions publiques, associations, communautés, start-ups, bailleurs de fonds, etc. Ces acteurs doivent non seulement coexister, mais aussi coopérer, échanger des informations, partager des ressources et co-construire des projets. La force d'un écosystème tient à sa capacité à générer des synergies, à connecter les savoirs et à favoriser l'intelligence collective (Chesbrough, 2006).

b. *Des infrastructures de soutien :* il s'agit notamment des espaces physiques (fab labs, incubateurs, pôles d'innovation, laboratoires vivants), des infrastructures numériques, des plateformes de financement, et des services d'accompagnement à la création d'entreprise, à la propriété intellectuelle, à la mise en réseau ou à la gestion de projet.
c. *Un cadre institutionnel et réglementaire incitatif :* lois sur l'innovation, fiscalité favorable à la recherche et au développement, politiques de soutien à l'entrepreneuriat, régimes juridiques pour les coopératives ou les start-ups, protection des données, etc.
d. *Une culture de l'innovation :* c'est-à-dire un environnement social et éducatif qui valorise la créativité, l'initiative, la prise de risque et l'apprentissage par l'expérimentation. Cela suppose aussi de lutter contre les représentations défavorables de l'échec ou de l'informel, qui freinent souvent les porteurs d'idées.

2. L'état des lieux en Haïti : potentialités et faiblesses

En Haïti, l'écosystème d'innovation demeure embryonnaire, mais plusieurs signaux positifs témoignent d'un potentiel réel :

- Des incubateurs et espaces d'innovation sont en développement à Port-au-Prince, Jacmel, Cap-Haïtien ou encore Hinche (Banj, Alpha Haïti, Impact Hub, Konbit Technology Hub, etc.) ;
- Des réseaux d'entrepreneurs, de makers et de professionnels du numérique commencent à structurer des communautés d'apprentissage et de partage (comme Startup Grind Port-au-Prince ou Haïti Tech Summit) ;
- La diaspora haïtienne, riche de compétences techniques et entrepreneuriales, joue un rôle croissant en matière de transferts d'innovation, de mentorat et d'investissements solidaires ;
- Les jeunes générations, mieux connectées et plus exposées à des pratiques collaboratives à l'international, manifestent une appétence forte pour l'innovation sociale et technologique.

Mais ces dynamiques demeurent fragiles, notamment en raison :

- Du manque de coordination nationale : il n'existe pas de stratégie d'innovation à l'échelle de l'État ni de cadre politique structurant ;

- De la faible connexion entre les mondes académique, économique et public ;
- De l'absence de dispositifs de financement adaptés, notamment pour le passage à l'échelle ou la recherche appliquée ;
- Et de l'insuffisance des infrastructures (connectivité, énergie, espaces collaboratifs en province), qui empêche une diffusion territoriale équilibrée des initiatives.

3. Vers une structuration de l'écosystème : pistes stratégiques

Favoriser un écosystème propice à l'innovation implique d'agir à plusieurs niveaux :

a. Au niveau national, il serait nécessaire d'élaborer une stratégie haïtienne de l'innovation territoriale, définissant les priorités sectorielles, les mécanismes d'incitation, les partenariats à mobiliser, et les instruments financiers adaptés. Cette stratégie devrait être construite de manière participative, en s'appuyant sur les initiatives locales existantes.

b. Au niveau régional et local, les collectivités territoriales devraient être dotées de compétences et de moyens pour soutenir les innovateurs de leur territoire. Elles pourraient jouer un rôle de facilitateur en créant des agences locales de l'innovation, en hébergeant des fab labs municipaux, ou en finançant des projets expérimentaux d'intérêt communautaire.

c. Dans le champ de l'éducation, l'innovation doit être intégrée dès le primaire à travers une pédagogie active, et renforcée dans les universités à travers des filières pluridisciplinaires, des incubateurs académiques, et des programmes de recherche-action. L'Université d'État d'Haïti ou les centres universitaires régionaux peuvent devenir des nœuds structurants de l'écosystème.

d. Côté financement, la mise en place de fonds d'innovation territoriaux, co-financés par l'État, les collectivités, la diaspora et les bailleurs, permettrait d'assurer un soutien de proximité aux projets à fort impact local. Des dispositifs de micro-subventions, de bourses d'innovation ou de prêts solidaires pourraient compléter les mécanismes existants.

e. Enfin, la mise en réseau des acteurs et des projets, à travers des plateformes numériques, des rencontres régulières (forums, hackathons, salons territoriaux), et des alliances intercommunales, est indispensable pour créer une dynamique d'écosystème à l'échelle du pays.

La construction d'un écosystème d'innovation en Haïti ne peut se faire de manière spontanée ou déconnectée des réalités territoriales. Elle suppose une volonté politique forte, un engagement collectif et une mise en synergie des initiatives existantes. Loin d'un modèle unique, il s'agit de développer des écosystèmes ancrés, adaptatifs et inclusifs, capables de soutenir la créativité haïtienne dans toutes ses formes. En favorisant l'innovation comme bien commun, au service des territoires et des communautés, Haïti peut amorcer une transition vers un développement plus endogène, plus équitable et plus résilient.

Conclusion du chapitre 14

Ce chapitre a démontré que l'innovation constitue un levier fondamental pour penser la transformation structurelle et durable des territoires haïtiens. Dans un contexte marqué par l'instabilité institutionnelle, la faiblesse des services publics, la précarité des infrastructures et l'exclusion de vastes segments de la population, l'innovation apparaît non pas comme un luxe réservé aux sociétés les plus avancées, mais comme une nécessité stratégique pour répondre aux besoins non satisfaits, revaloriser les ressources locales et stimuler les dynamiques endogènes de développement.

L'innovation technologique et numérique, tout d'abord, offre des perspectives concrètes d'amélioration de l'accès aux services de base, de structuration de filières économiques, et d'élargissement des opportunités éducatives et professionnelles, notamment pour la jeunesse. Elle permet aussi, lorsqu'elle est bien appropriée, d'optimiser la gestion territoriale et de renforcer la transparence de l'action publique. Toutefois, pour déployer tout son potentiel, cette innovation doit être adaptée aux réalités locales, accessible aux plus vulnérables, et inscrite dans des politiques publiques claires et volontaristes.

Parallèlement, l'innovation sociale et communautaire s'est affirmée comme une composante essentielle de la résilience haïtienne. Portée par des acteurs de proximité — comités de quartier, organisations de base, réseaux paysans ou associations féminines — elle incarne une intelligence territoriale profondément ancrée dans les traditions de solidarité et d'auto-organisation. Ces formes d'innovation, souvent invisibles ou marginalisées, doivent être reconnues, documentées et soutenues, car elles offrent des réponses pragmatiques, inclusives et adaptées aux défis spécifiques de chaque territoire.

À travers l'exemple de Jacmel, ce chapitre a illustré comment des dispositifs innovants, associant outils numériques et mobilisation communautaire, peuvent contribuer à renforcer la gouvernance locale, à améliorer la qualité des services et à créer des dynamiques de co-responsabilité. Ces expériences démontrent qu'il est possible de construire, même dans des contextes contraints, des formes de gouvernance territoriale partagée, centrées sur les besoins réels des citoyens.

L'innovation entrepreneuriale et économique, quant à elle, s'impose comme un vecteur de diversification productive, d'inclusion économique et de création d'emplois locaux. Les jeunes entreprises haïtiennes, en particulier dans les domaines de l'agroalimentaire, de l'économie circulaire ou de la tech sociale, témoignent d'une capacité d'adaptation remarquable et d'un fort potentiel de transformation. Cependant, leur consolidation exige des politiques d'accompagnement adaptées, un environnement d'affaires plus incitatif et un accès élargi aux financements.

Enfin, ce chapitre a mis en évidence la nécessité de structurer un véritable écosystème national d'innovation, articulé autour des territoires, et fondé sur la coopération entre acteurs publics, privés, académiques et communautaires. Sans écosystème favorable — combinant infrastructures, financements, compétences, législation et culture de l'innovation — les initiatives, même prometteuses, risquent de rester fragmentaires, isolées ou éphémères. La mise en place de politiques territorialisées de soutien à l'innovation, de plateformes multiacteurs, de fonds locaux et de dispositifs d'incubation régionaux apparaît comme une condition incontournable pour déployer une stratégie d'innovation cohérente et inclusive.

En définitive, l'innovation ne peut être considérée comme un secteur parmi d'autres. Elle est une démarche transversale, un état d'esprit, un mode d'action fondé sur la créativité, l'expérimentation et la participation. Dans les territoires haïtiens, elle peut devenir le moteur d'une reconstruction démocratique, écologique et solidaire, à condition d'être ancrée dans les réalités locales, portée par des alliances horizontales, et soutenue par une vision politique claire. En faisant de l'innovation un pilier du développement territorial, Haïti peut s'engager sur la voie d'une refondation plus juste, plus résiliente et plus collective de son avenir.

CHAPITRE 15. COOPÉRATION RÉGIONALE ET INTERNATIONALE

Introduction

Dans un monde de plus en plus interdépendant, les dynamiques de développement territorial ne peuvent être pensées uniquement à l'échelle nationale. Pour un pays comme Haïti, dont les fragilités internes sont amplifiées par sa forte exposition aux risques externes — économiques, environnementaux, géopolitiques —, la coopération régionale et internationale représente à la fois une nécessité et une opportunité. Elle constitue un levier stratégique pour mobiliser des ressources, partager des savoirs, renforcer les capacités institutionnelles, insérer les territoires dans des réseaux de solidarité transnationale, et contribuer à la stabilité et à la résilience du pays.

Historiquement, Haïti a entretenu des relations complexes avec la communauté internationale. Si l'aide extérieure a constitué un apport significatif en termes de financement, de projets sectoriels et d'appui humanitaire, elle a aussi suscité des critiques récurrentes quant à son efficacité, sa cohérence, sa pérennité et son alignement sur les priorités nationales. Dans de nombreux cas, les mécanismes d'aide ont renforcé les dynamiques de dépendance, marginalisé les institutions locales, et réduit les marges d'autonomie stratégique du pays. Cette situation appelle aujourd'hui un renouvellement en profondeur des cadres et des pratiques de la coopération, dans une perspective de partenariat, de co-construction et de réciprocité.

Dans le domaine du développement territorial, cette réorientation est d'autant plus nécessaire que les enjeux à relever — décentralisation, aménagement équilibré du territoire, résilience aux risques climatiques, valorisation des patrimoines, dynamisation des économies locales — nécessitent des approches transversales, intégrées, et ouvertes sur l'extérieur. La coopération régionale, en particulier dans l'espace caribéen, offre des perspectives d'échanges et d'alliances stratégiques avec des pays confrontés à des défis similaires, partageant des contextes géographiques, climatiques ou historiques comparables. Quant à la coopération internationale au sens large, elle peut contribuer à la mise à disposition d'expertises, au renforcement des capacités, à l'innovation sociale et technologique, ou encore à la mobilisation de financements spécifiques.

L'enjeu n'est pas tant d'augmenter les flux de coopération que de requalifier les relations, en passant d'une logique d'assistance descendante à une logique de coopération horizontale, territorialisée et durable. Il s'agit de penser les territoires haïtiens non plus comme de simples récipiendaires de projets internationaux, mais comme des acteurs à part entière de la coopération, capables de formuler des demandes, de proposer des innovations, de partager des expériences et de co-construire des solutions avec leurs homologues étrangers.

Ce chapitre se propose d'examiner les conditions dans lesquelles la coopération régionale et internationale peut contribuer efficacement au développement territorial en Haïti. Il s'articulera autour de plusieurs axes : d'abord, une analyse des formes actuelles de coopération et de leurs limites ; ensuite, une exploration des potentialités offertes par la coopération régionale, notamment dans l'espace caribéen et latino-américain ; puis, une mise en lumière de cas concrets de coopération décentralisée et de partenariats territoriaux innovants ; enfin, des pistes seront proposées pour construire une stratégie nationale et territoriale de coopération, articulée aux besoins des collectivités locales et fondée sur des principes de coresponsabilité, d'appropriation et de durabilité.

Dans un moment historique où les défis globaux — changement climatique, migrations, crises sanitaires, transition énergétique — interrogent les modèles traditionnels de développement, la coopération internationale peut devenir un moteur d'innovation territoriale, un levier de résilience, et un vecteur de solidarité renouvelée. Encore faut-il qu'elle soit pensée à partir des territoires, en dialogue avec leurs dynamiques propres, et non plaquée de l'extérieur. Ce chapitre plaide ainsi pour une coopération « par les territoires et pour les territoires », capable d'accompagner Haïti dans sa quête de justice spatiale, de souveraineté locale et de transformation structurelle.

15.1. Les cadres de coopération régionale

La coopération régionale représente une dimension stratégique du développement territorial pour Haïti, à la fois en raison de son ancrage géographique caribéen, de sa proximité historique avec les Amériques, et de la multiplicité des enjeux transfrontaliers qu'elle partage avec ses voisins : gestion des risques climatiques, flux migratoires, commerce, sécurité alimentaire, mobilité des personnes et des savoirs, valorisation culturelle, entre autres. Cependant, si Haïti est formellement intégré à plusieurs espaces régionaux de coopération, la traduction concrète de ces engagements au niveau des territoires reste encore limitée, en raison de contraintes structurelles, institutionnelles et politiques.

1. Haïti dans les organisations régionales : une présence active, mais inégale

Haïti est membre de plusieurs organisations régionales qui, chacune à leur manière, offrent des opportunités de coopération sectorielle et territoriale :

a. *La Communauté des Caraïbes (CARICOM) :* Haïti a intégré la CARICOM en 2002, devenant ainsi le seul pays francophone de cet espace anglophone. La CARICOM promeut l'intégration économique régionale, la coopération dans les domaines de l'environnement, de l'éducation, de la culture et de la santé, ainsi que la coordination des politiques extérieures. Elle a mis en place des programmes en matière de gestion des risques, de mobilité académique, de préservation culturelle et de résilience climatique, qui pourraient être davantage mobilisés à l'échelle locale haïtienne (CARICOM, 2021).

b. *L'Association des États de la Caraïbe (AEC) :* créée en 1994, l'AEC regroupe 25 pays de la Grande Caraïbe, avec pour objectifs la coopération économique, la préservation de la mer des Caraïbes et la gestion des risques naturels. Haïti y participe activement, notamment à travers des initiatives de gestion intégrée des zones côtières et de coopération portuaire, mais ces programmes restent peu articulés aux besoins spécifiques des collectivités territoriales haïtiennes.

c. *L'Organisation des États américains (OEA)* : bien que centrée sur des enjeux politiques et institutionnels, l'OEA soutient également des projets de gouvernance locale, de participation citoyenne et de transparence, qui pourraient renforcer les dynamiques territoriales si mieux relayés au niveau infranational.

d. *Le Programme de coopération technique de l'ALBA (Alliance bolivarienne pour les peuples de notre Amérique)* : dans les années 2000, Haïti a bénéficié du soutien de l'ALBA dans les domaines de la santé (Brigades médicales cubaines), de l'alphabétisation et de l'énergie (programme PetroCaribe). Bien que le contexte géopolitique ait fragilisé cette alliance, elle reste un exemple de coopération Sud-Sud à visée solidaire et territorialisée.

e. Le Programme INTERREG Caraïbes, financé par l'Union européenne et piloté par les régions françaises d'outre-mer (Martinique, Guadeloupe, Guyane), vise à renforcer les coopérations entre territoires de la Grande Caraïbe. Il constitue un cadre prometteur pour des projets de coopération transfrontalière, notamment dans les domaines de la recherche, de l'environnement, de la santé publique, ou de la mobilité universitaire. Toutefois, la participation d'Haïti reste encore marginale, en partie à cause de contraintes administratives et de faibles capacités de portage de projets à l'échelle locale (GIP INTERREG, 2020).

2. Les coopérations bilatérales dans l'espace caribéen

Au-delà des grandes organisations régionales, Haïti entretient des relations bilatérales dynamiques avec plusieurs pays de la région :

a. Avec la République dominicaine, malgré des tensions historiques et migratoires persistantes, plusieurs programmes de coopération transfrontalière ont été mis en œuvre, notamment sur la gestion des bassins versants, les marchés frontaliers, et la lutte contre les épidémies. Des cadres comme le Plan binational de développement de la zone frontalière (élaboré avec l'appui de l'Union européenne) ont permis des avancées, mais leur concrétisation territoriale reste souvent entravée par l'instabilité politique et les divergences diplomatiques (Lundahl, 2011).
b. Avec Cuba, la coopération est historiquement dense, en particulier dans le domaine de la santé. Des dizaines de médecins cubains sont déployés en Haïti depuis les années 2000, notamment en zones rurales enclavées. Cette coopération a également touché l'éducation, la culture et les échanges universitaires, même si elle reste peu institutionnalisée au niveau territorial.
c. Avec les pays de la Caraïbe anglophone, des projets de formation professionnelle, de tourisme solidaire ou de

gestion des risques ont été expérimentés, mais ils peinent à s'inscrire dans la durée, en raison de barrières linguistiques, de différences institutionnelles et du manque de mécanismes de coordination décentralisés.

3. Des opportunités pour les collectivités territoriales haïtiennes

Pour les collectivités territoriales, les cadres régionaux de coopération offrent une fenêtre d'opportunité encore sous-exploitée. La plupart des dispositifs évoqués plus haut permettent, en principe, la participation directe ou indirecte des autorités locales (communes, départements, universités régionales, associations de développement), à condition de disposer de capacités institutionnelles suffisantes, de partenaires bien identifiés, et de mécanismes de cofinancement.

Certaines communes haïtiennes, comme Jacmel, Milot ou Cap-Haïtien, ont tenté de se positionner dans des programmes régionaux, notamment via des projets de préservation patrimoniale, de gestion intégrée du littoral ou de formation professionnelle en tourisme durable. Ces expériences, bien que limitées, montrent qu'il est possible d'inscrire les territoires haïtiens dans des dynamiques de coopération horizontale, à condition de les accompagner, de les former, et de leur garantir une autonomie de négociation et de mise en œuvre.

Haïti bénéficie déjà d'une insertion régionale formelle dans des organisations clés, qui constituent un cadre juridique et politique favorable à la coopération. Toutefois, pour que ces engagements se traduisent en effets concrets sur le développement territorial, il est nécessaire de renforcer les capacités de négociation, de montage de projets et de gestion des collectivités locales, de mieux articuler les niveaux national et local, et de faciliter l'accès des territoires aux financements et aux réseaux régionaux. La coopération régionale ne doit plus être l'affaire exclusive des capitales ou des élites diplomatiques ; elle doit devenir un outil de développement local, fondé sur la réciprocité, la solidarité caribéenne, et l'activation des complémentarités territoriales.

15.2. COOPÉRATION INTERNATIONALE ET AIDE AU D2VELOPPEMENT

Depuis plusieurs décennies, Haïti est l'un des pays les plus assistés au monde par l'aide internationale, tant en volume cumulé qu'en diversité d'intervenants. Pourtant, ce flux massif de ressources, de projets et d'expertises n'a pas permis d'amorcer une trajectoire de développement durable, ni de renforcer significativement les capacités de l'État ou des territoires. Cette situation paradoxale invite à une analyse critique de la coopération internationale dans sa dimension structurelle, politique, territoriale et symbolique.

1. Une dépendance structurelle à l'aide : entre nécessité et enfermement

L'aide au développement représente une part importante des ressources extérieures de l'État haïtien. Selon les données de la Banque mondiale (2022), les flux d'aide publique au développement (APD) représentent en moyenne 15 à 20 % du PIB haïtien sur les deux dernières décennies, atteignant parfois jusqu'à 30 % dans les périodes post-catastrophes (notamment après le séisme de 2010). Cette dépendance s'explique à la fois par la faiblesse de la base fiscale nationale, la fragilité institutionnelle, et le désengagement progressif de l'État dans des fonctions régaliennes essentielles.

Si l'aide a permis de financer des services de santé, d'éducation, d'assainissement, ou de secours d'urgence, elle a aussi produit un effet de substitution vis-à-vis de l'État haïtien, en affaiblissant sa légitimité, sa capacité de planification, et son autonomie budgétaire (Pierre-Louis, 2011). De nombreux services publics sont aujourd'hui assurés, en pratique, par des ONG, des agences onusiennes ou des opérateurs privés internationaux. Cette logique d'externalisation, loin d'être neutre, participe à la dépolitisation du développement, à l'affaiblissement du contrat social et à la fragmentation des politiques publiques.

2. Une aide fragmentée, descendante et faiblement territorialisée

Un autre trait marquant de la coopération internationale en Haïti réside dans sa fragmentation extrême. Le pays accueille plus d'un millier d'ONG internationales (Hsu & Mark, 2020), de dizaines d'agences bilatérales et multilatérales, et d'une multitude de projets financés sur des logiques sectorielles, souvent peu coordonnées. Les dispositifs de planification commune (comme le Cadre de coopération des Nations unies pour le développement durable) peinent à structurer cette diversité d'interventions, qui opèrent avec leurs propres logiques, temporalités et objectifs.

Cette dispersion est aggravée par une faible territorialisation des projets. Rares sont les initiatives de coopération qui s'inscrivent dans une planification territoriale locale, qui mobilisent les collectivités territoriales, ou qui s'articulent aux Plans de développement communal (PDC) existants. Le plus souvent, les projets sont conçus en amont, depuis les sièges des bailleurs ou des ONG, puis implémentés par des prestataires, sans réelle appropriation locale. Ce mode opératoire contribue à l'émergence de territoires administrés par projet, sans cohérence spatiale ni vision de long terme (Providence, 2015).

3. Les effets pervers de la coopération humanitaire d'urgence

L'intervention post-séisme de 2010 constitue un exemple paradigmatique des dérives possibles de l'aide internationale. Malgré un afflux sans précédent de fonds et de ressources (plus de 13 milliards de dollars annoncés entre 2010 et 2020), les résultats en matière de reconstruction, de relogement ou de renforcement institutionnel sont largement jugés insatisfaisants. Les critiques portent notamment sur :

- La marginalisation de l'État haïtien, exclu des grandes décisions de coordination (notamment via la Commission intérimaire pour la reconstruction d'Haïti) ;
- La priorité donnée à l'urgence logistique et sécuritaire, au détriment d'une vision de développement durable ;
- Le gaspillage des ressources, du fait de la superposition des dispositifs, des coûts de transaction élevés, et de la faible transparence ;
- Le renforcement des inégalités, certaines zones étant fortement ciblées par l'aide (notamment la capitale), tandis que d'autres sont restées en marge.

Comme l'ont montré Schuller (2016) et Katz (2014), cette logique d'aide humanitaire, centrée sur l'efficience technico-financière et la visibilité politique, tend à évacuer les dynamiques locales, les rapports de pouvoir, et les besoins structurels des territoires.

4. Une remise en cause du paradigme dominant de l'aide

Ces constats critiques ne sont pas propres à Haïti. Ils s'inscrivent dans une remise en question plus globale du paradigme traditionnel de l'aide au développement, accusé de reproduire les dépendances, de renforcer les asymétries Nord-Sud, et de favoriser des logiques de projet verticales au détriment de processus endogènes. Des courants comme la post-aid critique, la coopération horizontale, ou le local ownership plaident pour une refondation de la coopération sur des bases de partenariat, de réciprocité, de transparence et d'ancrage territorial (Eyben, 2014; Providence, 2020).

Pour Haïti, cette critique ouvre la voie à des alternatives : renforcer les capacités des collectivités locales, appuyer les coopérations Sud-Sud (notamment caribéennes ou latino-américaines), structurer des réseaux d'innovation sociale transnationale, ou encore co-construire des projets avec les diasporas.

La coopération internationale a joué, et continue de jouer, un rôle important dans l'histoire contemporaine d'Haïti. Mais elle doit être radicalement repensée si elle veut contribuer à la transformation durable des territoires. Cette refondation passe par un changement de posture : reconnaître les territoires haïtiens non comme de simples récipiendaires de l'aide, mais comme des acteurs stratégiques du développement. Cela suppose une décentralisation effective de la coopération, une intégration des projets dans les cadres de planification locale, un soutien aux capacités institutionnelles et un dialogue ouvert entre partenaires sur les objectifs, les méthodes et les responsabilités. À ce prix, la coopération internationale pourra devenir un levier de co-construction territoriale, plutôt qu'un facteur de déconnexion ou de dépendance.

15.3. STRATÉGIES POUR RENFORCER LA COOPÉRATION

Au regard des limites structurelles de l'aide internationale traditionnelle et des opportunités offertes par la coopération régionale et décentralisée, il devient essentiel de repenser les modalités de coopération pour les inscrire dans une logique de co-construction territoriale, de durabilité et de souveraineté partagée. Renforcer la coopération ne signifie pas simplement accroître les flux financiers ou multiplier les projets. Il s'agit surtout de réinventer les pratiques, les cadres et les partenariats pour les rendre plus efficaces, plus inclusifs et plus ancrés dans les dynamiques locales. Cette section propose plusieurs stratégies complémentaires visant à refonder la coopération internationale et régionale au service du développement territorial en Haïti.

1. Territorialiser la coopération : du national à l'infranational

L'un des premiers leviers pour améliorer l'efficacité de la coopération est sa territorialisation. Cela implique d'intégrer les collectivités territoriales — communes, départements, intercommunalités — dans la conception, la gestion et le suivi des projets de coopération. Trop souvent, ces projets restent pilotés au niveau central, sans articulation avec les Plans de développement communal (PDC), les plans de gestion des risques ou les dispositifs locaux de gouvernance.

Mettre en œuvre une coopération territoriale différenciée permettrait d'adapter les interventions aux spécificités des territoires : défis géographiques, besoins prioritaires, ressources locales disponibles, réseaux communautaires. En ce sens, les coopérations décentralisées (entre collectivités d'Haïti et leurs homologues étrangères) constituent une voie prometteuse, à condition d'être accompagnées, formalisées et pérennisées. Des expériences comme le partenariat entre la ville de Milot et des communes françaises autour de la valorisation patrimoniale et de la gestion des déchets (CUF, 2019), montrent qu'il est possible d'articuler échanges techniques, mobilisation citoyenne et appui au renforcement institutionnel local.

2. Structurer un cadre stratégique de coopération au niveau national

La coopération reste aujourd'hui largement éclatée en Haïti, faute de cadre d'orientation clair. Il est donc nécessaire de doter le pays d'une stratégie nationale de coopération internationale et décentralisée, articulée aux priorités du développement territorial durable. Ce document-cadre devrait préciser :

- Les secteurs prioritaires (ex. : résilience, services de base, éducation, environnement, culture) ;
- Les zones géographiques ciblées, selon les déséquilibres territoriaux ;
- Les mécanismes de coordination entre l'État, les collectivités et les partenaires ;
- Les principes à respecter (redevabilité mutuelle, ancrage local, cofinancement, transparence) ;
- Les dispositifs de suivi et d'évaluation partagés.

Un tel cadre stratégique renforcerait la lisibilité de l'action internationale, faciliterait l'alignement des bailleurs, et permettrait d'éviter les doublons ou les effets de fragmentation.

3. Renforcer les capacités locales pour porter la coopération

Pour que les collectivités territoriales deviennent de véritables actrices de la coopération, elles doivent être dotées de capacités techniques, juridiques et organisationnelles adéquates. Il s'agit notamment de :

- Former des cadres municipaux à la gestion de projets de coopération, à la diplomatie territoriale et à la contractualisation internationale ;
- Développer des pôles d'ingénierie territoriale mutualisés, à l'échelle des départements ou intercommunalités, pour appuyer les petites communes ;
- Créer des cellules de coopération au sein des mairies et des directions départementales ;
- Financer des missions d'échange, des visites techniques, des partenariats universitaires locaux.

La déconcentration de l'expertise, aujourd'hui largement centralisée à Port-au-Prince ou externalisée vers les ONG internationales, est une condition clé pour faire émerger une coopération véritablement inclusive et durable.

4. Diversifier les formes et les partenaires de la coopération

La coopération ne se limite pas aux relations entre États ou institutions. Elle peut prendre des formes multiacteurs, associant collectivités, société civile, universités, diaspora, secteur privé, jeunes ou communautés locales. Encourager ces partenariats élargis permet de :

- Ancrer les projets dans les besoins concrets ;
- Mobiliser des ressources complémentaires, notamment humaines, symboliques et financières ;
- Favoriser l'innovation sociale, en intégrant des approches expérimentales, participatives et inclusives.

La mobilisation de la diaspora haïtienne constitue un axe stratégique souvent sous-exploité. Présente dans toute la Caraïbe, en Amérique du Nord et en Europe, elle peut jouer un rôle de passerelle, d'investisseur, de relais culturel ou de mentor. Des initiatives comme Haïti Futur, Fondation Sogebank Diaspora ou les diaspora bonds expérimentés en Afrique montrent la faisabilité de tels dispositifs (Providence, 2025b).

5. Instaurer une gouvernance partagée de la coopération

La coopération ne peut réussir sans un pilotage concerté et transparent. Cela suppose de créer des espaces de dialogue multiniveaux entre l'État, les collectivités, les partenaires techniques et financiers (PTF), les ONG et les représentants des bénéficiaires. Des instances comme le Comité national de coordination de l'aide (CNCA), lorsqu'il fonctionne, peuvent jouer ce rôle, à condition d'inclure systématiquement les territoires et la société civile.

De même, il est crucial d'instaurer des mécanismes de reddition de comptes, d'évaluation participative et d'apprentissage collectif. Ces dispositifs renforcent la confiance, améliorent la qualité des projets, et favorisent une culture de la coopération fondée sur le dialogue, la responsabilité et l'efficacité.

Renforcer la coopération au service du développement territorial d'Haïti ne passe pas par une simple augmentation des ressources allouées. Cela exige un changement de paradigme : territorialiser les interventions, reconnaître la diversité des acteurs, construire des cadres stratégiques partagés, investir dans les capacités locales, et instituer une gouvernance coopérative. À ces conditions, la coopération pourra devenir un outil structurant de transformation territoriale, au service d'une Haïti plus équitable, plus résiliente et plus souveraine dans ses choix de développement.

Conclusion du chapitre 15

Ce chapitre a mis en évidence l'importance stratégique que revêt la coopération régionale et internationale pour le développement territorial en Haïti. Dans un pays marqué par de fortes inégalités spatiales, des fragilités institutionnelles persistantes et des capacités étatiques limitées, la coopération ne peut être réduite à un simple levier financier ou technique. Elle doit être pensée comme un outil de transformation systémique, capable de catalyser des dynamiques endogènes, de renforcer les capacités locales, de favoriser les échanges horizontaux et de consolider la souveraineté territoriale.

L'analyse des cadres de coopération régionale a révélé un potentiel encore largement sous-exploité. L'intégration d'Haïti dans des organisations comme la CARICOM, l'AEC ou l'OEA offre des opportunités en matière de résilience climatique, d'éducation, de culture, de mobilité et de gestion des risques. Toutefois, ces dispositifs peinent à produire des effets concrets à l'échelle locale, faute de coordination interinstitutionnelle, de relais territoriaux et de capacités de mise en œuvre. La coopération régionale, pour être effective, doit dépasser les déclarations politiques et se traduire par des projets ancrés dans les réalités territoriales.

Par ailleurs, la critique de l'aide internationale a mis en lumière les limites du modèle dominant, encore largement fondé sur des logiques descendantes, fragmentées et déterritorialisées. L'aide humanitaire, notamment dans ses formes post-catastrophes, a souvent marginalisé les institutions nationales et locales, affaibli le lien entre l'État et les citoyens, et renforcé des mécanismes de dépendance. Ces constats plaident pour une refondation profonde de la coopération, orientée vers le partenariat équitable, la transparence, l'appropriation locale et la durabilité.

Dans cette perspective, plusieurs stratégies structurantes ont été proposées pour renforcer la coopération au service du développement territorial : territorialiser les interventions, élaborer une stratégie nationale de coopération intégrée, renforcer les capacités des collectivités locales, diversifier les partenariats (notamment avec la diaspora et les universités), et instaurer une gouvernance partagée et redevable de l'action internationale. Ces pistes convergent vers une vision renouvelée de la coopération, centrée sur les territoires comme espaces de convergence entre les besoins, les ressources et les innovations.

Le défi n'est donc pas tant d'attirer plus de coopération que de mieux l'orienter, de la rendre plus cohérente, plus équitable et plus connectée aux dynamiques sociales, économiques et culturelles locales. Pour ce faire, les territoires haïtiens doivent être reconnus comme des acteurs à part entière de la coopération, capables de formuler des stratégies, de nouer des alliances, de négocier des priorités, et d'assumer un rôle proactif dans les réseaux régionaux et internationaux.

Enfin, la coopération doit être envisagée non comme un substitut à l'action publique nationale, mais comme un complément stratégique, au service d'un projet haïtien de développement autonome, inclusif et durable. Dans cette optique, la coopération devient un levier pour bâtir des territoires apprenants, résilients et ouverts, capables de dialoguer avec le monde sans perdre leur ancrage ni leur souveraineté. Elle participe ainsi pleinement à la réinvention du contrat territorial, au cœur du projet de transformation proposé tout au long de cet ouvrage.

CONCLUSION DE LA PARTIE 5

La Partie V de cet ouvrage a proposé une vision prospective et stratégique du développement territorial en Haïti, en partant du constat que la transformation des territoires ne saurait résulter de réformes techniques isolées ou de projets ponctuels, mais exige une réorientation profonde des cadres de pensée, des logiques institutionnelles et des modalités d'action. Elle a mis en lumière la nécessité de construire une approche intégrée, fondée sur la complémentarité des leviers, l'ancrage territorial, la participation citoyenne et la durabilité.

Le premier axe abordé a été celui de la réhabilitation des territoires, non seulement comme réponse à des déséquilibres spatiaux hérités de l'histoire, mais comme projet de justice sociale et d'égalité des chances. Cette réhabilitation ne peut se limiter à la reconstruction des infrastructures ou à la fourniture de services : elle implique la restauration du lien entre l'État et les territoires, la reconnaissance des identités locales et la relance des dynamiques économiques de proximité.

Le chapitre consacré à l'innovation a montré que celle-ci ne se limite pas aux technologies de pointe, mais inclut également des formes sociales, communautaires et entrepreneuriales de transformation. L'innovation, lorsqu'elle est soutenue, territorialisée et inclusive, devient un levier puissant de résilience, d'autonomisation et de réinvention des pratiques locales. Elle permet de sortir des dépendances anciennes et d'ouvrir des voies alternatives de développement à partir des ressources propres aux territoires.

La Partie V a également insisté sur le rôle stratégique de la coopération régionale et internationale, à condition qu'elle soit réarticulée aux besoins réels des territoires et pensée dans une logique de partenariat horizontal. Trop longtemps perçue comme une simple source d'assistance, la coopération doit désormais se concevoir comme un processus de co-construction, un vecteur d'apprentissage mutuel et un instrument de renforcement des capacités locales. Les collectivités territoriales, en particulier, doivent être repositionnées comme actrices de cette coopération, et non comme simples bénéficiaires passifs.

De manière transversale, cette partie a mis en avant plusieurs principes structurants pour penser un développement territorial durable en Haïti :

- Le principe de subsidiarité, qui invite à rapprocher la décision de l'action, en confiant aux territoires la capacité d'agir sur ce qui les concerne ;
- Le principe d'intégration, qui impose de dépasser les approches sectorielles fragmentées pour construire des politiques publiques transversales et coordonnées ;
- Le principe d'appropriation, qui rappelle que le développement ne peut être durable que s'il est porté par les acteurs eux-mêmes, à partir de leurs savoirs, de leurs aspirations et de leurs ressources ;
- Le principe d'équité territoriale, qui appelle à une redistribution des investissements, des compétences et des opportunités entre les régions, les villes et les campagnes, les centres et les périphéries.

En somme, cette partie a proposé un cadre stratégique, fondé à la fois sur des constats rigoureux et des propositions concrètes, pour engager Haïti sur la voie d'un développement territorial équitable, inclusif et résilient. Loin d'un modèle unique ou d'une recette universelle, il s'agit d'une invitation à construire, territoire par territoire, des trajectoires singulières de transformation, en mobilisant les forces vives locales, en valorisant les diversités, et en reconnectant les dynamiques locales aux enjeux nationaux et globaux.

Ces perspectives ne peuvent se concrétiser sans une volonté politique forte, sans des institutions ouvertes à l'innovation et à la participation, et sans un changement de regard sur les territoires haïtiens. Il est temps de reconnaître en eux non des espaces à « moderniser » de l'extérieur, mais des espaces de vie, de mémoire, de résistance et de créativité, capables de porter, depuis la base, une autre vision du développement.

CONCLUSION GÉNÉRALE

Cet ouvrage s'est construit à partir d'un double postulat : d'une part, que le territoire est une clé essentielle — mais trop souvent négligée — de la compréhension des blocages structurels du développement en Haïti ; d'autre part, qu'il représente aussi un espace stratégique de reconstruction, de régénération et d'émancipation. Penser le développement à partir des territoires, ce n'est pas se détourner des enjeux nationaux ou globaux, mais au contraire chercher à réconcilier l'espace, le politique et le social, dans une perspective de transformation systémique, inclusive et durable.

L'analyse conduite à travers les cinq parties de l'ouvrage a permis de poser les fondements d'une approche renouvelée du développement territorial haïtien. Elle repose sur plusieurs constats forts.

Premièrement, les déséquilibres territoriaux en Haïti sont profonds, anciens et structurels. Ils sont le fruit d'une histoire marquée par la centralisation politique, l'extraversion économique et la marginalisation de vastes zones rurales et de villes secondaires. La concentration des ressources, des services, des infrastructures et des institutions dans la région métropolitaine de Port-au-Prince a contribué à l'effritement du lien social, à la désarticulation des espaces, et à la fragilisation de l'État. À cela s'ajoutent les effets cumulatifs de la pauvreté, des risques naturels, de l'urbanisation anarchique, et des déficits de gouvernance.

Deuxièmement, l'ouvrage a mis en évidence que les dynamiques territoriales sont aussi traversées par des forces de résistance, d'innovation et de recomposition, souvent portées par les populations elles-mêmes. Qu'il s'agisse de pratiques agricoles résilientes, de mobilisations citoyennes, d'initiatives culturelles, de dynamiques communautaires ou d'expérimentations locales, les territoires haïtiens sont loin d'être des espaces passifs ou en attente de développement. Ils sont déjà, en de nombreux endroits, des lieux de réinvention du vivre-ensemble, des foyers d'apprentissage collectif, des laboratoires de transition.

Troisièmement, l'approche adoptée a permis de dépasser la vision strictement sectorielle du développement, en proposant une lecture transversale, systémique et située. En croisant les enjeux de gouvernance, d'infrastructures, d'environnement, de culture, d'économie locale et de coopération, il s'est agi de montrer que le développement territorial ne peut être réduit à une logique d'aménagement ou de redistribution, mais qu'il engage des rapports de pouvoir, des récits, des identités, des mémoires et des imaginaires. Il suppose une refondation du pacte entre l'État et les citoyens, entre les institutions centrales et les collectivités territoriales, entre les territoires eux-mêmes.

La Partie V a enfin proposé des pistes stratégiques et prospectives pour engager Haïti dans une trajectoire de transformation territoriale durable. Ces propositions s'organisent autour de cinq axes : la réhabilitation équitable des territoires, l'innovation comme levier de résilience, le développement économique local, la gouvernance territoriale partagée, et la requalification des relations de coopération internationale et régionale. À travers ces orientations, l'ouvrage plaide pour un changement de paradigme, capable de rompre avec les logiques descendantes, technocratiques et centralisées qui ont montré leurs limites.

Ce changement appelle à réhabiliter le territoire comme acteur : acteur politique, acteur économique, acteur culturel. Il suppose de reconnaître que les solutions ne viendront pas uniquement du sommet de l'État ou de l'extérieur du pays, mais qu'elles doivent s'ancrer dans les territoires, dans les savoirs locaux, dans les pratiques populaires, et dans les aspirations des communautés. Cela exige de l'État une posture nouvelle : non plus celle d'un pouvoir distant ou autoritaire, mais celle d'un facilitateur, d'un garant de la cohésion, d'un coordinateur des initiatives.

Ce changement appelle aussi à faire de la planification territoriale une pratique démocratique, inclusive et prospective. Une planification qui ne se contente pas de répartir des ressources selon des modèles importés, mais qui écoute, négocie, arbitre et construit avec les acteurs. Une planification qui articule les échelles — du local au global — et qui mobilise l'intelligence collective pour faire émerger des trajectoires de développement adaptées, durables et équitables.

Enfin, ce changement appelle à repolitiser le développement. Dans un contexte de défiance, de crise de légitimité et de fragmentation du tissu social, le territoire peut devenir un espace de reconstruction du politique. Un espace où les citoyennes et les citoyens peuvent réapprendre à faire société, à dialoguer, à décider ensemble. Un espace où l'avenir peut être réapproprié.

En somme, cet ouvrage entend contribuer à la construction d'un projet national renouvelé, fondé sur la diversité des territoires haïtiens, sur leur richesse humaine et culturelle, et sur leur capacité à imaginer des futurs désirables. Face aux défis immenses que traverse le pays, il ne s'agit pas de reproduire les recettes du passé, mais de faire émerger, depuis les territoires, les conditions d'un développement ancré, juste et porteur d'espoir.

Bibliographie

Abric, J.-C. (1994). *Pratiques sociales et représentations.* Paris : PUF.

ANM. (2020). *Tendances climatiques et projections en Haïti.* Port-au-Prince : Agence nationale de météorologie.

Audebert, C. (2012). *La diaspora haïtienne : Territoires migratoires et réseaux.* Rennes : Presses Universitaires de Rennes.

Banque Mondiale. (2017). *Unbreakable: Building the Resilience of the Poor in the Face of Natural Disasters.* Washington DC: World Bank Group.

Banque Mondiale. (2021). *Haiti: Rural Access to Basic Services and Infrastructure.* Washington, DC.: Banque Mondiale.

Banque Mondiale. (2022). *Remittances Data—Haïti.* Washington, DC: World Bank Group.

Banque Mondiale. (2022). *World Development Indicators.* Washington, DC: Groupe Banque Mondiale.

Banque Mondiale, G. (2024, Novembre 6). *La Banque mondiale en Haïti.* Consulté le Décembre 9, 2024, sur Groupe de la Banque Mondiale : https://www.banquemondiale.org/fr/country/haiti/overview

Bell, B. (2002). *Walking on Fire: Haitian Women's Stories of Survival and Resistance.* New York: Cornell University Press.

BEPA. (2011). *Empowering people, driving change: Social innovation in the European Union.* Brussels: Bureau of European Policy Advisers—European Commission.

Bertacchini, E. E. (2012). *Cultural Commons: A New Perspective on the Production and Evolution of Cultures.* London: Edward Elgar Publishing.

BID. (2020). *Entrepreneuriat et innovation sociale en Haïti : analyse de l'écosystème émergent.* Washington, DC : Banque interaméricaine de développement.

BID. (2020). *Infrastructures résilientes pour le développement durable dans la Caraïbe.* New York : Banque Interaméricaine de Développement.

Brial, F. (1996). *Décentralisation territoriale et coopération internationale : le cas de l'Outre-mer français.* Saint Denis : Thèse de doctorat — Université de la Réunion.

Bureau intégré des Nations Unies en Haïti. (2024). *Rapport du Secrétaire général de l'ONU sur la sécurité en Haïti.* New York : ONU.

Cabannes, Y. (2006). Les budgets participatifs en Amérique latine : De Porto Alegre à l'Amérique centrale, en passant par la zone andine : tendances, défis et limites. *Mouvements, 5*(47-48), 128-138.

CARDH. (2023). «Les cas d'enlèvements jusqu'en 2023». *gazettehaiti.com.*

CARICOM. (2019). *Regional Framework for Achieving Development Resilient to Climate Change.* Belmopan, Belize: Caribbean Community Climate Change Centre.

CARICOM. (2021). *Strategic Plan for the Caribbean Community 2020–2030.* Georgetown: CARICOM Secretariat.

Chambers, R. (1997). *Whose Reality Counts? Putting the First Last.* Yaoundé: Intermediate Technology Publications.

Chaskin, R. J., & Joseph, M. L. (2009). Building "Community" in Mixed-Income Developments: Assumptions, Approaches, and Early Experiences. *Urban Affairs Review, 45*(3), 299–335. doi:https://doi.org/10.1177/1078087409341544

Chesbrough, H. W. (2006). *Open Innovation: The New Imperative for Creating and Profiting from Technology.* Brighton: Harvard Business Review Press.

CIAT. (2010). *Éléments pour une politique nationale d'aménagement du territoire en Haïti.* Port-au-Prince : Comité Interministériel d'Aménagement du Territoire.

CNIGS. (2020). *Rapport sur les infrastructures de transport en Haïti.* Port-au-Prince : Centre National de l'Information Géo-Spatiale.

Code électoral haïtien. (2015). *Loi électorale et organisation des scrutins en Haïti.* Port-au-Prince : Le Moniteur.

Cornwall, A. (2008). Unpacking "Participation": Models, Meanings and Practices. *Community Development Journal, 43*(3), 269–283. doi:https://doi.org/10.1093/cdj/bsn010

Cornwall, A., & Gaventa, J. (2001). Bridging the Gap: Citizenship, Participation and Accountability. *PLA Notes*, 32–35.

CUF. (2019). *Capitalisation des coopérations décentralisées avec Haïti : retours d'expériences.* Paris : Cités Unies France.

Dash, M. J. (2001). *Haiti and the United States: National Stereotypes and the Literary Imagination.* New York: Palgrave Macmillan.

Dathus, V., & Tamru, B. (2022). La production foncière informelle dans les périphéries de Port-au-Prince. *Les Cahiers d'Outre-Mer*, 167-192.

Desmesvar, D. (1874). *Les Théoriciens au pouvoir.* Paris.

Di Méo, G. (2001). *Géographie sociale et territoires.* Paris : Nathan.

Digicel Haïti. (2022). *Rapport annuel MonCash.* Port-au-Prince : Digicel Haïti.

DINEPA. (2021). *Rapport sur l'accès à l'eau potable et à l'assainissement en Haïti.* Pétion-Ville : Direction Nationale de l'Eau Potable et de l'Assainissement.

DINEPA. (2022). *État des lieux de l'accès à l'eau et à l'assainissement en Haïti.* Pétion-Ville : Direction Nationale de l'Eau Potable et de l'Assainissement.

Dorner, V. (1998). La Décentralisation en Haïti. *Bulletin de l'APAD*, 1-17.

Dos Santos, T. (1970). The Structure of Dependence. *American Economic Review*, 231–236.

Dubois, L. (2005). *Avengers of the New World: The Story of the Haitian Revolution.* Cambridge: The Belknap Press.

Dubois, L. (2013). *Haiti: The Aftershocks of History.* Boulogne-Billancourt: Picador Paper.

Dupuy, A. (2014). *Haiti: From Revolutionary Slaves to Powerless Citizens: Essays on the Politics and Economics of Underdevelopment, 1804–2013.* London: Routledge.

Eyben, R. (2014). *International Aid and the Making of a Better World: Reflexive Practice.* New York: Routledge.

FAO. (2015). *Analyse des bassins versants prioritaires en Haïti.* Rome : Organisation des Nations unies pour l'alimentation et l'agriculture.

FAO. (2020). *Haïti : Analyse de la filière agricole locale.* Rome : Organisation des Nations Unies pour l'alimentation et l'agriculture.

FAO. (2020). *The State of Food and Agriculture in the Caribbean: Addressing Climate Change Challenges.* Rome: Food and Agriculture Organization.

Fardin, c. (2011). *deux siecles de constitutions haitiennes 1801-1987.* Port-au-prince: les editions Fardin.

Farmer, P. (2006). *The Uses of Haiti.* Monroe, Maine : Common Courage Press.

Fatton, R. (2002). *Haiti's Predatory Republic: The Unending Transition to Democracy.* Boulder, Colorado: Lynne Rienner Publishers Inc.

Fick, C. E. (1990). *The Making of Haiti: The Saint Domingue Revolution from Below.* Knoxville: University of Tennessee Press.

FIDA. (2019). *Rural Development and Inclusive Policies in Haiti.* Rome: Fonds international de développement agricole.

Freire, P. (1970). *Pedagogy of the Oppressed.* Freiburg: Herder and Herder.

GCF. (2020). *Country Portfolio: Haiti.* Incheon, République de Corée : Fonds Vert pour le Climat.

Geggus, D. P. (2001). *The Impact of the Haitian Revolution in the Atlantic World.* Columbia: University of South Carolina Press.

Germanwatch. (2021). *Global Climate Risk Index 2021.* Berlin: Germanwatch.

GIEC. (2021). *6e rapport d'évaluation du Groupe d'experts intergouvernemental sur l'évolution du climat — Résumé régional pour les Caraïbes.* Genève : Groupe d'experts intergouvernemental sur l'évolution du climat.

GIP INTERREG. (2020). • *GIP INTERREG Caraïbes (2020). Bilan de la programmation 2014–2020 : Coopérations avec Haïti.* Fort-de-France : GIP INTERREG Caraïbes.

GIZ. (2021). *Manuel technique pour la résilience des infrastructures en contexte tropical insulaire.* Bonn : Gesellschaft für Internationale Zusammenarbeit.

Gravari-Barbas, M., & Jacquot, S. (2024). *Patrimondialisations : La fabrique touristique globale du patrimoine.* Rennes : Presses Universitaires de Rennes.

Gravaris-Barbas, M., & Jacquot, S. (2013). Patrimoine, tourisme et développement en banlieue. *Les Cahiers de l'IAU (Institut d'aménagement et d'urbanisme)*, 65-67. doi:https://doi.org/10.7202/1038815ar

GRET. (2018). *Technologies durables pour les territoires vulnérables.* Paris : Groupe de Recherche et d'Échanges Technologiques.

Groupe Banque Mondiale. (2024). *Évaluation rapide de l'impact de la crise sécuritaire en Haïti.* Washington D.C. : Banque Mondiale.

Guèye, M. B. (2005). *Décentralisation et participation citoyenne : Evaluation participative de la décentralisation et amélioration de la transparence budgétaire.* Dakar : Drylands Issue Paper.

Guimelli, C. (1994). *Structures et transformations des représentations sociales.* Delachaux et Niestlé.

Hall, S. (1997). Cultural Identity and Diaspora. Dans J. (. Rutherford, *Identity: Community, Culture, Difference* (pp. 222–237). London : awrence & Wishart.

Haughton, D., Benjamin, N., & Mbaye, A. A. (2012). *The Informal Sector in Francophone Africa: Firm Size, Productivity and Institutions.* Washington, DC: World Bank Publications.

Heinl, R. D., & Heinl, N. G. (2005). *Written in Blood: The Story of the Haitian People 1492–1995.* Maryland: University Press of America.

Honey, M. (2008). *Ecotourism and Sustainable Development: Who Owns Paradise?* Washington, DC: Island Press.

Hooghe, L., & Marks, G. (2001). *Multi-Level Governance and European Integration.* Maryland: Rowman & Littlefield.

Hsu, K. J., & Mark, S. (2020). Humanitarian aid and local power structures: lessons from Haiti's shadow disaster. *Disasters, 44*(4), 641–665.

IFAD. (2019). *Diaspora Investment in Agriculture: A Tool for Development.* Rome: International Fund for Agricultural Development.

IFDD. (2021). *Étude sur les finances locales en Haïti.* Port-au-Prince : Institut de la Francophonie pour le développement durable.

IFRC. (2017). *Haiti: Hurricane Matthew — Lessons Learned Review.* Geneva: International Federation of Red Cross and Red Crescent Societies.

IHSI. (2018). *Estimation de la population totale, des 10 départements géographiques.* Port-au-Prince : Institut Haïtien de Statistique et d'Informatique.

IHSI. (2021). *Comptes nationaux d'Haïti.* Port-au-Prince : Institut Haïtien de statistique et d'Informatique.

ILO. (2021). *Women and Men in the Informal Economy: A Statistical Picture.* Geneva: International Labour Organization.

Katz, J. M. (2014). *The Big Truck That Went By: How the World Came to Save Haiti and Left Behind a Disaster.* New York: St. Martin's Griffin.

Kern, A.-L. (2019). De ville moyenne à ville intermédiaire : les dynamiques de Jacmel et son positionnement en Haïti. *Les Cahiers d'Outre-Mer*, 267-288.

Laguerre, M. S. (2006). *Diaspora, Politics, and Globalization.* London : Palgrave Macmillan.

Lambert, J., & Providence, C. (2025). Analyse du financement des Collectivités territoriales de l'Arrondissement de Jacmel selon les théories de l'incompatibilité des choix publics et de l'imbrication territoriale. Dans J.-M. St-Martin, & C. Providence, *Gouvernance locale et entrepreneuriat en Haïti : Une approche territoriale et inclusive* (éd. Forum 2024 des Presses IUS, Revue LATDD, pp. 45–73). Londres : Éditions Universitaires Européennes.

Lavell, A., Oppenheimer, M., Diop, C., Hess, J., Lempert, R., Li, J., … Myeong, S. (2012). Climate change: New dimensions in disaster risk, exposure, vulnerability, and resilience. *Cambridge University Press*, 25–64.

Leclerc, Y. (2017). Le développement local par la culture : cinq propositions pour des villes culturelles. *Revue Gouvernance*, 72–89.

L'État haïtien. (1987). *Constitution de la République d'Haïti.* Port-au-Prince : Journal Le Moniteur.

Luhmann, N. (1995). *Social Systems.* Stanford : Stanford University Press.

Lundahl, M. (2011). *Lundahl, M. (2011). Poverty in Haiti: Essays on Underdevelopment and Post Disaster Prospects.* New York: Palgrave Macmillan.

Marie, A. (2005). *La coopération décentralisée et ses paradoxes.* Paris : Karthala.

MARNDR. (2017). *Politique de développement agricole durable.* Port-au-Prince : Ministère de l'Agriculture, des Ressources Naturelles et du Développement Rural.

MDE. (2021). *Cadre stratégique de gouvernance environnementale 2021–2030.* Port-au-Prince : Ministère de l'Environnement.

MENFP. (2020). *Plan sectoriel de développement de l'éducation et de la formation (PSDEF) 2020-2030.* Port-au-Prince : Ministère de l'Education Nationale et de la Formation Professionnelle.

MENFP. (2021). *Bilan du système éducatif haïtien : performances et disparités régionales.* Port-au-Prince : Ministère de l'Education nationale et de la Formation Professionnelle.

Michel, J. (2014). Les enjeux de la patrimonialisation du parc historique de la canne-à-sucre en Haïti. *Articulo — Journal of Urban Research*, 1–19. doi:https://doi.org/10.4000/articulo.2442

Milian, J., & Tamru, B. (2018). Port-au-Prince, ville du risque ? Un mythe au prisme d'une urbanisation vulnérable. *Études caribéennes*, 39-40. Récupéré sur La ville caribéenne, les villes dans la Caraïbe.

Mintz, S. W. (1986). *Sweetness and Power: The Place of Sugar in Modern History.* Londres : Penguin Publishing Group.

Mintz, S. W. (1989). *Caribbean Transformations.* Columbia: Columbia University.

Moore, J. F. (1996). *The Death of Competition: Leadership and Strategy in the Age of Business Ecosystems.* New York: HarperBusiness.

MSPP. (2018). *Plan directeur de santé 2018–2028.* Port-au-Prince : Ministère de la Santé Publique et de la Population.

MTPTC. (2020). *Plan national de réhabilitation des infrastructures routières.* Port-au-Prince : Ministère des Travaux Publics, Transport et Communications.

Mulgan, G. (2006). The Process of Social Innovation. *Innovations: Technology, Governance, Globalization*, 145–162.

Nési, J. (2014). *Haïti à l'épreuve de la démocratisation : Faiblesse, reconstruction et réinvention de l'État (1986-2002).* Schœlcher : Thése de doctorat — Université des Antilles et de la Guyane.

OIF. (2022). *Infrastructures durables et coopération Sud-Sud en Francophonie.* Paris : Organisation Internationale de la Francophonie.

OIM. (2019). *Étude sur la mobilité climatique interne en Haïti.* Paris : Organisation internationale pour les migrations.

OIT. (2017). *L'économie informelle en Haïti : enjeux et perspectives.* Genève : Organisation internationale du travail.

OMPI. (2022). *Global Innovation Index 2022.* Geneva: Organisation Mondiale de la Propriété Intellectuelle.

OMT. (2016). *Tourisme communautaire pour le développement durable.* Madrid : Organisation mondiale du tourisme.

Ostrom, E. (1990). *Governing the Commons: The Evolution of Institutions for Collective Action.* Cambridge: Cambridge University Press.

Oxfam. (2019). *L'eau en péril : diagnostics et plaidoyer pour une politique de l'eau en Haïti.* Oxfam: Ottawa.

PAM. (2021). *Haïti : Évaluation de la vulnérabilité environnementale et sécurité alimentaire.* Rome : Programme Alimentaire Mondial.

Pateman, C. (1970). *Participation and Democratic Theory.* Cambridge : Cambridge University Press.

Pfeffer, J., & Salancik, G. R. (1978). *The External Control of Organizations: A Resource Dependence Perspective.* New York: Harper & Row.

Pierre-Louis, F. (2011). Earthquakes, Nongovernmental Organizations and Governance in Haiti. *Journal of Black Studies, 42*(2), 186–202.

PNUD. (2008). *Rapport national sur le développement humain en Haïti : accès aux services sociaux de base et réduction de la pauvreté.* New York : PNUD Haïti.

PNUD. (2020). *Rapport national sur le développement humain en Haïti.* New York : PNUD.

PNUD. (2020). *Renforcer la résilience communautaire en Haïti : bilan et perspectives.* New York : Programme des Nations Unies pour le Développement.

PNUD. (2022). *Renforcer la résilience des territoires face aux risques.* New York: United Nations Development Programme.

Providence, C. (2015). *Le système aide-projet mondial et la problématique du développement en Haïti : Quelles externalités locales ?* Schœlcher : Thèse de doctorat, Université des Antilles.

Providence, C. (2020). L'aide au développement en Haïti : des réponses paradoxales aux déséquilibres territoriaux. *Nouvelles Perspectives en Sciences Socioles*, 181-216.

Providence, C. (2022). *Les paradoxes du Changement en Haïti : Politiques publiques et Développement territorial.* Pointe-à-Pitre : Presses Universitaires des Antilles.

Providence, C. (2025a). Indicateurs et évaluation de la santé financière des administrations publiques locales en Haïti de 2015 à 2022. Dans J.-M. St-Martin, & C. Providence, *Gouvernance locale et entrepreneuriat en Haïti : Une approche territoriale et inclusive* (pp. 11–44). Londres : Presses IUS — Revue LATDD, Éditions Universitaires Européennes.

Providence, C. (2025b). La Démocratie haïtienne à l'épreuve des choix publics incompatibles : Une analyse des dynamiques d'exclusion des masses rurales. Dans K. Despinos, & C. Providence, *Haïti en perspectives : Justice, gouvernance et résilience sociale* (pp. 87-124). Londres : Presses IUS — Revue Droit, Justice et Gouvernance publique — Éditions universitaires européennes.

Ranis, G. &. (1999). V-goods and the Role of the Urban Informal Sector in Development. *Economic Development and Cultural Change, 47*(2), 259–288. doi:https://doi.org/10.1086/452401
Richards, G., & Palmer, R. (2010). *Eventful Cities: Cultural Management and Urban Revitalisation.* London: Butterworth-Heinemann Ltd.
RNDDH. (2020). *Obstacles à la participation électorale en milieu rural : Étude de cas en Haïti.* Port-au-Prince : Réseau National de Défense des Droits Humains.
Rodríguez-Pose, A. (2001). Is R&D Investment in Lagging Areas of Europe Worthwhile? Theory and Empirical Evidence,. *Regional Science, 80*(3), 275–295.
Salomon, W., Sikuzani, Y. U., Kouakou, A. T., Barima, S. S., Théodat, J. M., & Bogaert, J. (2021). Monitoring of anthropogenic effects on forest ecosystems within the municipality of Vallières in the Republic of Haiti from 1984 to 2019. *Trees, Forests and People*, 1–9.
Santagata, W. (2002). Cultural districts, property rights and sustainable economic growth. *International journal of urban and regional research, 26*(1), 9–23.
Santos, F. M. (2012). A Positive Theory of Social Entrepreneurship. *Journal of Business Ethics, 111*(3), 335–351.
Schmidt, H. (1995). *The United States Occupation of Haiti, 1915–1934.* Piscataway, New Jersey: Rutgers University Press.
Schuller, M. (2012). *Killing with Kindness: Haiti, International Aid, and NGOs.* New Jersey: Rutgers University Press.
Schuller, M. (2016). *Humanitarian Aftershocks in Haiti.* New Brunswick: Rutgers University Press.
Sen, A. (2001). *Development as freedom.* Oxford: Oxford Up Elt.
Sheller, M. (2003). *Consuming the Caribbean: From Arawaks to Zombies.* London: International Library of Sociology.
Sheller, M. (2003b). *Democracy after Slavery: Black Publics and Peasant Radicalism in Haiti and Jamaica.* Florida: University Press of Florida.
Sintomer, Y., Röcke, A., & Herzberg, C. (2016). *(2013). Participatory Budgeting in Europe: Democracy and Public Governance* . New York: Routledge.
Smucker, G. R., White, W. T., & Bannister, M. (2000). *Land Tenure and The Adoption of AgriculturalTechnology in Haiti.* Washington, DC: International Food Policy Research Institute .

Trouillot, M.-R. (2000). *Haiti, State Against Nation: The Origins and Legacy of Duvalierism.* New York: Monthly Review Press,U.S.

UIT. (2022). *Measuring digital development: Facts and figures 2022.* Geneva: International Telecommunication Union.

UNDP. (2021). *Haïti Infrastructure Diagnostic Report.* New York: United Nations Development Program.

UNEP. (2010). *Haiti—A Green Recovery.* Nairobi, au Kenya : United Nations Environment Programme.

UNEP. (2016). *Ecosystem-based Adaptation: Guidelines for Planning and Design.* Nairobi: United Nations Environment Programme.

UNESCO. (1972). *Convention concernant la protection du patrimoine mondial, culturel et naturel.* Paris : Organisation des Nations-Unies Pour L'Education La Science et la Culture.

UNESCO. (2003). *Convention pour la sauvegarde du patrimoine culturel immatériel.* Paris : Organisation des Nations-Unies Pour L'Education La Science et la Culture.

UNESCO. (2013). *Culture : A Driver and an Enabler of Sustainable Development. United Nations.* Paris : Organisation des Nations-Unies Pour L'Education La Science et la Culture.

UNESCO. (2018). *Rapport mondial sur la culture pour le développement durable.* Paris : Organisation des Nations-Unies Pour L'Education La Science et la Culture.

UN-Habitat. (2020). *Urbanisation et vulnérabilité environnementale en Haïti.* Nairobi, Kenya : UN-Habitat.

UN-Habitat. (2021). *Cadre d'analyse pour la planification urbaine durable en Haïti.* Nairobi, Kenya : UN-Habitat.

UNRISD. (2010). *Combining Economic and Social Development: Good Practices from the Informal Economy.* Geneva: United Nations Research Institute for Social Development.

USAID. (2017). *Haiti Energy Sector Assessment.* Washington, DC: United States Agency for International Development.

USAID. (2021). *Accessible Finance Activity in Haiti.* Washington: The World Council / United States Agency for International Development.

Verner, D. (2008). *Making Poor Haitians Count: Poverty in Rural and Urban Haiti Based on the First Household Survey for Haiti.* Washington, DC: Policy Research Working Paper—World Bank.

Wallerstein, I. (2004). *World-Systems Analysis: An Introduction.* Durham: Duke University Press.

World Bank. (2021). *Climate Risk Country Profile: Haiti.* Washington: World Bank Group.

World Bank. (2021). *Haiti—Resilient Environment and Agriculture: A Framework for Sustainable Development.* Washington, DC: World Bank.

World Bank. (2021). *Haiti Infrastructure and Services Diagnostic.* Washington DC: World Bank Group.

LEXIQUE

Aménagement du territoire
Ensemble des politiques, plans et actions visant à organiser la répartition des populations, des activités, des équipements et des infrastructures dans l'espace. L'aménagement du territoire cherche à corriger les déséquilibres spatiaux, à renforcer la cohésion nationale et à promouvoir un développement harmonieux des différentes régions.

Approche territoriale du développement
Méthode d'analyse et de planification qui prend en compte les spécificités géographiques, sociales, culturelles, économiques et institutionnelles d'un territoire donné. Elle met l'accent sur l'implication des acteurs locaux et l'articulation entre les échelles d'action.

Centralisation
Mode d'organisation du pouvoir dans lequel les décisions et les ressources sont concentrées entre les mains d'un pouvoir central (souvent l'État), au détriment des échelons locaux. En Haïti, la centralisation est un héritage historique fortement critiqué pour avoir renforcé les déséquilibres territoriaux.

Collectivité territoriale
Structure administrative dotée d'une personnalité juridique propre (commune, département, section communale) et d'un pouvoir de décision sur un territoire donné. En Haïti, les collectivités territoriales sont reconnues par la Constitution de 1987, mais souffrent d'un manque chronique de moyens et d'autonomie.

Cohésion territoriale
Concept désignant la volonté de réduire les disparités entre les territoires afin d'assurer à tous les citoyens un accès équitable aux services, aux infrastructures et aux opportunités économiques, en fonction de leur localisation.

Décentralisation
Processus de transfert de compétences, de responsabilités et de ressources de l'État central vers les collectivités territoriales. Elle vise

à rapprocher la décision publique des citoyens et à renforcer l'efficacité de l'action publique locale.

Développement endogène

Modèle de développement qui s'appuie sur les ressources, les savoirs et les dynamiques internes à un territoire, plutôt que sur des apports extérieurs. Il valorise les capacités locales, l'autonomie communautaire et la durabilité.

Développement territorial

Processus intégré et multidimensionnel qui combine développement économique, justice sociale, durabilité environnementale et gouvernance participative à l'échelle des territoires. Il repose sur une forte implication des acteurs locaux et une reconnaissance des spécificités de chaque espace.

Disparités spatiales

Différences marquées entre les territoires en matière de développement, d'accès aux services, d'infrastructures ou de qualité de vie. Ces disparités peuvent résulter de facteurs historiques, politiques, économiques ou environnementaux.

Économie locale

Ensemble des activités économiques ancrées dans un territoire donné, souvent à petite échelle, et dont les retombées profitent directement aux habitants. Elle inclut notamment l'agriculture familiale, l'artisanat, le commerce de proximité, et les services communautaires.

Gouvernance territoriale

Ensemble des mécanismes, institutions, relations et processus par lesquels les acteurs d'un territoire (publics, privés, associatifs, citoyens) participent à la définition, à la mise en œuvre et à l'évaluation des politiques locales. Elle implique des principes de transparence, de concertation et de coresponsabilité.

Inégalités territoriales

Différences d'accès aux ressources, aux opportunités et aux services selon les territoires. Elles peuvent être accentuées par les politiques publiques, les choix d'investissement ou les déséquilibres de pouvoir entre les régions.

Innovation territoriale
Capacité d'un territoire à produire des réponses nouvelles aux défis du développement local, en mobilisant ses ressources propres (humaines, sociales, culturelles, technologiques). Elle peut être technologique, sociale, organisationnelle ou institutionnelle.

Konbit
Forme traditionnelle d'organisation communautaire haïtienne fondée sur l'entraide dans le travail agricole. Elle symbolise les logiques de solidarité, de mutualisation et de coopération entre familles ou voisins au sein d'un même territoire.

Plan de Développement Communal (PDC)
Outil de planification stratégique élaboré par une commune pour définir ses priorités de développement à moyen ou long terme. Il doit être participatif, intégré et orienté vers la mise en valeur des ressources locales.

Résilience territoriale
Capacité d'un territoire à absorber les chocs (catastrophes naturelles, crises économiques, conflits), à s'adapter aux transformations et à rebondir tout en assurant la continuité de ses fonctions essentielles.

Ruralité
Caractère ou ensemble des traits associés aux zones rurales : densité de population faible, prépondérance de l'agriculture, liens communautaires forts, éloignement des centres urbains. En Haïti, la ruralité représente un enjeu central de développement et de rééquilibrage.

Services de base
Ensemble des services essentiels au bien-être des populations : eau potable, assainissement, santé, éducation, énergie, mobilité, gestion des déchets. L'accès équitable à ces services est un indicateur clé du développement territorial.

Société civile locale

Ensemble des organisations non gouvernementales, associations communautaires, comités de quartier, coopératives, mouvements citoyens et autres acteurs collectifs qui agissent sur le territoire pour défendre des intérêts communs, promouvoir des projets ou contrôler l'action publique.

Territoire

Espace habité, vécu, organisé, porteur d'identités, de relations sociales et de projets collectifs. Le territoire est à la fois une construction sociale, un cadre d'action politique et une réalité géographique. Il est au cœur des dynamiques de développement durable.

Urbanisation désorganisée/informelle

Croissance rapide et non planifiée des espaces urbains, souvent marquée par l'absence d'infrastructures de base, de titres fonciers ou de services publics. Elle résulte de facteurs économiques, politiques et sociaux, et pose des défis majeurs de gouvernance et de durabilité.

Biographie de l'Auteur

Dr Christophe Providence est actuellement Maître de Conférence (MCF) et Président de l'Institut Universitaire des Sciences (IUS) d'Haïti depuis 2019. Il est Membre du Centre de Recherches scientifiques (CRS) de l'IUS. Il a apporté sa contribution à la publication d'articles scientifiques, parfois en collaboration, dans des revues internationales à comité de lecture, ainsi que plusieurs ouvrages académiques. Ses recherches se concentrent principalement sur l'analyse des acteurs, des facteurs et des logiques des transformations sociales, économiques, culturelles et digitales au sein des territoires. Son objectif consiste à décrire et à comprendre les variations spatiales de ces évolutions, en mettant en lumière l'impact des héritages socioculturels, des impulsions internes et des influences externes, tout en soulignant les interactions entre ces phénomènes.

Table des matières

Structures éditoriales du groupe L'Harmattan

L'Harmattan Italie
Via degli Artisti, 15
10124 Torino
harmattan.italia@gmail.com

L'Harmattan Hongrie
Kossuth l. u. 14-16.
1053 Budapest
harmattan@harmattan.hu

L'Harmattan Sénégal
10 VDN SICAP AMITIE 3
BP 45034 Dakar-Fann
direction@senharmattan.com

L'Harmattan Cameroun
Tsinga/Derrière polyclinique FECAFOOT
BP 11486 Yaoundé
Jacques.koukam@harmattan.fr

L'Harmattan Burkina Faso
Villa 281, secteur 23 623, rue 14.32
Ouagadougou
zagbie@outlook.fr

L'Harmattan Guinée
Almamya, rue KA 028 OKB Agency
BP 3470 Conakry
harmattanguinee@yahoo.fr

L'Harmattan RDC
185, avenue Nyangwe
Commune de Lingwala – Kinshasa
matangilamusadila@yahoo.fr

L'Harmattan Congo
219, avenue Nelson Mandela
BP 2874 Brazzaville
deunovmikhael@gmail.com

L'Harmattan Mali
Immeuble Mgr Jean Marie Cissé
Aci Hamadallaye
BP 145 Bamako
syllaka@yahoo.fr

L'Harmattan Togo
Djidjole – Maison Amela
face EPP BATOME
02 BP 20680 Lomé
didieramela11@gmail.com

L'Harmattan Côte d'Ivoire
Résidence Karl – Cité des Arts
Abidjan-Cocody
03 BP 1588 Abidjan
harmattan.ivoire@gmail.com

L'Harmattan Bénin
Rue 604, (Immeuble à l'entrée
de la rue UCAO- Cite de Saint-Jean)
Cotonou
stepcorpus@gmail.com

Nos librairies en France

Librairie internationale
16, rue des Écoles
75005 Paris
librairie.internationale@harmattan.fr
01 40 46 79 11
www.librairieharmattan.com

Librairie des savoirs
21, rue des Écoles
75005 Paris
librairie.sh@harmattan.fr
01 46 34 13 71
www.librairieharmattansh.com

www.ingramcontent.com/pod-product-compliance
Lightning Source LLC
LaVergne TN
LVHW011451061026
849535LV00004BA/1049